범죄이론과 테러리즘

THEORIES OF CRIME AND TERRORISM

한종욱 지음

박영사

머리말

안전은 우리 삶의 필수요소이며, 행복추구의 기본토대가 된다. 범죄는 재난·사고 등과 함께 인간의 안전을 위협하는 요소 중의 하나이다. 범죄의 피해를 당하지 않으려면 범죄 발생의 다양한 원인과 메커니즘을 잘 이해할 필요가 있다. 이 책은 다채로운 범죄이론을 풀어서 소개함으로써 일반 독자들이 쉽게 다가설 수 있도록 구성하였다.

우리나라는 최근 특별한 테러사건이 없는 비교적 안정적인 상황이지만, 주변 다수의 나라에서는 테러사건이 도처에서 발생, 많은 피해를 당하고 있는 것이 현실이다. 언제 어디서 어떻게 발생할지 모르는 현대사회의 큰 위기요소 중 하나인 테러리즘에 대비하여 각국의 담당기관은 물론 학계도 대응책을 뜨겁게 논의하고 있다.

특히, 미국 9·11 테러사건 이후 세계 거의 모든 국가가 테러리즘에 대한 공포와 긴장 가운데 효과적인 대처를 위해 법적 대응과 체계적 시스템 구축을 위해 노력하고 있다. 이런 면에서 우리 대한민국도 결코 예외일 수 없으므로 테러리즘에 대해 형사사법기관은 물론, 국민적 관심도 그만큼 커지고 있다. 이러한 영향으로 우리나라에서는 2016년 3월 3일 「국민보호와 공공안전에 관한 테러방지법」이 입법, 발효되었다.

이 책은 범죄이론과 테러리즘의 각종 논점과 사례 등을 선별, 테마별로 제시하였으므로 전공하는 학생들과 경찰학·범죄학 관련 분야의 연구자들과 일반 독자들이 편하게 읽고 이해하는데 조금이라도 도움이 될 수 있기를 바란다.

2019년 9월

저자 한 종 욱

차 례

제1부 범죄이론

제2부 테러리즘

제 1 부

범죄이론

범죄이론과 테러리즘

1
범죄행위와 인간의 본성

범죄행위의 원인이 무엇인가를 설명하려 할 때 우리가 먼저 생각해 볼 수 있는 것은 인간의 본성에 관한 논의다. 사람들의 범죄성 혹은 범죄의 원인 문제를 고려할 때 기본 사항이라 할 수 있으므로 인간의 본성 문제는 범죄이론을 이해하기 위한 기본 배경이 된다고도 볼 수 있다. 인간의 본성에 관해서는 고래로 성선설과 성악설의 대립이 있었고, 근래에는 두 학설 중 어느 편에도 치우침 없이 인간의 본성을 무색의 상태로 보는 백지설도 대두되었다. 이 중에서 어느 것이 타당한 것인가는 견해에 따라서 다를 수 있다.

동양의 맹자가 도덕설의 중심개념으로 성선설을 주장하면서, 인간은 본성적으로 선하기 때문에 수치심·사양심·정의심 등이 자연적으로 생겨난다고 보았다. 이는 인간에 대한 낙관적 견해라고 할 수 있다.[1)]

한편, 순자에 의하여 주장된 성악설은 인간의 본성은 악한 것이지만 태어난 후에 배워서 선을 행하게 된다고 가정한다. 즉, 인간은 본성적으로는 극히 이기적인 존재라는 것이다. 따라서 인간에게는 특별한 교육과 훈련이 필요하고 그것이 결핍되면 부족한 만큼 범죄행위를 쉽게 범하게 된다고 주장하는 것이다. 이는 인간본성에 대한 비관적 견해이다.

백지설의 주장은 인간의 본성은 처음에는 백지로 태어나며, 그 후의 성장 과정에서 경험하는 환경상의 조건 여하에 따라 선하게도 되고 악하게도 되는 것으로 본다. 이것은 기본적으로 환경설의 입장에서 주장하는 것이다. 유전적·선천적인 조건은 거의 무시하고 성장 과정에서의 환경에 따라 그 성격 등 모든 것이 결정된다고 보는 관점이라 할 수 있다.

한편, 서양에서 주장된 인간의 본성에 관한 논의는 홉스(Thomas Hobbes)와 루소(Jean-Jacques Rousseau)의 사상에서 살펴볼 수 있다. 홉스가 바라보는 인간관은 한 마디로 성악설적인 견지에 선다고 할 수 있다. 따라서 인간사회의 자연 상태는 '만인에 대한 만인의 투쟁 상태'라고 바라보았다. 그러므로 공격적 성향은 인간 본성의 일부분이라는 것이며, 인간이 가지고 있는 자연적 열정이나 욕구가 다른 사람과 불가피하게 충돌하게 된다는 것이다. 즉, 자신의 열정과 욕구가 다른 사람에 의하여 좌절되었다는 것을 알게 되면 공격적으로 그리고 파괴적으로 대응하게 된다는 것이다.[2)]

홉스와 프로이트(Sigmund Freud)는 인간의 범죄에 대하여 세속적이고 현실적인 세계관에서 매우 비슷한 진단을 제시하였다. 그들의 견해에 따르면, 범죄는 인간 정신의 역동성에서 나타나는 자연적인 결과라는 것이다. 홉스가 내린 자연적인 갈등의 근원에 대한 진단은 '인간 사이를 나누고 인간이 다른 인간을 침해하고 파괴하는 것이 바로 자연(Nature)이다'라고 주장하였다. 루소는 당대의 인간소외와 모순을 자각하고, 당대 사회가 인간의 자연적 감정을 끊임없이 억누르고 있다는 점을 강조하면서, '참다운 존경과 완전한 신뢰는 인간들 사이에 사라지고, 질투·의혹·공포·냉혹·침묵·증오·사기가 공손과 위선적인 장막에 가려져 있다.'고 표현하였다. 그러므로 루소가 내린 진단에서는 인간은 원래 선함에도 불구하고 범죄를 저지르게 되는데, 그러한 범죄의 근원은 잘못된 사회제도에 있다고 분석하였다.

이상에서 논의된 성선설·성악설·백지설 중에서 어느 입장을 선호하는가는 개인의 시각에 따라서 다르지만 앞으로 논의될 다양한 범죄이론들은 나름대로 기본적 인간관을 바탕으로 주요 가설들을 제시하고 있음을 미리 이해할 필요가 있다.

2
범죄원인의 인식방법

범죄원인론에서는 범죄성에 관계되는 사실, 그중에서도 범죄성의 원인을 설명하기 위한 메커니즘을 논의의 대상으로 한다. 그러나 사람에 따라서 범죄성의 원인을 밝히기 위한 노력에 있어서 범죄행위를 인식하는 방법을 서로 달리하는 경향이 있는데, 어떤 면에서는 상호 대립적이기도 하다.

우선, 범죄이론을 역사적으로 볼 때 그 기본 유형이 초자연적인 것과 자연적인 것이 있음을 알 수 있다. 초자연적인 입장을 우리는 정신적 또는 신학적 입장이라고도 하는데, 이는 범죄를 우리가 이 세상에서 경험할 수 없는 초자연적·초현실적인 다른 세계로부터 온 힘의 영향으로 발생하는 것으로 간주한다. 즉, 범죄의 원인도 바로 이 초자연적 사실의 규명에 의해서만 인식될 수 있다는 것이다.[3] 그러나 문제는 초자연적·초경험적인 정신적 영향이 쉽게 관찰될 수 없다는 데 있다. 즉, 관찰될 수 없는 것은 증명되거나 반증될 수 없기 때문에 비록 이것이 범죄를 가장 잘 설명한다고 하더라도 이러한 초자연적 주장은 과학적이라고는 할 수 없다.[4]

이와는 대조적으로 범죄의 원인을 우리가 현실 세계에서 경험할 수 있는 사실로 설명하려는 입장이 자연주의적 범죄관이다. 그러나 자연주의적 범죄관도 각자의 범죄관에 따라 매우 상이한 준거의 틀에 기초하고 있음을 알 수 있다. 이들 상이한 준거의 틀은 크게 범죄자의 행위(behavior of criminal)를 중심으로 설명하려는 입장과 범죄자의 행위보다는 형법상의 행위(behavior of criminal law)를 중심으로 설명하려는 입장으로 나누어 볼 수 있다. 전자는 범죄자의 행위를 중시하여 범죄행위는 자유로이 선택된 것이거나 개인이 통제할 수 없는 특수한 요인에 의해서 야기된다고 주장한다. 후자는 특정한 사람과 행위가 범죄자 또는 범죄행위로 공식적으로 규정되는 이유는 사회가 그 사람과 행위를 범죄자 또는 범죄행위로 규정하기 때문이라는 것이다. 따라서 특정 사람과 행위가 범죄자와 범죄행위로 규정되는 과정, 즉 형법이 제정되는 과정을 중심으로 연구되어야 한다는 것이다.[5)]

물론 범죄의 원인을 규명하려는 이론들은 매우 복잡하고 다양한 분류방법을 제시하여 그 설명의 수준을 구별하려고도 하였으나, 대체로 개별적 수준(individual level)과 사회학적 수준(sociological level)으로 나누어 볼 수 있다. 그리고 개인적 수준의 범죄설명은 크게 3가지로서, 생물학적 이론(Biological theory), 심리학적 이론(Psychological theory), 사회학적 이론(Sociological theory)으로 나눌 수 있다. 사회학적 이론의 설명은 사회적 과정을 중시하는 미시적 수준(Micro level)과 사회적 구조를 중시하는 거시적 수준(Macro level)으로 구별될 수 있다.[6)]

우리가 추구하는 인간의 범죄행위에 대한 이해의 노력은 사회과학적인 접근이기 때문에 자연과학적인 연구처럼 정답과 오답의 구별을 명확하게 할 수는 없다. 다만, 이처럼 다양한 각도와 범주로 인간의 범죄행위라는 변수를 연구, 분석함으로써 좀 더 깊은 이해가 가능할 것이며, 범죄라는 블랙박스 속의 자료들을 좀 더 효과적으로 분석하여 주요인자(Main factor)를 정확하게 도출해 내는 데에 관심을 가져야 할 것이다.

3
개인특징과 환경조건

개인적 특징을 중심으로 한 범죄 원인의 설명은 주로 동기의 관점에서 '왜 그 사람이 범행을 했을까?'라는 질문에 답하려는 것이다. 여기에는 생물학적 이론·심리생물학적 이론·심리통계적 이론·임상심리적 이론 등이 있는데, 이들은 개인의 범행 가담을 설명하기 위해서 특수한 개인적 특성과 경험에 초점을 맞추고 있다.

생물학적 이론은 사회적 규정으로서의 일탈연구를 도외시하고 여러 가지 방법으로 어떠한 특정의 생물학적 구조나 과정이 규범위반 즉, 범죄행위를 일으킨다고 가정하고 있다.[7)]

그러나 이러한 생물학적인 이론들은 대체로 이론을 뒷받침해 주는 충분한 연구가 부족하여 실증적으로 검증되지 않은 경우가 대부분이다. 그리고 대부분의 공식통계나 자기보고식 조사에 의하면 규범이나 법률의 위반은 거의 모든 사회구성원에게 다양하게 퍼져 있음에도 불구하고 생물학적 이론들은 범죄의 원인을 오직 생물학적 열등성이나 비정상성에만 초점을 맞추기 때문에 이론이 제한된 일부에만 적용되는 한계가 있다.[8)]

심리학적 이론도 생물학적 이론과 마찬가지로 일탈을 사회적으로 규정하지 않고 규범 위반을 과거의 사회적 경험의 관점에서 일반적으로 설명되는 개인의 심리적 구조와 과정이라는 견지에서 설명한다. 즉, 과거의 사회적 경험이 그 사람의 특정한 심리적 특성을 형성하게 하고 이러한 심리적 특성이 규범의 위반을 불러온다는 것이다.

한편 사회 환경적 조건을 중심으로 범죄의 원인을 밝히려는 입장은 인간의 범죄행위를 개인적 특성보다는 환경조건의 산물이라는 입장에서 바라본다. 이러한 입장을 유지하면서 나타난 수많은 사회학적 이론에서는 인간의 일탈이나 범죄를 인간의 사회적 과정과 구조를 중심으로 설명한다.

사회구조를 중시하는 거시적 관점은 왜 특정 개인이 특정 범죄에 가담하는가보다는 왜 상이한 사회제도, 문화, 하위문화 등이 상이한 유형과 정도의 범죄를 유발하는가 내지는 왜 범죄가 특정한 방법으로 유형화되는가를 설명하고자 한다.

이에 반하여 사회과정을 중시하는 미시적 수준에서의 설명은 집단과 개인의 상호작용적 결과와 유형에 초점을 맞춘다. 이들은 어떠한 상호작용의 발전과 구조가 범죄를 유발하는가를 공식화하고자 노력한다.

한편, 사회 반응을 중시하는 이론의 대표적인 예로 낙인이론을 들 수 있는데, 이는 범죄의 사회적 창조성에 초점을 맞추고, 형사사법체계가 사람들에게 범죄경력을 쌓게 하는데 주요요소가 된다고 본다. 또한 사회갈등을 중요시하는 설명은 범죄의 원인을 사회계층간의 갈등에서 찾으려고 시도한다.

그러나 이들 많은 이론들을 서로 명확히 구별하기란 결코 쉽지 않다. 경우에 따라서는 많은 이론들이 생물학적 조건과 심리학적 조건을 동시에 동원하기도 하고, 때로는 심리학적 조건과 사회학적 조건을 동시에 고려하기도 한다.[9] 다만 여기서 우리가 고려해야 할 것은 범죄의 원인을 다양한 각도에서 바라보고 설명하는데, 어떠한 단일한 이론도 다양한 원인과 형태로 나타나는 범죄현상을 완벽하게 해석할 수는 없다는 사실이다. 따라서 각각의 서로 다른 관점에서 제시되는 범죄원인에 대한 이론들을 폭넓게 이해하여 범죄현상을 바라보는 각도가 흑백논리가 아니라 다양한 시각에서 연구하고 이해하려는 태도를 가지는 것이 바람직한 것이다.

4
마귀설과 자연설

범죄는 인류역사가 시작하면서 곧바로 존재하였으며, 인류의 역사에서 범죄 없는 사회는 존재하지도 않는다. 그래서 인류는 '왜 인간은 범죄를 저지르는가?'라는 문제를 해결하기 위하여 여러 가지 가설을 세우고, 그 해답을 풀기 위하여 노력하게 되었다. 18세기 후반의 고전학파 범죄학이 출현하기 전에 범죄의 원인을 어떻게 파악하고 있었는지에 대하여 알아보면, 여기에는 크게 2가지의 서로 다른 견해가 있는데, 바로 마귀설과 자연설이 그것이다.

마귀설은 근대적 의미의 범죄학이론이 형성되기 전에는 범죄는 악마의 장난이고, 영혼의 혼란이라고 생각했던 견해이다. 이는 인간세계의 모든 사상에 대하여 인과관계적, 과학적 인식이 없었던 당시의 사람들의 비과학적 사고에 기인한 견해였다. 이를 미국의 범죄학자 볼드(Vold)는 '마귀설적 설명방법'이라고 주장하며,[10] 이러한 관점의 설명의 배후에는 알 수 없는 다른 세계의 힘인 신(神)의 힘이나 영혼의 힘내지는 악마의 힘이 범죄에 작용한다고 보았는데, 범죄의 사회적 속성을 악령과 관련시키고 정신이상을 악마에 관계지우는 점에서 마귀설적인 범죄설명은 근대적 의미의 과학적 범죄이론이 대두되면서부터는 더 이상 존립할 근거를 갖지 못하게 되었다.

자연설의 입장은 범죄의 설명이 비교적 세분화되고 현재의 물질세계를 중심으로 한 묘사가 중심을 이룬다. 마귀설의 해석이 인간세계와는 다른 세계의 힘으로 범죄를 해석하려는 것과는 달리 자연설의 해석은 현세의 물질과 사건과 상호간의 관계에 초점을 두고 있는 것이다.[11]

고대의 페니키아인과 희랍인들은 오래 전에 이미 이러한 물질적 현세적인 해석방법을 이용하기 시작하였다. 희랍인들은 기원전 약 5세기경에 원자이론을 정립하였고, 의학의 대부 히포크라테스는 기원전 460년경에 뇌가 인체의 전체를 주재하고 사고하는 기관임을 밝혔다. 소크라테스·플라톤·아리스토텔레스 등의 사상가들 모두가 물질의 합일성(Unity)과 연속성(Continuity)으로 만물의 운행을 설명하였다. 기원전 1세기에 이르러 희랍의 철학자들의 사상은 충분히 로마법사상 위에 표현되었다. 로마법은 이러한 전통적인 마귀설을 흡수하면서도 희랍의 자연설을 적용하여 일종의 권리와 처벌에 관한 기초를 만들었다. 따라서 신권사상의 법률과 자연사상의 법률은 로마법에 충분히 나타나게 되었다. 그래서 국왕은 신으로부터 부여받은 권리로 범죄인을 처벌하는 절대적 권위를 가진 존재로 생각하게 되었다.

무속사상과 마귀설의 사상이 고대 유럽에서 비정상적으로 추앙받고 자연설이 천시되었지만 자연설적인 사상은 이후에 계속적으로 퍼져 나가서 16~17세기에 이르러서 자연주의 사상을 주장한 홉스·스피노자·데카르트 등의 사상가들에 의하여 큰 빛을 보게 되었다. 현대의 사회과학은 여전히 이러한 자연주의적 사상을 강조하며, 비록 사회과학자들이 서로 간에 다른 의견을 주장하지만 그들은 이미 알고 있는 이론으로 탐구하고자 하는 현상을 해석하는 방법론에 있어서는 일치하는 것이다.[12)]

현대의 자연사상은 이미 마귀설로 범죄현상을 해석하는 방법을 무시한 지 오래되었다. 자연사상 속에는 기본적으로 서로 대립하는 세 가지의 범죄사상체계가 있는데, 바로 고전주의 범죄학, 실증주의 범죄학, 비판범죄학이 그것이다. 근대 이후 현대에 이르기까지 범죄학은 자연설적 견지에서 계속적인 발전을 거듭해 왔는데, 이러한 발전의 흐름에 의하여 생성된 각종 이론들이 앞으로 논의할 범죄원인론의 주요내용이다.

5
고전범죄학파의 형성

고전범죄학파 등장의 주요한 배경은 당시의 법률과 징벌의 혼란이다. 당시의 법률은 일정한 표준이 없어 잔인하게 적용되곤 했다. 1670년에 공표된 프랑스의 형법조례를 보면 비록 범죄행위에 대한 법전화가 되어 있었고 법관에 대한 권력의 제한도 있었지만 범죄 후의 형벌에 대한 적정한 규정이 없었기 때문에 법관은 사건에 따라 자의적으로 형량을 증감할 수 있었다.[13]

당시의 형벌은 참수·태형·낙인·화형 등 매우 잔인한 신체형이 주를 이루었고, 16세기에는 심지어 유랑자나 가출자도 위험인물로 취급되어 극형에 처해지기도 하였다. 1829년 영국에서는 사형에 해당되는 행위유형만 해도 100가지 이상이었다고 한다.[14]

19세기에 이르러서 많은 위대한 사회철학가들이 당대의 법률과 처벌에 관한 새로운 개념을 제시하기 시작하였고, 비록 대다수가 여전히 범법자는 당연히 극형에 처해져야 된다고 생각했지만 어떤 사람들은 이성적인 비교형량이 필요하다고 주장하였다. 또한 그들은 범죄와 형벌간의 공평성을 강조하면서 국가가 잔인한 방법으로 공개적인 방식으로 처벌하는 것은 바람직하지 않으며 비교적 온화한 형으로 집행할 것을 주장하였다.

고전학파는 인간의 행위는 각자의 자유의지(Free Will)에 입각한 합리적이고 논리적인 판단에 따라서 이루어지는 것이라고 주장했다. 이러한 전제에서 출발한 고전학파의 대표적인 학자가 베카리아와 벤담이다.

먼저, 베카리아는 18세기 중반에 유행하였던 '사회계약설'에 입각하여 쓴 「범죄와 형벌(Dei Delittie Delle Pene)」 저서를 통해서 범죄학과 관련한 가장 주요한 점은 인간이 자유의지로 행동한다고 주장한 점이다. 인간은 모든 행동에서 대안을 선택하며, 그가 범죄를 선택했다면 그는 그러한 선택으로부터 더 많은 쾌락을 예상하고 고통이 더 적기를 바라기 때문이라고 생각할 수 있다. 쉽게 말해서 인간은 쾌락을 주는 행동을 선택하고 고통을 주는 행동을 피한다는 쾌락주의원칙에 지배된다는 것이다.[15]

쾌락주의적 철학에서 범죄는 범죄로부터 얻어지는 기쁨(금전적 이득)과 수반되는 고통(체포, 보복 등)을 비교형량해서 기쁨이 고통의 개연성보다 더욱 크게 느껴질 때 행하여지는 행동의 결과라고 보았다.[16]

두 번째로 고전범죄학파에 영향을 크게 끼친 영국의 철학가 벤담의 인류행위에 대한 사상은 '자연은 인간을 가장 높은 두 주인의 지배하에 놓았다. 그것은 바로 고통과 쾌락이라는 것이다. 그들은 우리들의 모든 행위를 장악하고 있다. 우리가 생각하는 것들과 말하는 것은 고통과 쾌락의 원칙에 의하여 지배되고 있다.'[17]는 그의 말에서 알 수 있다.

벤담도 마찬가지로 행동주의 철학을 옹호하였다. 베카리아처럼 벤담도 범죄인들은 범죄로 인해 금전·섹스·흥분·복수 또는 기타의 다른 이익을 얻을 것을 기대하기 때문에 법을 위반하는 행동을 하도록 한다는 것이다. 그러나 사회의 관점에서 보면 베카리아나 벤담 모두 범죄는 나쁜 선택이지만 수반되는 고통이 기쁨보다 큰 경우에는 예비범죄인이 마음을 고쳐먹을 것이라고 믿고 있었던 것이다.

6
고전범죄학이론

고전학파의 범죄원인론은 다음의 다섯 가지 요소로 구성되어 있다.

첫째, 사람들은 자신의 욕구를 충족시키거나 문제를 해결하기 위하여 건전한 해결책이나 범죄적 해결책을 선택할 자유의사를 가지고 있다.

둘째, 통상 범죄적 해결책이 큰 보상에 비하여 더 적은 수고를 요구하기 때문에 더 매력적으로 여겨지게 된다.

셋째, 범죄적 해결책의 선택은 그러한 행위에 대한 사회적 반응의 두려움 때문에 통제되어질 수 있다.

넷째, 사회의 반응이 더욱 신속하고, 확실하고, 엄격할수록 범죄행위는 더욱 잘 통제되어질 수 있다.

다섯째, 가장 효과적인 범죄 예방책은 범죄가 매력적이지 못한 선택으로 여겨질 만큼의 충분한 처벌이다.

고전범죄학파는 선천적으로 범죄를 필연적으로 저지르는 인간이 아니라 충분한 이성적 고려를 할 수 있는 인간으로 보았기 때문에 정책적 차원에서 범죄를 억제하기 위해서는 범죄로부터 습득되는 쾌락에 상응한 고통을 부과해야만 한다고 주장했다. 따라서 법의 창조와 유지를 지배하는 기본적인 원리는 최대 다수에 대한 최대 행복인 것이다. 범죄의 억제를 위해서는 다음의 몇 가지에 초점을 맞추어서 처벌해야 한다고 보았다.

첫째로, 처벌의 엄격성(Severity of Punishment) : 처벌의 정도는 범행의 이익을 충분히 능가할 수 있는 정도 이하가 되어서도 안 되고, 범죄억제의 목적을 달성하는 데 요구되는 것 이상이 되어서도 안 된다는 것이다.

둘째로, 처벌의 신속성(Swiftness of Punishment) : 범행 시점으로부터 처벌이 부과되는 기간이 빠르면 빠를수록 처벌이 보다 유용하고 정당한 것이며, 범죄와 처벌의 관계가 범죄자의 마음속에 더 오래, 더 강하게 남을 것이라는 것이다.

셋째로, 처벌의 확실성(Certainty of Punishment) : 범죄에 대한 최고의 억제 중의 하나는 처벌에 있어서 미약한 처벌일지라도 그것이 확실하다면 항상 사람의 마음을 두렵게 할 것이라는 것이다.

자유의사와 완전한 책임이라는 고전주의 이론의 적용에 있어 나이·정신상태·주변상황 등을 고려하는 개선의 노력이 가해졌는데, 바로 이러한 노력을 고전학파의 새로운 보완이라는 견지에서 신고전학파라고 일컫는다. 신고전범죄학파의 다각도의 노력은 오늘날에 이르기까지 여러 방면에 많은 영향을 주고 있는데, 고전학파의 이론들이 현대적인 형사사법 분야에 적용되는 것들을 살펴볼 필요가 있다.

현대고전범죄학은 다음과 같은 몇 가지의 주요한 요소를 중심으로 발전되어 왔는데, 일반위하주의(General Deterrence), 특별위하주의(Special Deterrence), 무능력화(Incapacitation), 응보주의(Retribution), 공평응보주의(Just Desert) 등이 바로 그것이다.[18)]

현대 고전범죄학은 항상 위하(Deterrence)[19)]에 관하여 관심을 갖는다. 위하의 개념은 두 개로 이루어져 있는데, 일반위하주의와 특별위하주의[20)]로 나눌 수 있다. 전자는 소위 범죄자의 징벌 자세는 장래 타인들이 동일한 범죄활동을 하는 것에 위협을 주게 되어 범죄를 억제시키는 효과를 말하고, 후자는 위법자에 대한 징벌이 장래 그 범죄를 저지른 사람이 또 다른 범죄를 범하지 못하도록 위협을 주어 억제시키는 효과를 말한다.

많은 현대고전범죄학자들은 다양한 연구결과 범죄율과 형벌의 엄격성·확실성과 신속성은 서로 반비례한다고 인식하였다. 바꾸어 말하면, 범죄의 징벌이 증가하고 형사사법체계의 법집행 효율이 올라갈수록 범죄자의 수는 내려갈 것이라 주장한다. 그러나 형벌의 엄격성·확실성과 신속성은 상호 간에 영향을 주게 된다. 예컨대, 강도범의 징벌이 매우 무겁지만 강도범은 체포되거나 징벌을 받을 가능성이 매우 낮기 때문에 엄한 형벌은 강도범죄에 대한 위하효과가 거의 없을 수도 있다. 반대로, 만약 현대과학기술활용의 확대에 따라 경찰의 법집행 효율이 향상되거나 기타 요소에 의하여 범죄혐의자의 체포와 처벌의 가능성이 모두 매우 높게 된 경우 가벼운 처벌규정에도 불구하고 강도범에 대한 위하는 매우 높을 수 있는 것이다.

일반예방주의는 현대고전학파의 가장 중요한 핵심이라고 볼 수 있다. 법률정신의학가인 하그(Ernest V. Haag)는 법과 형사사법체계의 목적은 하나의 위하체계를 잘 창출하는 것이라고 주장한 바 있다.

그러나 일반인들이 만약에 범죄에 대한 형벌적 제재의 고통에 대한 인식이 없다면 처벌 그 자체의 강도는 사실상 아무런 일반적 위하효과가 발생하지 않게 된다. 조사에 의하면 매우 낮은 비율의 국민들이 특정한 범죄에 대한 형량을 알고 있는 것으로 나타났으며, 일반국민들을 대상으로 한 조사에 의하면 단지 25% 내지 30%만이 형량을 알고 있다고 했으며, 특정한 범행을 하여 체포된 범죄인의 57%만이 자신의 범죄에 해당하는 형량을 제대로 알고 있는 것으로 나타났다.[21]

'무능력화'란 소수의 위험한 범죄자들이 사회의 다수 범죄를 범한다는 현대고전주의 범죄학의 내용으로서 범죄를 방지하고 피해자를 보호하기 위해서는 이들 범죄성이 강한 사람들을 사회로부터 장기간 격리하여 무능력화시켜야 한다는 주장이다.

이러한 주장의 선봉자는 윌슨(Wilson)인데, 그는 빈곤 등 사회적·경제적·심리적 범죄원인들이 사실상 변화 불가능한 사회조건이나 변수들이기 때문에 형사사법정책에 아무런 도움이 되지 못하며, 따라서 처벌과 격리가 그 대안이어야 한다고 주장했다.[22]

한편, 그린우드(Greenwood)는 '선별적 무능력화'를 주장하였는데, 이것은 소수의 중누범자 등 특수범죄자가 다수의 범죄를 범한다는 사실에 착안하여 격리주의를 이들 소수의 특수범죄집단에 적용한다면 효과적인 범죄 감소전략이 될 수 있다고 주장한 바 있다.[23)]

사실상 범죄자를 구금을 통해서 격리하여 그들의 범죄능력을 무능화 또는 무력화시키는 것은 또 다른 엄청난 비용을 필요로 하게 된다. 그러므로 비록 범죄자에 대한 무능화와 구금 격리가 실제로 범죄를 감소시킨다고 할지라도 그 비용 상의 문제 때문에 비판의 여지가 있다. 더욱이 범죄자의 무능력화 내지 격리조치가 그들의 장래범죄성을 제지할 것인가에 대한 분명한 증거도 없으며, 오히려 구금경력이 많을 경우 구금기관에서의 범죄사회화로 인하여 재범률이 더욱 높아질 수도 있다는 점을 고려하여야 한다.

7
응보주의

고전주의범죄학은 범죄자는 오로지 자신의 범법이 처벌이나 응보를 받아야 마땅하기 때문에 처벌되어야 한다고 주장한다. 범죄란 다른 사람의 비용으로 범죄자 자신이 이익을 보기 때문에 범죄사실 이상도 이하도 아닌 적정한 선에서 범법자를 처벌함으로써 원상태로 되돌려 놓는 것이 공정한 것이라는 것이다.

응보론자들은 정의 사회에서의 처벌은 항상 공정한 것이며, 필수적이라고 주장한다. 그들에 의하면 처벌은 법을 준수하는 사람들이 사회의 관습적인 규칙을 지킴으로써 불공정한 부담을 갖지 않도록 한다고 가정하며, 처벌을 통하여 재화와 서비스의 공정한 분배와 질서정연한 사회를 확인시켜주므로 규칙을 준수하도록 해 주며, 처벌이 그 사회가 사회구성원과 사회제도의 평형을 유지하는 방법의 하나라고 주장한다.[24)]

공평응보주의의 개념은 응보주의의 현대적 의미로 생각할 수 있는데, 두 개념이 사실상 거의 동일하게 보이지만, 공평응보주의는 응보주의보다 덜 위협적인 반면에 더 합당한 것으로 여겨진다. 응보라면 통상적으로 매우 강렬한 보복의 의미가 느껴지는 반면에 공평응보는 기교적 합리이고 실제적인 차원에서 정의의 개념이 강하게 부각된다. 공평응보의 개념은 허쉬(Andrew V. Hirschi)가 그의 저서 「정의의 실현(Doing Justice)」에서 형사정책적 지침으로서 제시하였는 바, '우리가 말하기를 어떤 사람이 보상받거나 처벌받는 것이 마땅하다고 하는 것은 그의 과거 행위의 잘못에 근거하는 것이며, 그 행위의 이익과 불이익이 그를 유쾌하거나 불유쾌한 처우를 받게 하는 이유라는 것을 확

인시켜주는 것이다.'라고 주장하였다.[25]

이와 같은 공리적인 관점이 공과론적 접근의 핵심 고리인데, 처벌이란 범죄에 의해서 방해받은 사회적 평등성을 담보하기 위해 필요하며, 그럼에도 불구하고 처벌의 경중은 범죄의 경중과 상응해야 한다고 보며, 공과론적 개념은 피의자에 대한 권리에도 관심을 가져서, 피의자의 권리가 다른 사람의 권리를 위해서 희생되어서는 안 되며, 범법자는 범행의 특성보다 과소하게 또는 과대하게 처벌되어서는 안 된다고 주장한다.

이러한 공평응보주의가 가지는 주요관점은 다음의 3가지로 요약될 수 있다.[26]

첫째, 범법자는 응당 징벌을 받아야 한다.

둘째, 우리는 인간에게 무고하게 심한 고통을 안겨주어서는 안 되지만, 처벌은 처벌자에게 상당한 고통을 느끼게 하는 것이어야 한다.

셋째, 처벌은 더 큰 재난과 불행을 예방할 수 있기 때문에 공평한 응보적인 형벌은 이를 위해서 필요하다.

결론적으로 공평응보주의는 징벌을 이용하여 범죄로 인하여 받은 사회형평의 손해를 회복하되, 징벌은 범죄의 정도에 상응하게 부과됨으로써 공평성을 담보하는 것이어야 한다는 것이다.

8
이성적 선택이론

많은 당대의 범죄학연구자들은 고전이론의 기본적인 원칙이 오늘날의 범죄현상을 이해하는데 적용 가능한 것이라고 생각하였다. 그러나 그들은 앞으로 고전이론과 생활 형태 · 피해자의 역할 및 범죄자가 한정된 정보를 가지고 어떻게 범죄의 결정을 내리게 되는가 등이 상당히 밀접한 관련이 있을 수 있고, 고전범죄의 중심적인 사상이 인간의 자유로운 범죄의 선택이라는 부분인데, 그중에서도 가장 중요한 새로운 노력으로 도출된 것이 바로 '이성적 선택이론(Rational Choice Theory)'이라고 할 수 있다.

고전범죄이론과 같이 이성선택이론의 가설은 사람은 시간 · 정보 및 지능지수와 무관하게 이성적인 동물이기 때문에 스스로 판단하여 범죄 실행 여부를 결정한다는 것이다. 고전범죄이론과 다른 점은 이성선택이론은 범죄가 사건 특수화일 뿐만 아니라 범죄인의 전문화라는 관점이다.

소위 '범죄사건 특수화'란 범죄인은 특수한 특성의 범죄만을 선택한다는 것이다. 모든 범죄행위는 모두 특별한 반대급부 · 기술 · 위험성을 내포한다. 이 이론의 제창자인 미국의 범죄학자인 클라크(Ronald Clake)와 코니쉬(Derek Cornish)의 주장에 따르면 절도의 경우 범죄자는 범죄대상의 선택에 있어서 안전설비의 상황, 현금의 많고 적음, 혹시 있을지 모르는 격투의 상황, 잠금장치 해제의 곤란성 등을 세밀하게 고려하여 결정한다는 것이다. 아울러 범죄자의 선택에는 범죄자가 경찰에 의하여 체포될 가능성의 인식 및 기타 대체 방안의 유무에 대한 고려까지 충분히 반영된다는 것이다. 범죄의 선택은 적어도 이러한 범죄의 특수한 상황에 대한 고려 이후에 결정하는 것이며, 모든 범죄는 각각 다른 입장에서 이러한 결정이 이루어지는데, 이것이 소위 범죄사건의 특수화라는 개념이다.

'범죄인의 전문화'란 범죄인이 아무 기회에나 무조건 반사회적 행위를 하는 것은 아니라는 것이다. 즉, 법규를 위반하기 전에 그들은 간단히 범죄 상황의 특성·기회·이득 및 위험성 등을 충분히 고려한다는 것이다. 그들은 그 후에 자기의 동기 수요, 예컨대 금전의 필요성·성적인 욕구 혹은 흥분이나 자극 등을 고려한다는 것이다. 범죄기회의 선택은 단지 합법적인 방법을 통한 실현 가능성이 배제되는 경우에만 취해진다. 대체적인 방안이 지나치게 위험한 경우에는 또한 선택에서 배제된다. 이처럼 범죄인이 특수한 형태의 범죄를 시도하기 전에 이처럼 충분히 고려하고 최후에 범행하게 되는 것을 바로 '범죄인의 전문화'라고 표현한 것이다.

9
일상활동이론

일상활동이론(Routine Activity Theory)은 코헨(Lawrence Cohen)과 펠슨(Marcus Felson)이 주장하였는데, 이 이론에 의하면 동기가 부여된 예비범법자, 적절한 표적, 보호능력의 부재라는 조건이 동일한 시간과 공간에 주어질 때 범죄가 발생한다는 것이다. 그리고 이와 같은 세 가지의 범죄유발요인이 동일한 시간과 공간에 나타나는지의 여부는 개인의 일상적인 활동양상에 의존한다고 한다. 여기서 일상활동은 인간의 기본적인 욕구를 위하여 자주 행해지는 활동으로 정의되며, 생활양식의 용어와 유사하게 일상활동은 공식적 작업, 여가 의식주를 위한 행동, 사교적 욕구 및 성적 욕구 등을 위한 활동이 포함된다.

따라서 일상활동이론은 잠재적 피해자가 높은 가시성, 접근성, 그리고 매력성 등 높은 표적적합성을 가지지만 보호능력이 낮을 때 약탈범죄의 위험성이 가장 높다고 예측할 수 있다. 아울러 범죄의 동기와 범죄인은 항상 같은 수를 유지하는데, 사회적으로 일정한 비율의 사람은 항상 특수한 이유로 범죄를 한다는 것이다. 즉, 강도·납치 등의 직접적인 폭력범죄에 접촉하게 되는 총 수와 분포는 범죄행위와 밀접한 상관관계를 맺을 뿐만 아니라 피해자의 일상활동 및 생활형태와도 관련된다는 것이다.

그러나 이 이론은 기본적으로 범죄피해이론이기 때문에 범죄행위에 대해 그것을 직접적으로는 설명하지 못한다는 단점이 있다.

10
고전범죄학이론과 입법정책

고전범죄이론은 인간의 법률·범죄 및 처벌 간의 관계에 관한 사상에 매우 큰 영향을 주었고, 현대의 정책결정자들이 처벌은 위하효과를 가진다는 사고논리를 가지고 일반적으로 범죄를 억제하기 위하여 강경한 태도로 처벌을 주장하는 데 이론적 기초를 제공하였다. 어떻든 현대의 입법자들도 형벌의 위하작용을 통한 범죄통제에 상당히 많이 의지하고 있음을 부인할 수 없다.

치안업무의 본질은 바로 고전범죄학파의 원리를 구체화하는 데에 있다고 볼 수 있다. 즉, 제복을 착용하고 순찰차에 경광등을 달고 잠재적인 범죄자에게 심리적 공포감을 주려는 위하작용을 의도하고 있는 것이다. 미국의 캔사스시티 범죄예방순찰실험(Kansas City Preventive Patrol Experiment)과 같은 연구에 따르면 경찰의 순찰밀도는 전혀 범죄의 억제작용에 영향을 주지 않는다는 결과가 도출되기도 하였지만, 다른 많은 연구결과에 의하면 역시 경찰의 거리에서의 가시적 순찰업무가 범죄를 억제시키는 실제적 위하효과가 있다는 신념을 가지게 하고 있다.[27)]

이처럼 경찰이 신속히 범죄자에 대한 체포 등의 엄격한 처리를 할수록 잠재적인 범죄자들을 억제하는 작용이 높다면 이는 고전범죄학파의 이론을 상당히 지지하는 결과가 되는 것이다. 그러나 그렇지 않다면 상대적으로 고전범죄학파의 이론에 대한 비판의 근거가 되는 것이다.

고전범죄학파가 교정방면에 미친 영향도 매우 크다고 할 수 있다. 그중에서 가장 유명한 것으로서 범죄학자 포겔(David Fogel)이 제시한 교정에 대한 '정의모델(Justice Model)'이다. 그는 가석방이나 수형인의 태도에 따른 형기의 조정을 강력하게 부인하고 절대형기제를 주장하면서 감옥은 범죄인을 처벌하기 위한 곳으로 보았다. 즉, 만약 동일한 범행을 한 범죄인이 동등하고 공정한 처우를 받는다면 가장 무거운 형벌을 받는 수형인도 수용하게 될 것이나 이익과 특권적 분배가 불공평하다면 교정의 정의감이 상실되어 감옥의 관리에 큰 혼란이 올 것으로 보았다.[28] 따라서 정의모델은 1980년대 이후 미국을 비롯한 많은 나라의 범죄교정행정의 기초가 된 바 있다.

이처럼 치안행정이나 교정행정을 수립할 때에 모든 근거를 규정하는 입법과정에도 그 시대의 범죄이론이 바탕에 적용되는 것이다.

11
고전범죄학파의 평가

고전범죄학파는 인간은 자유의지를 가지고 범죄 혹은 합법적 행위를 선택하는 존재라고 가정하고 있다. 인간은 이성적인 존재로서 그 행위동기는 쾌락추구와 고통의 회피에 있다고 생각했으며, 범죄를 통하여 얻는 이익이 범죄를 통하여 초래될 고통보다 클 때 범죄는 발생하게 된다고 보았다. 따라서 범죄학자의 임무는 바로 범죄로 초래되는 고통이 범죄를 통하여 얻는 이익보다 크게 하는 하나의 형벌체계를 설계하는 것이라고 생각했다. 이 외에도 범죄학파는 범죄행위에 대하여 형벌이 신속·정확·엄격할수록 범죄의 예방 및 통제효과는 높아진다고 생각했다.

고전학파는 베카리아와 벤담의 공리주의에 기초를 두고 있다. 두 사람이 18세기의 사회철학가로서 처벌은 범죄와 형평성 있게 가해져야 하며, 범죄를 통한 이익보다 더 가혹하게 부과해서는 안 된다고 주장하였다. 베카리아는 특히 당대의 표준없는 잔혹한 형벌을 강력히 반대하였다.

고전학파의 사상은 형사정책상 약 1백년 이상 강하게 영향을 끼치면서, 형벌이 점점 표준화될 수 있게 하였으며, 가혹한 형벌은 서서히 감소되었다. 실증학파와 교정이론의 부흥에 따라 고전학파의 영향은 20세기에 들어오면서 점점 약화되기 시작하였다. 그러나 예나 지금이나 고전학파의 이론은 미국에서 계속 중시되고 있으며 오히려 여러 가지 다른 개념을 내포하게 되었다.

일반예방주의자들은 처벌과 범죄 간에 당연히 상관관계가 존재한다고 보아 처벌이 엄격할수록 범죄율은 낮아진다고 보았다. 그러나 사실은 많은 요소가 양자의 관계에 간섭을 하는 것이며, 예컨대 사람이 범죄를 한 후에 반드시 체포되는 것은 아니기 때문에 엄중한 처벌이 바로 범죄를 저지하는 것은 아니라고 볼 수 있다.

고전학파의 공공정책에 대한 영향력도 매우 컸다고 볼 수 있는데, 형사법이 위하주의와 응보주의의 이념을 상당히 내포하고 있다는 점과 위법자에 대한 공평한 처벌의 시행, 그리고 경찰의 범죄예방을 위한 가시적 경력운용 등이 모두 고전학파의 영향을 받은 결과라 볼 수 있다.[29]

고전학파의 논리는 초기의 범죄학적인 이론을 형성하는 데 기여하였고 다음과 같은 몇 가지의 주요한 장점 내지 영향력을 도출해 볼 수 있다.

첫째, 인간의 존엄성에 대한 인식의 형사사법적 실천을 가능할 수 있도록 새로운 관점을 제시하였다는 점이다.

둘째, 프랑스대혁명 후의 인권선언과 미국의 헌법 등에 법률적 처벌에 관한 새로운 지표를 세울 수 있도록 영향력을 미친 점이다.

셋째, 범죄의 예방과 제지를 위한 가장 기본적인 일반예방주의의 개념을 제공하였다는 점이다.

넷째, 처벌의 가혹성·자의성에서 처벌의 형평성을 주장함으로써 법률과 범죄와 체벌 간의 관계정립의 새로운 사상을 정립하였다는 점이다.

다섯째, 무엇보다도 18C 이후 현대에 이르기까지의 범죄학의 이론적 발전에 중요한 기초적인 터전을 제공하였다는 점 등이다.

다만, 고전학파의 논리를 적용하는 데 있어서 다음과 같은 몇 가지의 단점도 있다.

첫째, 인간은 선악을 이성적으로 판단하고 자유로이 선택할 수 있는 존재라고 개념적으로만 규정할 뿐 직접 보여주지 못하고 있다는 점이다.

둘째, 처벌이란 사람에 따라서 상이한 영향을 미친다는 사실을 인식하지 못했다는 점이다.

셋째, 범죄에 있어서 특수한 상황여건을 전혀 무시한다는 점이다. 즉, 초범자·누범자, 미성년자·성인범죄자, 정신이상 범죄자·정상적인 정신의 범죄자 등을 동일시한다는 점이다.

넷째, 처벌의 가치가 범죄의 가치를 능가할 때 인간의 범죄를 예방할 수 있다는 사실도 개념적인 주장에 지나지 않는다는 점이다.

다섯째, 범죄의 원인을 등한시하고 법과 형사절차에만 지나친 관심을 표명하고 있다는 점 등이다.

범죄학이론을 논할 때 우선적으로 고전범죄학파를 소개하고 이해하고자 하는 것은 고전범죄학파의 이론이 오늘날의 수많은 범죄학이론들의 잉태를 유도한 근본적인 배양토 역할을 하였다고 보기 때문일 것이다. 인간의 본질적 특성을 바라보는 존재론적 개념과 범죄라는 행위, 그리고 그 행위를 제재함으로써 사회적 평화와 자유를 유지하기 위하여 가해지는 정당한 법적 제재, 그리고 그 법의 형평성과 인권보호 등의 다양한 각도에서의 분석적인 시도가 일정한 한계점을 가지지만 고전범죄학파의 각종 이론적 관점이 오늘날의 우리 사회에 던져주는 나름의 시사점은 적지 않다.

12
실증범죄학파의 형성

범죄학의 이론적 지침이 되었던 고전주의 범죄학은 시대적 한계상황에 직면하게 되었다. 자본주의 모순의 격화, 사회상황의 복잡화에 따른 자유의지 외의 요소에 의한 범죄격증 등 새로운 시대 상황에 직면하면서 새로운 방향모색이 필요하게 되었다. 이에 고전주의 범죄학에 대체되어 형성된 이론이 실증주의 범죄학이다. 실증주의 범죄학의 기본적 가정은 '범죄란 자유의지가 아닌 생물학적·심리학적·사회학적 요소에 의해 이루어진다'라는 것이었다.

실증주의 범죄학은 주로 두 가지 주된 내용을 가지고 있다.

첫째, 인간의 행동은 개인의 자유의지에 의해 통제될 수 없는 외부의 힘에 의해 이루어진다.

둘째, 범죄의 원인과 조건에 관한 판단은 직관이 아닌 과학적 관찰에 의하여야 한다. 실증주의의 초기에는 롬브로소(Lombroso), 페리(Ferri), 가로팔로(Garofalo)의 3인으로 대표되는 이탈리아학파가 득세하였다. 롬브로소는 범죄인이란 원시인의 공격적·비문화적 성격이 격세유전된 자라고 주장하면서 신체적 특징에 따른 생물학적 결정론으로 범죄와 범죄인을 설명하였다.[30)]

페리는 범죄자를 정신이상자, 생래적 범죄자, 기회범죄자, 격정범죄자 등 네 가지 유형으로 나누고, 범죄의 원인으로는 물리적 요인, 인류학적 요인, 사회적 요인으로 구분하였다. 그는 이러한 요인이 존재하는 한 사회에는 일정량의 범죄가 반드시 발생한다는 '범죄포화의 법칙(Law of Criminal Saturation)'을 주장하였다.

가로팔로는 범죄자의 특성에 부합하는 형벌을 부과할 것을 주장하고, 범죄를 자연범과 법정범으로 분류하여 설명하였다. 그 밖에 프랑스의 케틀레와 게리는 사회적 통계학을 이용하여 범죄문제를 다루려 했던 범죄학자들이다. 케틀레는 '개연성이론'을 적용하여 범죄율에 관하여 연구를 하였으며, 기후·계절·연령·성 등이 범죄에 미치는 영향을 연구하였다. 뒤르켐은 사회가 분화되고 다양화되면서 사회의 규범체계가 훼손되는 상황을 '아노미'라고 규정짓고, 이러한 아노미 상황에서 범죄가 발생한다고 보았다.

실증주의 범죄학은 현재 우리나라의 형법에도 영향을 미쳐 상습범의 인정, 형벌의 기능으로서의 특별예방의 강조, 형벌에 대체할 보안처분의 법정화 등을 이루었다. 다만 주관주의 형법으로 통하는 실증주의의 의미를 지나치게 강조하게 되면 권력자가 자의적인 권력발동을 할 우려가 있다는 단점도 내재하고 있다.31)

실증주의가 가지는 중요한 의미 중의 하나는 과학적인 방법으로 범죄인과 범죄인이 직면한 환경을 연구하여 범죄의 원인을 결정한다는 데에 있다.32)

롬브로소를 위시한 실증주의자들의 관점이 1920년대 말에 이르러 상당히 약화되었지만 현재까지도 이들 관점의 수정과 확장은 계속되고 있다. 이러한 현상은 인간 생물학의 몇 가지 관점과 관련된 요인으로서 비범죄자와 범죄자를 구분하는 일련의 요인이 분명히 존재한다는 믿음에 기인한다.33)

한편, 실증주의 범죄학의 중요한 관점 중의 하나가 범죄행위의 원인을 결정하기 위한 노력에 있어서 범죄자의 생물학적·심리학적 그리고 사회학적 특성의 연구에 대한 과학적 방법의 적용이다. 예를 들어, 실증주의 범죄학은 범죄행위의 원인을 탐구함으로써 인간행위는 인간이 통제할 수 없는 영향력에 의해서 결정되고, 범죄행위의 원인은 비범죄행위의 원인과는 구별되는 것으로 가정하고 있으며, 이러한 가정으로 인하여 범죄행위의 원인탐구가 범죄자와 비범죄자의 차이점을 탐색하는 형태를 취하게 된다. 따라서 대부분의 현대과학적인 범죄학은 그 방법과 기본적인 구성에 있어서 실증주의라고 할 수 있다.[34)]

고전학파와 실증학파의 이론 취향은 상당히 구별된다. 따라서 우리는 이 두 학파의 상이점을 파악함으로써 실증주의학파를 더욱 깊이 있게 이해할 수 있을 것이다. 그 주요한 논점의 차이를 정리하면 다음과 같다.[35)]

첫째, 고전주의학파의 범죄이론 중심은 범죄행위(Criminal Behavior)이고, 실증주의학파의 이론 중심은 범죄인(Criminal)이다.

둘째, 고전주의학파는 사람은 이성적이며 자신의 행위에 대한 책임을 질 줄 아는 존재로 보고 사람은 스스로 준법이나 위법행위를 선택할 수 있다고 보았으나, 실증주의학파는 사람은 자신의 생리구조 혹은 환경요소에 의하여 범죄행위가 결정되며 자유의지와는 무관하다고 보았다.

셋째, 고전주의학파는 징벌은 범죄가 초래한 객관적 손해에 초점을 맞추어 결정되어야 하고 행위자의 주관적 악성과는 무관하다고 보았으나, 실증주의학파는 그 반대이다.

넷째, 고전주의학파는 범한 죄질에 비례하는 정기형제를 주장하나, 실증주의학파는 형기는 재범의 예방을 목적으로 한 부정기형을 선택하여 필요시에는 가석방을 통한 사회복귀에 더 큰 비중을 둔다.

다섯째, 고전주의학파는 개인의 인격이나 특성에 따라 형기를 고려할 수 없다고 보았으나, 실증주의학파는 그 반대이다.

여섯째, 고전주의학파는 징벌을 형사사법적 주요 목적으로 보았으나 실증주의학파는 범죄인의 처우를 통한 교정이 형사사법의 주요 목적이라고 보았다.

일곱째, 고전주의학파는 범죄인의 미래 위험성은 형벌의 고려대상이 되지 않아야 한다고 보았으나, 실증주의학파는 범죄인의 미래 위험성은 범죄인 석방을 위한 고려의 중요한 요소로 보았다.

후자는 실증주의학파의 출현으로 건실한 범죄학이론의 발전이 늦어졌다고도 하지만, 다수가 실증주의학파의 이론들과 연구들을 범죄학의 진정한 출발점으로 여기고 있으며, 과학적인 방법의 범죄연구를 주창했다는 점 등은 실증주의학파의 부인할 수 없는 공헌일 것이다. 심지어 실증주의학파에 대한 비판가들 조차도 실증주의 학파의 공헌을 인정하고 있다.

우선, 실증주의 학파에서는 범죄학 분야를 법학이나 사회철학 또는 신학이 아니라 행동과학으로 개념화하고 있다. 아울러 학계는 물론이고 일반 대중에게도 범죄란 체계적이고 객관적으로 연구되어야 하고 연구될 수 있는 대상이라는 사실을 확신시켜주었다. 즉, 실증주의학파의 대중성은 범죄행위가 조심스러운 연구로 이해될 수 있는 복합적 요인에 의해 야기된다는 것을 확신시켜주었다. 그리고 이러한 새로운 이해가 오늘날의 범죄학이 발전하는 데 필요한 동기들을 부여하였다.[36]

13
생물학적 범죄이론

생물학적 범죄원인이론은 인간의 생물학적 특성에서 범죄가 비롯된다고 보는 이론이다. 범죄자들은 일반인들과 다른 생물학적 결함을 가지고 있으며, 이와 같은 소질적 결함에 의해 본인의 의지와는 관계없이 범죄를 저지를 수밖에 없다는 것이다.[37)]

19세기 중기 고전범죄학파의 자유의지이론은 자연과학의 인과론적 영향을 받아 차츰 동요되기 시작하였다. 사회과학자들은 인류의 행위가 고전학파가 말한 자유선택이 아닌 내재 혹은 외재적인 불가항력적 긴장 요소에 의한다고 믿었다. 그중에서 가장 초기의 연구는 범죄인과 비범죄인의 생리구조상의 차이와 공통점의 탐구에 집중되었는데, 이들이 바로 범죄생물학파이다.[38)]

일반적으로 범죄생물학파는 '구조결정기능(Structure Determine Function)'의 가설에 근거하고 있다. 또한 신체는 어떠한 구조를 가지며 어떠한 기능과 표현을 갖는가라는 것에 관심을 둔다. 개인 간의 차별된 행위표현은 그들의 신체구조의 차이에서 초래된다고 믿었다. 따라서 만약에 우리들의 관찰이 완전무결하다면 개인 간의 차이는 결국 생물학적 차이에 귀결될 것이며, 모든 행위상의 차이는 또한 개인의 신체구조상의 차이에 기인할 뿐이라는 것이다.[39)]

이러한 이론에 근거하여 범죄생물학자는 범죄인의 범죄는 보통사람과는 다른 생리구조 혹은 특성을 가지기 때문에 일어나며 이러한 구조가 그들의 범죄경향을 결정한다는 것이다. 이러한 기본이념에서 출발하여 우리는 범죄생물학자들이 취하는 연구방법과 논리들을 이해할 수 있다. 다만 그들이 바라는 것은 실증적 자료를 통하여 범죄인과 비범죄인의 생리구조상의 차이를 증명하고, 그들의 이론이 지지를 획득하기를 원한다.

비록 범죄생물학자들이 모두 과학적 방법으로 연구를 하지만, '인간의 차이는 모든 개개인이 가지고 있다'라는 측면과 약 150년의 탐구와 발전을 거쳐 범죄생물학도 또 다른 발전방향과 요점을 갖게 되었다.

14
인상학과 골상학 연구

초기의 범죄생물학자들은 주로 범죄인의 뇌부위와 신체가 특별한 구조를 가졌는지 여부에 관심을 가졌다. 그들이 가진 하나의 신념은 범죄자는 반드시 보통사람들과는 다른 신체적 구조를 가진다는 것이었다. 예를 들어 아리스토텔레스는 뇌가 생각을 주재하는 곳이므로 뇌의 형상과 그 기능은 서로 연관되어 있다고 생각하였다. 따라서 어떠한 종류의 뇌형상이 특정한 뇌기능을 수행한다고 보았다. 뇌의 구조에 특수한 돌출부위가 있으면 바로 특별한 행위를 하게 된다는 것이다.[40)]

이처럼 인상학자(Physiognomist)들은 얼굴 부위의 구조로 개인의 개성과 범죄와의 관계를 판단하였다. 예를 들어, 라바터(Johann K. Lavater)는 1775년에 인상학의 4대 명저 중의 하나인 「인상학(Physiognomical Fragments)」이라는 책에서 얼굴구조와 인류 행위의 관계를 상세하게 묘사하였다. 수염이 없는 남성, 수염이 있는 여성, 찢어진 눈, 좁은 턱과 오만한 코가 모두 불량한 특징으로서 사악한 행위를 일으킬 가능성이 높은 얼굴구조라고 주장하였다.

뇌의 각 부위는 공격·자존·인내·인자·우애·건설·이상·모방·탐심 등의 특수한 사고 작용을 하는 부분을 가지고 있으며, 범죄는 뇌의 기능 중에 공격·비밀·탈취 등을 관장하는 하위기능이 작용한 결과라는 것이다. 따라서 유아에 대하여 잘 훈련하지 않으면 고차원적 뇌기능 대신에 하위기능이 발달하게 되어 범죄인이 되기 쉽다는 것이다.

15
롬브로소의 연구

롬브로소(Cesare Lombroso)는 범죄인류학을 발전시킨 범죄학의 거장이다. 그 기본적 논점은 범죄인은 신체상의 특징을 가지게 되는데 그것은 유전적으로 퇴화된 결과로서 당대 사회생활에 적응하지 못하는 측면으로 나타난다는 것이다. 그는 다윈(Charles R. Darwin)의 진화론에 깊은 영향을 받아 범죄인은 보통사람보다 비교적 퇴화된 인간이라고 주장하면서 '격세유전(Atavism)'을 강조하였다. 즉, 원시선조의 야수성이 후대에 나타난 것으로서 병리학적으로는 간질증상에 가깝고, 심리학적으로는 패덕광에 가깝다고 하였다.[41] 쉽게 말하면 범죄인은 보통사람에 비하여 더욱 원시인에 가까운 신체적 특징을 갖는다는 것이다.

롬브로소가 그의 저서 「범죄인론」에서 인류학 연구법에 의한 소위 생래적 범죄인의 신체적 특징을 다음과 같이 제시하였다.

첫째, 두개골의 이상 : 범죄인들은 입술의 돌출, 편편한 이마, 앞면 각도의 예각, 좌우 이마 불균형, 눈 주변 돌출, 턱뼈와 광대뼈의 이상 발달, 대머리나 머리숱 과다, 치열 불균형, 무수염이나 무구레나룻, 뾰족한 머리 등의 특징을 가진다.

둘째, 신체적·생리적 이상 : 범죄인들은 대뇌회전의 단조로움, 심장위축 및 판막부전, 체모부족, 통각상실, 미각예민, 혈관운동신경의 이상 등의 특징을 가진다.

셋째, 정신적 이상 : 범죄인들은 도덕적 무감각, 감정 폭발성, 자제력 결여, 현시욕 과다, 지능 저열, 게으름, 권태감 등의 특징을 가진다.

넷째, 사회적 이상 : 문신의 경향, 잔인한 놀이, 주색이나 도박에 심취, 은어의 신작성, 무생물의 인격화, 도당의 편성, 특수상징적인 회화

그리기 등의 특징을 가진다.

롬브로소는 범죄인류학자이지만 그의 제자 가로팔로와 페리의 영향을 받아 만년에는 점점 더 범죄에 대한 환경 요소의 영향도 중시하게 되었다. 그의 이러한 사상은 그가 사망한 후에 비로소 출판된 「범죄: 그 원인 및 교정(Crime: Its Causes and Remedies)」이라는 저서 중에 잘 나타나 있다. 그는 이 책에서 범죄인을 크게 5가지 유형으로 분류하였다.

첫째, 생래적 범죄인(Born Criminals) : 이 유형은 앞에서 논의한 전형적인 범죄인으로서 선조로부터 물려받은 퇴화된 열등한 인간으로서 범죄인의 약 3분의 1을 차지한다고 보았다.

둘째, 잠재적 범죄인(Criminaloid Criminals) : 이 유형은 비록 생래적 범죄인의 생리특성은 갖지 않았지만 정신상의 착란을 일으켜서 정감과 정신상의 특수한 구조는 그들이 오히려 특수한 상황 하에서 비로소 범죄와 비행을 범하게 된다고 보았다.

셋째, 정신이상 범죄인(Insane Criminals) : 이 유형은 통상적으로 충동성 범죄나 잔인한 범죄를 무고히 저지르는 경우라고 주장하였다.

넷째, 격정 범죄인(Criminals by Passion) : 이 유형은 상대적인 생래 범죄인데, 통상적으로 과도하게 높은 가치와 신념을 중시하기 때문에 나타나는 경우로 이타주의적 경향이 강한 것을 특징으로 한다.

다섯째, 우발 범죄인(Occasional Criminals) : 이 유형은 특별히 의도적으로 범죄의 기회를 찾지는 않지만 특수한 상황 하에서 자신의 감정적인 폭발로 인하여 범죄를 저지르는 경우라고 본다.

16
범죄가계연구

범죄가계연구(Criminal Family Study)는 범죄성이 유전되는 것을 가계도에 의해서 증명하려고 하였다. 범죄가계에 대한 연구는 19세기 말 미국에서 덕데일(R. Dugdale)이 저술한 「주크(Jukes)가의 연구」가 대표적이다.

이 연구에 의하면, 주크가계에 속한 조사대상자 709명 중 중범죄자 77명, 정신병자 64명, 알코올 중독자 131명, 매춘부 174명이 포함되어 있었다.[42] 또한 범죄와 유전을 관련시킨 연구로는, 고다드(Goddard)의 칼리칵(Kallikak)가의 연구가 있는데, 그의 연구결과에서도 위와 같은 유전과 범죄의 관계를 찾을 수 있었다. 이 연구에 의하면, 미국독립전쟁 중 칼리칵이라는 병사와 정박아 소녀 사이에서 태어난 자손 480명 중 정신박약자 143명, 성적(性的) 비정상자 32명, 알콜중독자 24명, 간질병환자 3명, 조기사망자 82명, 범죄자 3명, 매춘영업자 8명 등이었고, 정상인은 4명에 불과한 것에 반하여, 칼리칵이라는 병사가 정식 결혼하여 얻은 자손 496명 중 정신이상자 1명, 종교적 광신자 11명, 조기사망자 1명, 음주습벽자 2명뿐이었다고 한다.[43]

이러한 사실들을 통하여 유전에 매우 큰 비중을 두고 범죄성도 유전과 깊이 관계되는 것으로 결론지어 졌다. 그러나 이러한 형태의 연구결과는 과학적인 증거와 논리라는 견지에서 많은 약점이 제기될 수 있다. 예컨대, 범죄적 기질의 전이는 생물학적 또는 유전적 과정 못지않게 사회학습이나 사회적 상호작용에 의해서도 설명될 수 있기 때문이다.

이보다 과학적인 방법을 이용한 연구로서 글룩(Glueck)부처의 연구결과를 들 수 있는데, 그들은 비행자와 비비행자를 비교하기 위해서 가족의 역사를 조사하였으며, 그 결과 비행소년은 비행경력이 있는 가족 출신일 확률이 훨씬 높다는 사실을 알 수 있었다.

롬브로소에 이어 20세기 들어 신체적 특징과 범죄와의 관계를 연구한 대표적 학자는 고링이다. 고링은 수형자와 정상인을 비교대상으로 하여 양자의 신체차이를 과학적으로 연구했다. 고링의 결론은 범죄수행 여부는 외면적 신체의 차이가 아닌 유전학적 우열이 중요하다고 주장하였다.[44]

17
쌍생아연구

범죄의 소질요인과 유전의 관계를 증명하는 것으로 일란성과 이란성의 쌍생아연구(Twins Study)가 있다. 일란성 쌍생아는 한 개의 정자와 한 개의 난자가 수정하여 수정란이 두 개로 갈라져서 생기고 난막이 한 장인 쌍생아이고, 동성이고 같은 유전적 소질을 가진다고 한다. 한편, 이란성 쌍생아는 2개의 정자와 2개의 난자가 수정하여 따로따로 수정된 2개의 수정란에서 생기고, 난막이 두 개인 쌍생아이고, 성의 조합은 다양하고, 다른 유전적 소질을 갖는다.

쌍생아연구의 가설원리는 범죄·비행의 요인이 되었던 특성이 유전적 소질에 규정되어 있으면 일란성 쌍생아에 있어서 범죄·비행의 일치율이 높고, 환경에 규정되어 있으면 일란성·이란성 쌍생아의 쌍방에 있어서 일치율에 별 차이가 없다는 것이다.[45]

쌍생아를 유전학의 연구에 처음 이용한 것은 영국의 골턴(Francis Galton)이며, 독일의 랑에(Johannes Lange)는 이것을 범죄의 연구에 응용하여 그 성과를 1929년의 저서 「운명으로서의 범죄」에 발표하였다. 랑에는 성인 남성의 쌍생아 30쌍(일란성 13쌍, 이란성 17쌍) 중 범죄성의 일치가 일란성 쌍생아에 있어서 10쌍(76.9%), 이란성 쌍생아에 있어서 2쌍(11.8%)인 점을 발견하고, 일란성 쌍생아의 유사성은 이란성 쌍생아의 6.4배임을 발견하였다. 이것은 범죄도 유전적 원인에 의하여 발생할 수 있다는 것을 간접적으로 암시하는 것이다.

18
양자연구

가계연구, 쌍생아연구 이후에 범죄와 유전의 관계를 연구한 또 다른 방법으로 시도되었던 것이 양자연구(Adoption Study)이다. 이것은 범죄자 중에서 입양아를 조사해서 그 친아버지에 대한 범죄성을 대비해 보는 방법이다. 친아버지가 범죄성이 있었던 경우에 양자가 범죄인으로 되는 확률이 양아버지가 범죄자였던 경우보다 높게 나타난다면, 범죄에 유전성이 있는 것을 입증하는 증거가 될 수 있기 때문이다.

양자연구는 1972년 슐징어(Schulsinger)에 의하여 시작되었고 크로(Crowe)에 의하여 발전하였다. 초기 방법은 범죄자의 아동에 대한 양자제도의 차등성을 무시했다는 지적이 있었다. 이러한 문제점을 고려하여 가장 성공적인 연구성과를 얻어낸 사람은 허칭스(Hutchings)와 메드닉(Mednick)이었다. 이들의 연구성과에 의하면 친아버지가 범죄자였던 양자가 그렇지 않은 양자보다 더 범죄의 성향이 높고, 특히 친아버지가 범죄자이고 양아버지가 범죄자인 경우에는 범죄율이 매우 높다는 결과를 보였다.

양자연구는 유전이 어느 정도 중요한 범죄원인이 되고 성장환경 또한 무시할 수 없는 원인이 된다는 점을 함께 증명한 것으로 볼 수 있다. 그러나 입양기관은 양부모와 실부모의 가정상황을 서로 조화시키려고 하므로 환경과 유전의 영향을 분리하는 것이 정확하지 않을 수 있다는 비판이 제기되고 있다.[46)]

19
XYY염색체연구

정상적인 사람은 23쌍 46개의 염색체를 가지고 있으며, 마지막 한 쌍의 염색체가 인간의 1 · 2차적인 성징을 결정하는 것으로 밝혀져 있다. 일반적으로 정상적인 여성은 23번째 염색체를 XX로 가지는 것으로 알려져 있는데, 여기서 관심의 대상이 되는 것은 정상적인 남성보다 Y염색체를 하나 더 많이 가지고 있는 사람, 즉 XYY신드롬이다.

Y염색체가 남성성징을 결정하기 때문에 Y염색체를 하나 더 가지고 있는 사람은 초남성(Supermale)이라고 부르며 정상인보다 공격적이며 범인성의 소지가 많다고 가정되고 있다. 그러나 어떤 사람도 XYY염색체를 가진 모든 사람이 다 범죄자가 된다고 주장하지도 않았으며, 단지 그들의 주장은 XY남성에 비해 XYY남성이 반사회적 인성을 발전시킬 위험성이 많다는 것이다.

이와 같은 이상염색체와 범인성과의 관계를 처음 연구한 사람은 제이콥스(Patricia Jacobs)였다. 그는 197명의 재소자를 조사한 결과, 실제로 정상집단의 경우 1,000명당 1.5명꼴로 XYY이상염색체의 소지자가 존재한다는 것을 발견하였다.47)

그는 9명의 XYY 재소자를 같은 시설에 수용되어 있던 18명의 정상염색체 소유 재소자의 통제집단과 비교한 결과, 정상염색체소유의 통제집단이 이상염색체 집단보다 더 폭력적이고 범죄적임을 발견하였다. 그러나 XYY염색체를 가진 초남성이 예견할 수 있을 정도로 공격적이지 않으며, 오히려 정도의 차이가 있다면 XY에 비해 덜 공격적이라는 주장을 하는 학자도 있다.

20
내분비이상과 범죄행위

내분비장애도 범죄와 무관하지 않은 것으로 지적되고 있다. 즉, 주요한 남성호르몬의 하나인 테스토스테론(Testosterone)이 남성의 2차 성징을 통제하는데, 이 호르몬의 수준이 남성의 범죄적 폭력성과 관계가 있다는 것이다. 실제 연구에 있어서 비범죄자 비교집단과는 중요한 차이가 없었으나, 수용 중인 재소자 가운데 폭력범죄자가 기타 범죄자에 비해서 이 남성호르몬이 매우 높은 것으로 밝혀진 경우는 있었다.[48]

크로이쯔(Kreuz)와 로즈(Rose)의 연구결과에 의하면 감옥 중에 폭력범죄로 인한 수형자들의 테스토스테론의 양을 조사한 결과 다른 유형의 수형자보다 훨씬 과다한 것으로 밝혀졌다. 그러나 많은 연구에 의하면 심리측정을 통하여 수형인과 정상인의 공격성과 적대의식을 이용하여 두 그룹의 테스토스테론의 양을 비교해 본 결과 특별한 차이를 발견하지 못한 사례도 있다.

하지만 위와 같은 불확실성에도 구하고 미국의 경우 남성성범죄자들을 처우하기 위해 이 남성호르몬의 수준을 떨어뜨리는 약물을 이용하고 있다고 하는 것은 남성호르몬과 범죄가 전혀 무관하지만은 않다는 사실을 암시해 주고 있다.[49]

결국 테스토스테론과 범죄의 관계는 명확한 것은 아니지만 성범죄자들에게 약물을 투여하여 남성호르몬의 양을 저하시키거나 여성호르몬인 에스트로겐(Estrogen)을 주입하여 성범죄경향의 남성으로 하여금 성능력을 저하시킴으로써 성범죄자를 통제하기도 한다.

21
학습장애와 범죄행위

최근에 어떤 연구들은 생리상의 기초인 학습장애와 범죄행위의 관계에 초점을 맞추고 있다. 학습장애는 미국국가장애아동상담위원회(National Advisory Committee on Handicapped Children)의 정의에 의하면, 청력·사고·말·읽기·쓰기·발음 및 수리 상 비교적 열등한 능력을 가지는 경우로서 인지상의 결함·뇌 손상 혹은 기능부정상·언어 장애와 실어증을 포함한다는 것으로 되어 있다.

이 방면 연구의 기초적 관점은 학습장애의 어린이는 재학시절의 비교적 열등한 학습능력이 간접적으로 범죄행위를 부추기는 원인이 되기도 한다는 것이다. 따라서 이러한 이론의 관점에서 학습장애와 범죄의 관계는 생물 혹은 사회적 관점에서 해석해 볼 수 있는 것이다. 생물학적 관점에서 학습장애 소년들을 바라보는 학자들은 그들이 비교적 충동적이고 열등한 사회적 능력을 가진 사람으로서 사회규범에 대한 낮은 적응능력 때문에 범죄를 범할 가능성을 높게 본다.

한편 사회적 관점에서 학습장애의 소년들은 학교성적이 비교적 열등하고 동시에 훈련상 쉽게 문제학생이 되는 경향이 있다. 이러한 두 가지 요소가 결합됨으로써 문제학생들이 집단화되어 일반학생에 대한 적대감을 가지고 결강을 하는 등 문제를 발생시키는 경향이 있다. 학습장애자는 비교적 매력이 없고, 항상 위축되어 있으며, 부정적인 자아관념을 가지고 있기 때문에 나쁜 성적을 범죄행위로 보상하려는 경향을 가진다.

볼드에 의하면 2가지의 실증연구를 통하여 보육원의 비행소년과 정상소년들을 비교분석한 결과, 보육원의 비행소년들은 대부분 학습장애자라는 것을 발견하였다.[50] 그러나 이러한 연구결과들은 연구설계의 결함 때문에 실증적이 증거가 미약하다는 비판을 받는다. 일반적으로 학습장애와 범죄는 상관성이 있다고 믿어지고 있지만, 사실상 비행소년들은 자신의 비행 등의 행위 때문에 비교적 낮은 학업성취도를 가지는 것일지도 모르는 것이다. 따라서 XYY · 내분비 불균형과 범죄와의 상관성과 같이 비교적 신뢰성 있는 실증연구를 제외하고는 아직 학습장애와 범죄 간의 인과관계에 대하여 명확한 의미를 부여할 수는 없는 형편이다.

비록 대부분 범죄생물학이론과 실증연구는 오래된 얘기지만 이것이 한방면의 학설이 부정되거나 그 의미가 완전히 빛을 잃었다는 것을 뜻하지는 않는다. 약 20년 동안 범죄생물학과 사회생물학의 연구는 새로이 범죄생물학으로 그 중심이 회귀하는 경향이 강하다는 점에 주목할 필요가 있다.[51]

22
비타민 · 광물질 · 중금속 · 혈당과 범죄행위

사회생물학자들은 인간이 유년기에 필요로 하는 비타민과 광물질이 뇌의 성장에 매우 중요하다고 보았다. 비타민과 광물질이 결핍된 경우 변태적인 행위를 발생시킬 수 있다는 것이다. 만약에 비타민이 정상인에게 필요한데, 적당량의 비타민을 섭취하지 못하게 되면 '비타민결핍증(Vitamin Deficiency)'에 걸리게 된다는 것이다. 또한 유전적으로 특정한 사람들은 비타민과 광물질을 과도히 필요로 하기 때문에 '비타민의존증(Vitamin Dependency)'에 걸리기도 한다는 것이다.

이러한 증상이 있는 사람들은 생리상·심리상 혹은 행위상 일정한 비정상적 행동이 나타날 수 있는데, 그들은 환각을 경험하거나 시각 혹은 기타 감각상 심한 왜곡현상을 경험하게 된다는 것이다.

범죄와 비타민 결핍 혹은 의존증의 관계를 연구한 결과에 따르면 대부분 이미 발생한 반사회적 행위는 비타민B와 비타민C의 결핍이 가장 큰 관련이 있는 것으로 나타났다고 한다. 동시에 어떤 연구에 의하면 다수의 정신분열병자(Schizophrenics)들 중에서 행위 및 학습곤란을 가지는 사람들은 대부분 비타민B3 의존증을 앓은 경험이 있는 사람이라는 사실을 발견하였다. 예컨대, 범죄생물학의 선구자 중의 한 사람인 힙첸(Leonard Hippchen)은 의학상의 연구로 이미 비타민B3 의존증은 청소년의 급격한 활동을 불러일으키는 주요한 원인이라고 밝힌 바 있다.[52] 만약 이러한 질병이 25세까지 계속되어 치료하지 않으면 매우 중대한 정신질병을 초래하게 되고 심지어는 비타민B3 의존증은 자제할 수 없는 활동력에 의하여 흡연·음주·약물남용·수업결강·파괴활동 및 범죄행위의 주요한 원인이 된다는 보고가 있다. 이 외에

도 신체 내의 기타 광물질의 과도한 결핍은 비정상적인 행위를 초래한다는 주장이 있다.[53)]

혈액중의 당분이 과소하여 뇌의 정상적인 작용에 영향을 미치게 된다는 주장이 있다. 뇌의 기능은 원래 탄수화합물 등의 화학작용에 의하여 수행되기 때문에 혈액 중의 포도당이 결핍할 경우 뇌는 적정한 기능을 발휘할 수 없게 되면서 신진대사가 장애를 받게 되어 쉽게 분노하거나 초조하거나 우울하거나 두통을 호소하게 된다는 것이다.

범죄생물학자들은 환경오염물의 인간 행위에 대한 영향을 연구하였다. 우리들의 생체 속에 있는 납 · 구리 · 카드뮴 등의 중금속과 이산화질소 등의 함량이 높으면 높을수록 심각한 질병에 걸릴 가능성이 높고, 이러한 물질이 사람의 정서와 행동상의 장애를 유발하게 된다는 것이다. 어떤 연구는 식물첨가물과 범죄의 관계에 대하여 언급하고 있다. 예컨대, 할리(C. Hawley)와 버클리(R. E. Buckley)는 식물의 인공염색과 맛은 젊은이들로 하여금 적대감 · 심적 격동과 반사회적 행위를 유발한다고 주장한 바 있다.[54)] 또 다른 연구는 납이 청소년의 행위에 지대한 영향을 미친다고 주장하였다. 예컨대, 데이비드(Oliver David)와 그의 동료 학자들은 혈액 중의 납 함량이 청소년들의 반사회적 행위 및 행동 장애를 일으킨다고 주장하였다.[55)]

어떤 실증연구에 따르면 반사회적 행위나 폭력행위의 발생과 저혈당증은 매우 밀접한 관련이 있다고 주장하였다. 1943년에 힐(D. Hill)과 살전트(W. Sargent)는 저혈당증과 살인은 매우 깊은 관련이 있다고 생각하였다. 또한 최근에 연구들도 상해 · 성공격과 저혈당증은 일정한 상관성이 있는 것으로 나타났으며, 저혈당증은 상해와 공격행위에 있어서 포도당 결핍, 뇌기능 상실 등과 항상 깊은 관련성이 있으며, 어떤 연구에서는 수형인들이 비교적 높은 저혈당증을 가진 것으로 밝혀졌다.[56)]

23
신경생리요소와 범죄행위

범죄생물학자들이 가장 흥미있게 토론하는 영역은 신경생리학 혹은 뇌기능 부분이다. 그들이 가진 관심의 초점은 뇌파(Electroencephalogram: EEG)와 범죄와의 관계이다. 그러나 이것은 신경범죄학(Neurocriminology) 중의 일부분으로서 연구영역의 주요한 내용에는 경미한 뇌기능상실·뇌파이상·기타 뇌기능이상 등이 있다.

경미한 뇌기능상실은 갑자기 행위 부적응에 의하여 개인의 생활행태에 큰 장애를 느끼게 되는 상황으로서 심한 경우에는 반사회적 행위를 저지르고, 뇌부위의 통제기능의 불균형과 화학작용의 이상 등에 의하여 발생한다. 기타 시각곤란·과도흥분·주의력 부족과 쉽게 분노하는 등의 반응을 나타내기도 한다.

한편 뇌파이상은 대뇌표피세포의 활동을 반영한 것으로서 뇌기능이상과 범죄와의 관계를 연구한 결과에 따르면 지속적인 폭력범죄자의 상당한 부분이 뇌질병과 관련이 있는 것으로 나타났다. 또한 많은 증거에 의하면 뇌종양이 있는 사람들은 우울·환상·정신질병·불안 및 우발적 살인 등의 경향이 있는 것으로 나타났다. 동시에 많은 뇌질환자의 임상실험은 환자들이 뇌종양을 앓은 후에 큰 행위 변화가 일어났는데, 원래 매우 온순하던 사람이 극히 폭력적으로 변하여 가족이나 친구를 상해하는 경우가 발생하기도 하는데, 뇌종양 수술 이후에는 그러한 행위가 다시 원상회복된 것으로 조사되었다.[57] 뇌종양 외에도 의외의 뇌손상으로 인한 폭력 및 반사회적 행위의 발생에 관한 연구도 다수 있다.

24
범죄생물학이론

범죄생물학이 여러 방면으로 발전한 것은 사실이지만 많은 학자들의 비평과 논쟁을 또한 불러온 것도 사실이다. 그중에서 가장 중요한 비평은 범죄생물학이론이 인종차별 혹은 종족우월감을 갖게 한다는 것이다. 만약 범죄가 생물 개체의 특수구조 혹은 특수 생화학적 요소에 의하여 발생한다면 범죄는 비교적 열등한 인종이나 민족에게 다발한다고 보게 된다.[58]

따라서 비평가들은 범죄생물학이 범죄의 사회문화적 요소들을 간과하였다고 비판하면서 모든 개인은 많든 적든 간에 다소의 법리에 연루된다는 사실을 무시한다는 점을 문제점으로 지적한다. 하지만 범죄생물학은 범죄학에 있어서 무시할 수 없는 큰 공헌을 하였고 그 영향력은 실로 크다고 보고 있다.

첫째, 범죄학의 태동도 사실 범죄생물학의 범죄인에 대한 연구로부터 이루어졌다고 보지 않을 수 없다. 비록 이후의 많은 학자들이 롬브로소 및 기타 범죄생물학자의 논점을 지지하거나 부정하였지만 학술상의 범죄인과 범죄해석에 많은 도움을 주었을 뿐만 아니라 현대의 많은 이론들 속에 범죄생물학적인 요소들이 적용된다는 점에서도 그 가치를 인정하게 된다.

둘째, 현대범죄생물학자의 연구와 발견은 우리들에게 더욱 범죄 문제가 복잡한 원인에서 초래되며 단일한 관점에서 논할 것이 아니라는 견해를 갖게 해준다.

셋째, 롬브로소나 현대의 범죄생물학자들은 과학적 방법으로 범죄현상을 연구하려는 노력을 하여 범죄학의 사회과학적 지위를 높여 후대의 연구자들에게 큰 방향을 제시하였다는 점에 그 가치를 높이 평가할 수 있다.

이와 같은 범죄생물학의 많은 공헌과 함께 또한 약점들도 분석해 볼 수 있다.

첫째, 연구방법의 엄격성이 불충분하다는 점이다. 즉, 소수의 연구 외에 대부분의 범죄생물학자의 실증연구설계는 비평을 받을 소지를 많이 가진다. 예컨대, 초기의 롬브로소와 고링의 연구는 모두 수형인과 정상인의 신체를 단순 비교하는 수준이어서 수형생활에서 오는 신체특징인지 생래적인 특징인지를 알 수 없다는 점을 들 수 있다. 그리고 대부분의 쌍생아 연구와 양자연구는 불충분한 표본추출로 진행되었기 때문에 일반화에 의문을 갖게 한다.

둘째, 소수의 연구 외에 범죄생물학자들은 대부분 환경요소의 인간행위에 대한 영향력을 완전히 무시하였다는 점이다. 사실, 심리학과 사회학의 연구결과 사회환경 요인의 인류행위에 대한 영향은 매우 크다고 설명하고 있다.

이상의 논의를 종합적으로 정리하면, 범죄생물학은 그 약점과 결점을 갖는 것은 사실이지만 전체적인 범죄학 영역에 있어서 연구의 방향을 제시하고 다양한 연구를 이끌어 내는 선구자적인 역할을 하였다는 점에 그 가치를 인정하여야 한다.

25
심리학적 범죄이론

심리학자·정신의학자 및 심리 위생전문가들은 범죄이론의 형성에 지대한 역할을 한 것이 사실이다. 각종 상이한 이상심리상태에 대한 이해와 처우에 있어서 심리학자들 또한 범죄자·비행자 혹은 폭력행위자들을 접하게 되었다. 따라서 심리학자들이 범죄에 대하여 어떻게 이해하고 해석하는지에 대해서 주목할 필요가 있다.

심리학자들은 모든 인간의 행위는 하나의 정신적인 과정의 기능에 수반되는 결과라고 이해하기 때문에 인간의 범죄행위 또한 성격이상 등과 같은 정신적인 작용의 결과물이라는 주장을 한다. 이처럼, 심리학적 원인론자들은 범인성의 원천을 사람들의 정신적 과정에서 추적하는 입장에 서기 때문에 범죄를 충동하는 심리학적 과정을 통하지 않고서는 범인성의 원인을 밝힐 수 없다고 주장한다.[59)]

가장 초기의 범죄심리학의 관점을 살펴보면, 범죄자는 사악한 힘이나 마귀의 세력에 의하여 범행을 저지른다고 믿었으나, 이후에 정신질병 혹은 심신상실은 유전에 의하고, 범죄자는 기본적인 열등한 신체기능이 정신적인 결함을 초래함으로 만들어진다고 믿게 되었다. 그러나, 오늘날 대부분의 심리학자들은 정신이상(Insanity)이 유전으로 나타난다고 믿지는 않는다. 범죄심리학자들이 추구하는 기본문제는 첫째, '사람은 왜 폭력 혹은 공격행위를 하게 되는가?', 둘째, '범죄인에게는 특정한 범죄인격이 있는가?', 셋째, '유아기의 경험이 성년기의 범죄행위에 영향을 미치는가?' 등의 질문이다.

당연히 심리학자들은 위의 이러한 질문에 대하여 완전한 견해의 일치를 보이지는 않는다. 어떤 심리학자들은 정신분석적 관점(Psychoanalytic Perspective)에서 범죄행위를 해석하면서 유아기의 경험이 범죄행위 및 인격발달에 지대한 영향을 미친다고 본다. 또 인지이론(Cognitive Theory)으로 범죄를 해석하는 심리학자들은 인간의 도덕발달의 정도에 따라 행위의 중요한 관건을 이해하려고 하며, 그 외에도 사회학습(Social Learning) 혹은 행위모방(Behavior Modeling) 등으로 인간의 범죄행위를 해석하기도 한다. 심리생리학자(Psychobiologist)들은 생리활동·인격과 범죄행위 간의 관계를 탐구하기도 한다.

26
정신분석적 범죄이론

아동기의 경험에 초점을 맞추는 범죄에 대한 정신의학적 이론은 기본적으로 범죄 및 비행에 대해 차단된 욕구(Blocked Needs), 부모 역할의 부재, 부적절한 훈육의 상이한 세 가지 유형으로 구분하여 연구하는 경향이 있다.[60)]

첫째, 차단된 욕구는 인간이 식욕과 같은 일차적·신체적 욕구를 성취한 후에 추구하게 되는 감정적 안정과 같은 이차적 또는 심리적 욕구가 충족되지 못할 때 보이는 이상적 증상을 말한다. 아동기 이후의 생애에 있어서 인성의 장애는 바로 이러한 보편적 욕구의 초기 좌절의 정도에 따라 다양해진다. 따라서 범죄와 비행도 생애 초기의 보편적 욕구의 좌절로부터 발전되는 것으로 가설해 볼 수 있다.

둘째, 반사회적이거나 폭력성향의 사람들에게서 모성이나 부성의 결핍이나 부재가 많다는 사실에 기초하고 있다. 아동은 정상적으로 성장하기 위해서 부모와 지속적이고 친근하고 따뜻한 관계를 유지하여야 하는데, 그렇지 못한 경우 비행에 가담할 확률이 증대된다는 것이다. 즉, 이는 부성이나 모성의 부재로 인하여 이러한 아동이 타인과의 감정적인 관계를 형성하는 능력에 손상을 받는 것에서 연유한다고 할 수 있다. 그런데 이 경우 아버지보다는 어머니와의 관계가 더 중요한 것으로 알려지고 있으나, 글룩(Glueck)의 연구에서처럼 아버지도 어머니 못지않게 중요한 의미로 인식되고 있다.

셋째, 부적절한 훈육은 거칠고 일관성 없는 훈육, 그리고 반사회적이거나 공격적인 행위유형과 관련이 있다. 즉, 거칠거나 일관성 없는 훈육은 청소년들의 반사회성이나 비행성을 증대시킨다는 가설이다.

정신의학적 이론들 중에서도 특히 정신분석이론(Psychoanalytical Theory)이 어떻게 범죄해석에 도움을 줄 수 있는가를 이해하기 위하여 우리는 먼저 이 이론에 대한 기본적 이해가 필요하다. 정신분석이론은 프로이트가 처음으로 체계적으로 제시한 인간의 보편적 인격 발달에 관한 이론이다.

프로이트의 정신분석이론은 다음 다섯 가지 관점을 포함한 기본적 가설로 요약될 수 있다.[61]

첫째, 인간은 특히 성적 발달(Sexual Development)과 함께 단계별로 성장과 발전을 한다.

둘째, 대개 청소년기 이전의 초기 단계에서 개인의 인성발달에 갈등을 초래하는 이상성이 일어난다.

셋째, 갈등은 일반적으로 본능적 충동과 사회적 제재 사이의 상호작용으로 일어나며, 이것이 무의식의 영역으로 압박하게 된다.

넷째, 고통스러운 갈등을 다루기 위한 시도가 방어기제(Defense Mechanism)의 형태로 전개되고 이 기제가 이상성으로 표출될 수 있다.

다섯째, 비행이나 범죄는 이러한 개인의 이상인성유형이 외형적으로 나타난 일종의 행동표출이다. 요컨대, 인간은 본래 공격적·파괴적·반사회적 충동이나 본능을 갖고 있다고 가정하고, 이와 같은 행위는 잘못된 어린 시절의 훈육이나 부모의 무관심 또는 부적절한 통제로 인하여 생기는 것이라고 주장한다.

프로이트는 먼저 3개의 중요한 개념으로 인간행위가 형성된다고 보았다. 즉, 인간의 마음은 의식(Consciousness), 전의식(Preconsciousness), 무의식(Unconsciousness)으로 구성되어 있다고 주장하였고, 특히 무의식을 중요시하였다.[62] 또한 인간의 인격구조가 원본능(Id), 자아(Ego), 초자아(Superego)의 3개의 체계로 구성되어 있다고 제시하면서, 이 3개의 작용과정을 통하여 범죄의 문제도 해석될 수 있다고 주장하였다.[63]

이처럼 한 인간이 태어나서 가지고 있는 원본능 위에 사회화의 과정 속에서 형성된 자아와 초자아의 3요소는 항상 갈등상태에 놓여져 있는데, 범죄는 이 갈등상황 속에서 원본능의 힘이 자아나 초자아의 통제기능을 능가했을 때 발생되는 것으로 해석된다.[64)]

또한 프로이트는 성적 에너지를 중시하여 이것을 리비도(Libido)라고 이름을 붙이고 그것이 사람의 성장에 따라 구순기(Oral Stage), 항문기(Anal Stage), 남근기(Phallic Stage)의 순으로 옮겨가는데, 그 발달과정에 특별한 충격 등으로 인한 리비도의 비정상적 고착이 인격이나 행동의 불균형을 초래한다고 생각하였다. 따라서 어린아이는 선악을 모르고 유쾌한 것이 선이라는 쾌락의 원칙에 지배되고 있으면서도 폭력적·파괴적인 행동을 보이기도 하고 질투나 증오도 가지게 되는데, 이것은 범죄행위라고 할 수는 없지만 성인이었다면 범죄에 해당할 만한 행위가 이미 유아기에 나타난다고도 볼 수 있다는 것이다.

요컨대, 정신분석학적 입장에서의 범죄는 퇴행에 의하여 원시적이고 폭력적이며 비도덕적인 어린 시절의 충동이 부활한 것으로서 유아적 충동과 초자아의 통제 사이의 불균형의 표출이라고 보는 입장이다. 따라서 어린이들은 여러 가지 욕망을 가지고 있어서 그대로 놓아두면 비행이나 범죄로 빠지게 되므로 이 깊은 본성과 싸우고 이것을 교정해야 한다는 캘빈주의(Calvinism)의 입장에 선다. 이처럼 정신분석학적인 범죄관을 한마디로 표현하면, '범죄는 충동으로서의 원본능의 비정상적 표출'이라고 할 수 있다.

27
인지적 범죄이론

인지심리학자들은 인간의 심리와 지능의 발달과정을 연구하는데, 특히 '사람이 외부세계를 어떻게 인지하는가?'라는 것에 초점을 두고 인지의 발달과정을 중요시한다. 이는 사람이 어떻게 외부 사회세계의 가치와 규범을 획득하여 내재화하는가가 범죄행위 연구에 있어서 중요한 요소가 된다는 측면에서 범죄학적 논의의 가치가 있는 것이다. 그들의 연구 중점은 '개념의 형성(Concept Formation)'인데, 이 방면의 연구로서 유명한 학자는 분트(Wilhelm Wudnt) 및 윌리엄(James William)이다. 인지심리학은 몇 가지로 연구 분야가 나누어지는데, 특히 범죄이론과 가장 관련이 깊은 분야는 피아제(Jean Piaget)가 주장한 '도덕성 발달이론(Theory of moral reasoning)'이라고 할 수 있다. 이는 주로 도덕적인 판단이나 이성을 중심으로 이루어지고 있으며, 사람들이 조직화된 사회적 규칙을 어떻게 정신적으로 상징화하며 그러한 조직화에 기초하여 어떻게 판단을 하는가를 다루고 있다.

피아제에 의하면 사람의 도덕성은 일련의 단계에 따라 발달하며, 각 단계는 그 사람의 사회적 경험, 지적 또는 인지적 구성요소에 따라 그 전단계에 크게 의존한다고 보았다. 즉, 인간의 추리과정은 개인마다 출생한 후 12세 전후까지 각각 다른 정도의 단계별 발달과정을 갖게 된다는 것이다. 먼저, 신경감응단계(Sensormotor Stage)는 아이가 외부환경에 대하여 매우 단순히 반응하여 특별히 흥미를 주는 사물을 찾으며 자신의 인지능력을 발전시켜나가는 단계이다.

그리고 정상적인 사람은 정식작용단계(Formal Operation Stage)인 최후의 단계로서 성숙한 성인이 논리적이며 추상적인 상상을 가미하는 단계까지 발전해 나간다고 한다.

하버드대학의 콜버그(Kohlberg) 교수는 이러한 도덕발달이념을 범죄문제에 적용하여 설명하였다. 즉, 사람은 성장과정 중에 각기 다른 도덕발달단계를 거치면서 모든 개인은 잘못된 도덕문제에 대하여 각기 다른 판단이유를 가지게 되는데, 범죄자의 도덕발달은 준법자들의 도덕발달 정도와는 다르다는 것이다. 범죄자의 도덕발달은 일련의 연속적인 과정을 거치면서 단계별로 진행되는데, 첫째 단계를 관습이전단계(Preconventional Stage), 둘째 단계를 관습단계(Conventional Stage), 셋째 단계를 관습이후단계(Postconventional Stage)로 이름하였다. 그에 의하면 사람들은 대개 10살에서 13살 사이에 관습 이전의 추론 또는 사고에서 관습적 추론 또는 사고로 옮겨가는데, 그렇지 못한 사람들이 비행자가 될 수 있다는 것이다.[65] 따라서 도덕발달이론에 의하면 법률의 준수는 단지 징벌을 피하기 위하거나 자신의 이익을 위한 것이라고 생각하는 자는 법률이 전체 사회의 이익과 타인의 권리를 존중하기 위한 것이라는 생각을 하는 자들보다 훨씬 범죄에 가담할 가능성이 높다는 것이다.

그런데 이러한 도덕판단의 발달은 개인의 지적 능력과 생활경험에 크게 좌우되는 것이 사실이다. 즉, 인지능력이 있더라도 생활경험이 부족하다면 상위단계로의 발달이 불가능할 수도 있으며, 반대로 상위단계로의 도덕적 향상은 가능하더라도 상위단계에서 필요로 하는 도덕적 원리를 일반화할 능력에 결함을 가질 수도 있는 것이다.[66] 따라서 오늘날까지 도덕발달이론은 여전히 비판의 여지를 담고 있다.

28
인성적 범죄이론

인성이론은 인성과 범죄성의 상관관계를 기초로 인간의 범죄행위를 설명한다. 그러나 인성요인으로 과연 범죄자와 준법자를 구분할 수 있는지, 만약 할 수 있다면 어떠한 인성적 특징이 범죄를 야기하는 주원인인가의 문제를 논의하는 것이다.

인성이론은 우선 범죄란 인간의 심리적 틀 내에 존재하는 저변의 갈등이 표출된 것이라고 주장하면서 그 발생기원은 주로 아동기에 있으며, 특정한 인성적 특징이 그 사람의 전반적인 행위를 특징 지우며, 결국 범죄나 비행은 비정상적인 인성적 특징에 의하여 표출되는 하나의 결과라고 가정하고 있다.[67]

범죄와 관계되는 것으로 알려진 파괴적이고 비정상적인 인성 특징을 평가하기 위해서는 투사법(Projective Technique)과 성격특성항목표(Personality Inventory)라는 표준화된 방법을 주로 사용한다. 투사법은 특정 주제에 대해 직접적으로 질문하지 않고 단어, 문장, 이야기, 그림 등 간접적인 자극을 제공해 응답자가 자신의 신념과 감정을 자유롭게 표현하게 하는 심리검사방법으로서 로르샤흐 검사(Rorschach Test)[68]와 주제통각검사(Thematic Apperception Test: TAT)가 대표적 검사이다. 한편, 인성검사표는 자기보고식 설문서의 질문에 동의하거나 반대하도록 함으로써 특정하는 것으로서 미네소타 다면적 인성검사(Minnesota Multiphasic Personality Inventory: MMPI)[69]가 대표적이다.

한편, 로르샤흐 검사와 같은 주관적 검사는 그 타당성에 몇 가지 의문점이 제기되고 있다. 우선, 비행자와 비비행자의 인격특성상의 차이는 심리학자나 임상병리학자들에 의해서 인지되고 있으며, 이들은 비비행자보다는 환자로서 찾아오는 비행자를 접하고 관찰할 기회가 더 많고, 또한 비비행자와 비행자의 신분을 이미 알고 있기 때문에 두 집단의 성격 특성상의 차이 때문일 수도 있다는 것이다.

인성이론에 대한 주요한 비판은 대체로 방법론상의 문제, 인과관계의 문제, 그리고 타당성의 문제로 집약될 수 있다. 우선, 방법론상의 문제로서 표본이 무작위로 표출되지 않아서 그 대표성에 의문이 있다는 것과 다양한 인성과 범죄와의 관계에 영향을 미칠 수도 있는 많은 다른 변수에 대한 고려가 부족하다는 점 등이 지적되었다. 범인성과 인성변수의 인과적 결과에 대해서는 범죄행위가 특정 인성특징의 결과인지 아니면 인성 특징이 범죄경험의 결과인지 확실히 결론나지 않았다는 데에도 문제가 있다.

한편, 타당성의 문제는 인성분류의 문제로서, 사람들은 지배적 내지 핵심적인 인성을 지니고 있다는 가정 때문에 특정한 인성을 판단하도록 강요받고 때로는 잘못된 판단을 할 수도 있다는 것인데, 객관적 조사라고 할 수 있는 경우도 그것이 그 사람의 핵심적인 신분을 분명히 조명할 수 있다고 보기는 어렵다. 심지어 심층적 면접을 하더라도 그 사람이 매일매일의 생활에서 경험하고 표현하는 생각·행동·분위기 등의 변화무쌍함을 측정하기란 쉽지 않다는 점에 그 한계가 있다.[70]

29
정신결함적 범죄이론

정신결함자란 정신박약자, 정신병질자, 정신병자 등 3가지로 크게 구분할 수 있다.

첫째, 정신박약은 지능의 결함상태에 대한 총칭이며, 일반적으로 지능지수(IQ) 70 이하를 말한다. 지능적 결함이 범죄의 주요 원인이라고 강조한 학자는 미국의 심리학자 고다드(Henry H. Goddard)이다. 그는 비네(Alfred Binet)가 개발한 지능측정방법을 이용하여 1912년에는 칼리칵가(Kalikak Family)를 연구하였다. 이것은 동일한 남성이 정신박약 여성과 결혼해서 얻은 자손 480명과 우수한 여성과 결혼해서 얻은 자손 496명을 비교 조사한 것이다. 전자는 143명의 정신박약자, 33명의 성적(性的) 불량자, 24명의 알코올중독자, 8명의 불량인격자, 3명의 범죄자가 발견되었지만, 후자는 2명의 알코올중독자와 1명의 성적(性的) 불량자가 있었을 뿐 나머지는 정상인이었다는 것이다.[71)]

그 후 고다드는 뉴저지의 소년원에서 수용자의 지능상태를 테스트하여 수용소년의 최소 28%, 최대 89%가 정신박약자라고 하여 정신박약과 범죄의 관계를 강조한 바 있다. 이처럼, 정신박약설의 입장에 서면 범죄의 주요한 원인을 낮은 지능에 있다고 설명하면서 멘델(G. Mendel)의 유전법칙에 의하여 유전되기 때문에 정신박약자를 단종내지 격리시켜서 예방하여야 한다는 결론이 된다.

정신병질의 개념을 정신의학적으로 정의한 사람은 슈나이더(K. Schneider)이다. 그는 정신병질자는 이상인격자로서 사회에 해를 끼치거나 자신이 고통받는 자로서 사회적응능력이 현저히 부족하므로 범죄나 비행행위에 빠지기 쉽다고 주장하면서 정신병질과 범죄성과의

관계를 다음의 10가지 유형으로 분류하였다.[72)]

첫째, 발양성 정신병질자 : 이 유형은 지나친 낙천가, 침착성이 없는 과대선전적인 정신병질자로서, 사기범죄자가 여기에 해당된다.

둘째, 억울성 정신병질자 : 이 유형은 우울하고 비관적인 생각을 가지며 끊임없는 걱정·근심으로 고통받는 정신병질자로서, 성범죄자나 자살자들이 여기에 해당된다.

셋째, 자기불확실성 정신병질자 : 이 유형은 자신감의 부족으로 어떤 일이든 망설이기를 잘하여 심리적 갈등이 강하여 강박신경증을 일으키기 쉬운 정신병질자로서, 원래 범죄와는 큰 관련이 없지만 가끔 살인·상해·성범죄를 행하는 경우가 있다.

넷째, 광신성 정신병질자 : 이 유형은 어떤 일에 지나치게 열중하고, 호소·투쟁·과대선전의 경향을 가지는 정신병질자로서, 확신범죄자인 정치범 등이 여기에 해당된다.

다섯째, 자기과시성 정신병질자 : 이 유형은 자기가 항상 모든 일의 중심에 있다는 태도를 보이고 자기를 실제보다 높게 보이려는 허영심이 강한 정신병질자로서, 사기범·무전취식자 등이 여기에 해당한다.

여섯째, 기분이변성 정신병질자 : 이 유형은 이유없이 억울한 생각이 들었다가 사라지는 등 정서가 매우 불안정한 정신병질자로서, 방화범·폭행범 등이 여기에 해당된다.

일곱째, 폭발성 정신병질자 : 이 유형은 사소한 동기로 격분하고 심한 폭력을 행사하며 원시적인 반응을 나타내는 정신병질자로서, 음주에 의한 폭력·상해·살인 등의 우발적 격정범죄자 등이 여기에 해당된다.

여덟째, 정서결핍성 정신병질자 : 이 유형은 사회에 대하여 냉혹, 냉담, 무관심하고 반도덕적 경향이 강한 정신병질자로서, 납치범·흉악범·상습범죄자가 여기에 해당된다.

아홉째, 의지박약성 정신병질자 : 이 유형은 의지가 약하고 독립성과 지속성이 부족한 정신병질자로서, 약물범죄자 · 재산범죄자 · 풍속범죄자가 여기에 해당된다.

열째, 무력성 정신병질자 : 이 유형은 습관적으로 자기에 대한 신뢰감이 없는 정신병질자로서, 범죄와는 특별한 관련이 없는 경향이 많으나 자살기도자가 여기에 해당된다.

이와 같이 슈나이더가 분류한 유형은 반드시 모두가 범죄와 관련이 된다고 할 수는 없지만 특정한 경우에 반사회적 성향으로 연결되는 이상성격들은 범죄학상 관심의 대상으로 볼 수 있다.

한편 정신병의 주요 특성은 현실과 환상을 구별하는데 있어서 극단적인 어려움을 겪게 되어 현실과의 접촉을 상실하는 것인데, 이러한 개념적 왜곡과 오해를 환각 또는 환청(Hallucination)이라고 한다. 또한 정신병자는 타인의 행위와 의도를 잘못 해석하게 되는데, 이렇게 병적으로 생긴 잘못된 판단이나 확신을 망상(Delusion)이라고 한다.[73)]

이처럼 비교적 좁은 의미에서의 정신병이란 우선 자아의 인격구조가 기본적으로 손상되고 주변의 현실상황에 대한 판단과 상호작용이 정상적으로 행해질 수 없어서 환상, 환각, 망상, 의식혼탁 등을 경험하게 된다. 이러한 유해한 행동을 행하기 쉬운 건강상태가 때로는 심각한 범죄를 야기시키는 경우가 있다. 그런데 정신병은 행위의 특징이 주로 사고의 혼란을 보여주는 정신분열증(Schizophrenia)과 편집증(Paranoia)으로 대별된다.[74)]

30
생리심리학적 범죄이론

생리심리학자(Physiological Psychologist)들의 주요한 연구는 대뇌세포의 기능과 신경계통 혹은 기타 생리조직의 변화가 인간의 행위에 어떠한 영향을 주는가에 중점을 두고 있다. 그들은 특수한 연구기법을 이용하여 뇌의 특정한 부분에 전기충격을 주어 뇌의 어느 부분이 어떠한 정서적 반응과 행위를 통제하는지를 파악하고자 한다. 이러한 연구는 앞에서 기술한 범죄생물학과 관련되므로 중복된 논의 부분은 생략하고, 다만 정신병적 성격(Psychopathic Personality)과 범죄적 성격(Criminal Personality)이 범죄현상에 대하여 상당히 중요하다고 보고 이에 대한 설명에 초점을 맞추기로 한다.

먼저, 정신병자 혹은 반사회적 인물은 사회적으로 특수한 하나의 부류를 이룬다. 임상심리학자들에 의하면 그들은 다음과 같은 증상을 가진다고 한다. 즉, 공격 · 위험 · 우발적 행위 · 무표정한 태도 등이 그것이다. 또한 그들은 자기의 행위에 대한 통찰력이 결핍되고 동시에 자기의 폭력 · 공격적 행위와 범죄행위에 대하여 후회나 반성 능력이 결핍되어 있고, 자신의 과오에서 새로운 학습을 얻을 수 없기 때문에 징벌을 통한 개선의 여지가 거의 없다. 그들은 외모가 다른 사람으로부터 주목을 받을 정도로 준수하고 지능도 중간정도는 되기도 하지만 심도 있는 감정의 표현능력이 부족하고 다른 사람을 보호하는 능력은 결핍되어 그들이 가진 가장 큰 특징은 매우 낮은 주의력이다. 따라서 그들은 잘못된 행위에 대한 반성이나 죄악감이 전혀 없이 살아간다.[75)]

'범죄적 성격'은 인격의 발달과정에서 특별한 범죄적 특성을 통하여 범죄를 설명한다. 인격에 대한 측정실험은 명확하게 범죄자의 인격적 특성을 설명하지는 못하지만, 미국의 정신의학자인 요첼슨(Yochelson)과 사메노우(Samenow)는 1977년에 그들이 발견한 소위 '범죄적 성격'을 제시하였다. 그들은 정신병원에 입원한 240명의 병자들을 주의깊게 관찰하고 상담하면서 발견한 내용들을 통하여 환경은 개인이 범죄자가 되게 하지는 않는다고 보고 결국 범죄는 유년기의 자아선택의 결과라고 주장하였다.

그들이 가장 획기적으로 제시한 결론은 범죄인격은 출생 시에 몇 개의 낙인과정에서 생기는 것이며, 부모의 영향을 받는 것이 아니라는 것이다. 사실상 이러한 범죄인들은 자기의 가정에 대하여 부정적이고 거의 영향을 주지 않는 상태이고, 그들의 가정이 그들에게 부정적인 영향을 반드시 주고 있는 것도 아니다. 그들은 범죄인격에 대하여 다음과 같은 묘사를 한다.

범죄의 의도를 가진 사람은 항상 법률을 위반할 기회를 찾고 있으며, 동시에 생활상의 안전과 풍요상황 하에서 자기의 방식으로 범죄단체와의 접촉을 하고 어떠한 특정한 행위를 함으로써 다른 범죄친구들의 지지를 얻는 것이다.

대부분의 범죄자는 전문가가 아니다. 그들이 체포되었을 때 그 이전에 다만 체포되지 않았을 뿐이지 이미 그들은 100개 이상의 다양한 범죄를 저질렀을지도 모른다는 것이다. 가장 중요한 것은 이 두 사람의 정신의학자들은 자신이 발견한 반사회적 행위는 소위 '범죄인 사고모형'과 밀접한 관련성을 가진다는 것이다. 즉, 범죄인은 일종의 신뢰와 충성이 없는 세계에서 살면서 그들은 다른 사람들을 신뢰하지 않지만 다른 사람들은 자신을 신뢰하도록 요구한다. 만약 그들이 다른 사람의 신뢰를 얻게 되면 그는 이러한 신뢰를 범죄에 이용하게 된다.

31
좌절공격이론

좌절공격이론은 본능이론과 달리 공격이 외부조건에 의해 유발된 동기로 생긴다는 이론이다. 주된 명제는 좌절이 크면 그에 따라 타인에 대한 공격성도 커진다는 것이다. 초기에 좌절이 공격을 유발하는 유일한 조건이라는 가설이 많은 비판을 받게 되자 이 이론은 인지적 신연합이론, 고조된 각성이론, 직접도발이론 등 3가지 형태로 절충되었다.

첫째, 인지적 신연합이론은 베코비츠(Bekowitz)가 주장한 이론으로서, 좌절은 혐오적이고 불쾌한 경험이기 때문에 공격을 일으키게 하는 한 요인이 된다는 이론이다. 다시 말해서 사람이 혐오적 사건들을 겪게 되면 부정적 감정을 가지게 되는데, 이러한 감정은 자동적으로 공격이나 도피의 성향을 초래한다는 것이다.

둘째, 고조된 각성이론은 찔만(Zillmann)이 주장한 이론으로서 어떤 상황에서는 원인을 묻지 않고 각성이 고조된 상태에 놓이게 되면 성가심·좌절·도발 등에 공격적으로 반응하게 된다는 이론인데, 정서적 각성이 전이되는 것으로 범죄행위를 설명한다.

셋째, 직접도발이론은 공격이론에서 파생된 것으로 바론(Baron)이 주장하였는데, 공격은 한 사람이 언어적·신체적으로 다른 사람을 도발한 결과로 생긴다는 것이다. 예컨대, 이 이론은 두 집단이 있는데 한 편은 비판과 욕설로 대응하고, 다른 편은 협조적 대응을 하였을 때, 전자의 집단이 보이는 비협조적이거나 파괴적인 반응과정을 중요시 한다.

32
범죄심리학에 대한 평가

초기의 범죄심리학에서는 범죄자는 심신상실 혹은 심신에 손상을 입은 사람이라는 개념 위에서 시작되었다. 그러나 근래 들어 이러한 주장은 거의 무시되고 있으며, 오늘날 범죄심리학은 4가지의 큰 흐름으로 나누어 볼 수 있다.

첫째, 프로이트의 정신분석학적 접근으로, 공격행위와 유아기의 인격 충돌 및 발달의 장애에 따른 범죄의 해석이 바로 그것이다.

둘째, 인지이론은 인류의 성장과정 중에 대외적 세계의 인지 및 개념의 발전에 초점을 맞추어 인간의 범죄행위를 설명한다.

셋째, 학습이론은 범죄행위가 일종의 학습과정에서 습득된 결과라고 주장하면서, 유아기에 폭력행위를 보면서 강화를 받고 오랜 시간이 지난 후에 폭력행위를 통하여 각종 인간관계를 풀어나가려는 성향이 생긴다는 것이다.

넷째, 생리심리학은 생리적 요소와 심리적 특성은 상호관련성을 가지는데, 그중에서 가장 중요한 것은 심리병태적 성격과 범죄인격의 측면이라는 것이다.

이상의 여러 각도에서 인간의 범죄심리를 연구하였는데, 범죄심리학이론들도 발생되는 모든 범죄를 일반화하여 설명하는 데는 한계에 봉착할 수밖에 없었지만 나름대로의 공헌도 무시할 수는 없다고 본다.

특히, 비록 교정철학은 최근에 현대신고전학파의 영향을 강하게 받았지만 형사사법체계의 범죄예방의 주요한 교정정책에 대하여 각종 생리심리학 방면의 이론들도 일정한 영향을 주었다고 평가할 수 있다.

33
사회학적 범죄이론

지금까지는 범죄의 원인을 주로 범죄자의 자질과 속성이라는 개인적 요인에서 찾았으나, 1920년대 미국의 시카고학파의 사회생태학적 연구를 시작으로 범죄자의 사회적 환경으로 관심의 초점이 옮겨지기 시작하였다. 이와 같은 사회학적 접근의 기저에는 기본적으로 지역마다 범죄발생률의 현격한 차이성을 개인적 시각에서 제시한 염색체의 이상 등으로는 설명할 수 없다는 기본적인 가정이 깔려있는 것이다.

환경이란 개체를 둘러싸고 있는 사회적·문화적·자연적 제반 상황 여건을 일컫는다. 이러한 환경여건은 사람들의 인격형성에 영향을 미침과 동시에 그의 현실적인 행위의 실행여부에도 직·간접적으로 영향을 미친다. 그리하여 환경상의 제반여건 중에서 어떤 것이 범죄 및 범죄성과 가장 밀접한 관계를 갖는가를 파악하는 것은 범죄학의 중요한 연구과제라고 할 수 있다.[76)]

환경은 크게 자연환경과 사회환경으로 대별된다. 이 중 자연환경이란 인위적인 조작에 의하여 영향을 받음이 없이 일정한 법칙에 따라 인간의 심신생활과 그 발전에 영향을 미치는 자연상의 환경을 가리키는 것으로서 기상·기후·계절·지세·풍토 등이 이에 속한다. 그리고 사회환경이란 사람들의 모임에 의하여 그리고 사람들의 인위적인 조작에 의하여 구성되고 늘상 변동되는 환경들로서 정치·경제·사회·문화 각 방면의 생활환경과 가정환경·주거지역·교우관계·전쟁상태·군집현상 등이 여기에 해당된다. 환경적 범죄 원인이란 이러한 사회적·자연적 제반 환경 가운데서 범죄의 발생 또는 범죄적 인격의 형성에 직접·간접적으로 상당한 영향을 미치는 요인들을 가리킨다.

이러한 환경에 관한 분석을 시도할 때 늘 명심하지 않으면 안 되는 것은 환경의 양면성이다. 즉, 거의 모든 환경요인은 한편으로는 사람들의 심신생활에 직접 영향력을 행사하여 범죄행위 등 행위를 유발 또는 재촉하는 역할을 하면서, 다른 한편으로는 성장기 사람들에게 그 인격의 형성에 영향을 미치는 요인으로 작용한다는 사실이다. 이 중 전자의 행위형성적 환경은 행위의 발생 여부에 직접 영향을 미치는 요인으로서의 환경의 면을 가리킬 때는 이를 행위환경이라 부르며, 후자의 인격형성적 환경은 인격의 올바른 또는 불량한 형성에 영향을 미치는 요인으로서의 환경의 면을 가리킬 때는 이를 인격환경이라고 부른다. 여기서 범죄학상의 원인문제가 크게 두 가지로 양분되는 것도 이해할 수 있게 된다. 그 하나는 야기의 문제고, 다른 하나는 발육의 문제이다. 이 중에서는 범죄행위의 발생에 있어 개체의 소질과 개체를 둘러싼 환경의 어느 쪽이 얼마만큼 더 중요한 역할을 하는가를 분석하는 문제로서, 행위 발생 당시의 인격 및 환경여건이 고찰의 대상이 된다. 이에 반해 후자는 범죄행위 발생시점 이전에 있어서 범죄행위를 하게끔 된 자의 인격특질의 형성과정에 있어 그 선천적 소질조건과 성장기의 환경조건 중에서 어느 쪽이 얼마만큼 더 중요한 역할을 하는가를 분석하는 문제로서, 이 경우의 환경은 바로 인격환경으로 문제시되는 것이다.

사회환경은 크게 나누어 사회 구성원들에게 일반적으로 널리 영향을 미치는 일반적 사회환경과 개개인 사이에 상당한 차이가 인정되는 특수사회환경으로 대별할 수 있다. 이러한 분류방법에 따라 범죄발생 또는 범죄적 인격의 형성에 있어서 환경의 역할을 특히 강조하는 각종 이론을 다양하게 분류해 볼 수 있다.

34
사회해체이론

사회해체이론(Theory of Social Disorganization)은 산업화·도시화와 관련된 '생태학적 접근(Ecological Approach)'을 통하여 시카고지역을 중심으로 성립된 범죄이론이다. 시카고대학은 1892년에 최초의 사회학부를 개설하였으며, 20세기 중반에 미국 사회학적 사상에서 지배적인 영향력을 미치면서 그 명성이 인정되어 '시카고학파'라고 불리고 있다.

시카고학파의 관점은 인간의 행동이 단순히 유전적인 구조에 의해서라기보다는 인간의 사회적·물리적 환경에 의해 발전되고 변화한다는 것이다. 이러한 관점을 지지하며, 시카고학파는 인간행동에 주된 영향을 미치는 공동체로서 도시를 자연스런 인간의 환경, 즉 '인간우주의 소우주'라고 생각했다.

시카고학파가 개인과 도시를 연구하는 방법은 그 자체로서 사회학과 범죄학에 크게 공헌하였다. 시카고학파는 지금까지 대부분 범죄학이론의 바탕이 되어온 틀을 형성할 수 있었다. 일탈의 설명으로 사회해체의 가장 중요한 가설이 되는 것은 일탈이 주로 제도적 지역사회에 기초한 통제의 붕괴로 야기된 결과라는 것이다. 그런데 이들 지역사회에 기초한 제도의 해체는 대체로 급격한 산업화·도시화에 기인한 바가 크다. 한편 사회제도의 효과성이나 주거지역과 상업지역의 생활여건은 경쟁과 지배라는 자연적·생태학적 원리에 밀접하게 연관된다. 이와 같이 사회적으로 해체된 지역은 관습적인 전통과 가치관을 대체하는 범죄적 전통과 가치관을 발전시키게 된다. 따라서 이러한 해체된 지역의 사람들은 자연스럽게 해체된 환경조건에 반응하는 것으로 가정한다.

즉, 산업화·도시화로 인한 급격한 사회변동은 지역사회의 제도적 또는 비공식적 사회통제를 약화시키는 사회해체를 초래하게 되는데, 이러한 사회해체는 대체로 도시가 성장함에 따라 동심원지역(Concentric Zone)으로 일어난다. 이러한 사회해체를 경험하는 지역에서는 비행적 전통과 가치관이 관습적 전통과 가치관을 대체하여 공식적 또는 비공식적 사회통제를 약화시켜서 일탈이 야기된다고 할 수 있다.

사회해체는 가치와 규범의 갈등, 이동성, 문화변동과 문화적 진공상태의 초래, 그리고 일차적 인간관계의 감소를 조장하여 내적 또는 외적 사회통제를 약화시킨다. 다시 말해서 급격한 인구의 유입으로 인해 원래의 거주민이 교외로 나가게 되는 인구 이동이 일어나면 그 지역에 존재하던 공식적인 사회조직이 해체되고 주민들이 더 이상 그 지역사회와 일체감을 갖지 못하게 됨으로써 지역사회의 명성과 외양에도 관심이 없어지는 것이다. 그런데 사회해체란 범죄와 관련해서 볼 때, 지역사회 내에서의 관습적인 제도적 통제뿐만 아니라 비공식적 사회통제력의 붕괴와 지역사회의 개인이나 집단 또는 조직이 집합적으로 공통의 문제를 해결할 수 없는 것을 의미한다.

이러한 사회해체와 비행의 연계는 쇼(Shaw)와 맥케이(McKay)의 연구와 밀접한 관련이 있다. 그들의 연구는 시카고학파의 도시성장을 5개의 동심원 지역으로 파악한 사회생태학의 원리에 큰 영향을 받았는데, 이 연구는 도시성장을 분석함으로써 범죄와 비행의 분포상태는 물론 그와 같은 도시 범죄의 분포이유를 규명하고자 하였다.

쇼와 맥케이가 주장한 사회해체이론의 업적 중에서 가장 중요한 발견은 도시의 생태가 범죄행위에 영향을 미친다는 사실의 발견이다. 이는 지금까지 범죄자가 생물학적으로 또는 심리학적으로 결함이 있다고 보았던 범죄자관에 대한 대안으로서 범죄가 특정 인종이나 소수집단의 전유물이라는 가정에 의문을 제기한 결과가 되었다. 그들의 주장에 의하면, 비행의 원인이 지역사회의 붕괴나 빈민굴의 형성에 있다고 믿는다. 따라서 '시카고지역 계획안(Chicago Area Project)'을 시작으로 지금까지 이어져 오고 있는 지역사회활동과 처우프로그램의 기초를 제공하고 있다.77) 따라서 사회해체론은 범죄와 비행의 예방을 위한 중요한 기초를 제공한 것으로 평가될 수 있다.

물론 현대 범죄학에서 사회해체론이 차지하는 비중이 그다지 크지는 않지만 범죄와 지역성과의 관계를 다루는 분야에 많은 영향을 미쳤으며, 사회통제이론, 아노미이론, 차별적 접촉이론, 문화갈등이론 등의 이론적 발전의 기초를 제공한 것으로 평가되고 있다. 이러한 기여에도 불구하고 쇼와 맥케이의 사회해체론에 대한 비판과 문제점을 살펴보면 다음과 같다.

첫째, 방법론적 문제로서 생태학적 접근이 주로 경찰이나 법원의 공식기록에 지나치게 의존함으로써 편견이나 암수범죄 등의 이유로 연구결과에 대한 정확성이 의문시되고 있다.

둘째, 인과관계의 문제로서 생태학적 연구결과 밝혀진 변수 간의 높은 상관관계는 반드시 원인과 결과 관계가 아닐 수도 있으며, 오히려 제3의 변수가 실제 원인일 수도 있는 것이다.

셋째, 통계기법을 많이 이용한다는 사실도 문제가 될 수 있는데, 이론적 관점에서 논리적으로 변수를 도출하기보다는 가능한 많은 변수를 이용하여 자료를 수집하고 그것을 컴퓨터가 고르도록 하며, 그 결과로 각종 이론을 이용하여 이해하고 정당화시키려는 점이 논리상의 모순으로 지적되어 비판의 대상이 되고 있다.

넷째, 생태학적 접근은 생태학적 오류를 지니고 있음이 지적되는데, 전체 모집단에 관한 자료와 정보에 기초한 개인 또는 소집단에 관한 유추가 잘못되었다는 것인데, 동일한 비행다발지역 내에서도 동양계 소수민족은 비행률이 낮다는 사실은 생태학적 상관관계가 반드시 상응한 개별적 상관관계와 동일한 것일 수 없기 때문에 전체를 통한 개인의 설명이 잘못되었다는 사실을 의미할 수 있는 것이다.

다섯째, 도시화와 그로 인한 도시로의 인구이동으로 인하여 도심지역의 일차적 인간관계가 붕괴된다고 주장하였으나, 실제로 도시의 중심지역에서도 주요한 일차적 인간관계가 다양하게 존재하고 있는 것이 사실이므로 그 타당성이 의문시된다.

여섯째, 생태학적 접근이 순환론적인 추론의 문제를 비판받기도 하는데, 이들의 연구에 있어서 비행 발생률이 독립변수와 종속변수, 즉 원인변수와 결과변수 양쪽 모두에 사용되고 있는데, 어떠한 현실이 원인임과 동시에 결과일 수는 없기 때문에 논리적으로 모순이 되고 있다.

일곱째, 이 이론이 연구대상으로 삼았던 것은 주로 청소년비행과 그중에서도 재산 비행이 중심이었기 때문에 그 연구의 범위가 제한된다고 할 수 있다.

여덟째, 지역사회의 해체가 비행을 유발토록 하는지, 아니면 지역사회의 해체가 비행을 유발하는지가 분명치 않다.

아홉째, 인종 간의 비행률의 차이가 있음에도 불구하고 인종적·문화적 요인을 지나치게 경시하고 있다.

열째, 비행다발지역에 사는 많은 비범죄소년들과 비비행지역에 사는 많은 비행소년의 문제를 제대로 설명하지 못한다.

이상의 비판적인 시각에서의 문제점이 지적될 수 있지만, 사회해체론은 나름대로의 상당한 시사점을 제시한 범죄사회학이론이라고 볼 수 있다.

35
하위문화이론

코헨(Albert Cohen)은 비행하위문화이론(Delinquent Subcultural Theory)을 제시하였다. 비행하위문화란 범죄자집단이나 비행자집단 중에서 공유되고 있는 특정 신념, 가치관에 근거한 사고나 행동양식이며, 범죄나 비행행위가 불가결의 요소가 되는 문화를 말한다. 코헨은 그의 저서 「비행소년들(Delinquent Boys)」에서 이 비행하위문화를 계급구성과의 관계에서 논하고 소년비행은 압도적으로 남자노동자계층에서 많이 볼 수 있는 현상임을 밝혔고, 비행이 하류층에 속하는 소년 간에 집중되고 있는 이유를 미국사회의 계급구조에 있다고 하였다. 이는 머턴(Robert K. Merton)의 아노미이론과 원칙적으로 동일기반 위에 서 있다고 할 수 있다. 그러나 코헨은 왜 많은 비행이 뚜렷한 목적이나 이익을 가지지 않고 오히려 비공리적이고 악의가 있는 부정적인 것으로 보이는가를 추구한 점에서 머턴과는 서로 다른 관점에서 접근하였다고 할 수 있을 것이다.

코헨은 범죄·비행의 발생과정에 대하여 다음의 다섯 가지를 주장하였다.

첫째, 미국사회에 있어서 지배적인 가치체계는 중류층의 사람들 간에 적용되는 것이며, 그 특징은 언어의 유창함, 높은 수준을 지향하는 향상심, 성공에의 의욕, 장기적 목표를 달성하기 위한 부단한 노력과 능력, 욕구충족을 연기할 수 있는 자제력 등이다.

둘째, 중류층의 가치나 도덕이 지배하는 사회에서는 하층계급에 소속되는 소년들이 그 사회적 지위 때문에 동일한 출발점에 설 수 없다는 불만을 가지게 되며, 사실 그들은 중류층의 소년들이 승리자의 인생이라는 경쟁에서 실패나 굴욕을 경험하고 있다.

셋째, 미국문화의 특징은 사회계급을 달리하는 소년이 동일한 규칙 아래서 서로 지위와 승인을 얻고자 평등하게 경합하고 있다는 원칙에 있으나 실제문제로서는 하류층에 속하는 자가 불리함이 명백하고 이 때문에 하층계급 소년들은 지위에 대한 욕구불만을 가지게 된다.

넷째, 욕구불만에의 반동형성이 비행하위문화의 창조와 유지의 근간이 되는 것이며, 이 반동형식을 통하여 중류사회적인 가치나 규범은 집합적·하위문화적 해결로 뒤바뀌 진다.

다섯째, 하류층 출신 소년들은 중층계급의 소년들과는 서로 다른 적응문제에 직면하게 되며 그들에게 불이익을 주고 있는 중류층의 가치기준을 부정하고 이를 뒤엎음으로써 중류사회적 생활방식을 경멸한다. 그들의 행동이 범죄나 비행으로 표현되는 것은 이러한 중층계급의 가치기준에 대한 반동형성인 것이라고 설명할 수 있다.

결론적으로 코헨은 하류층의 소년들이 처해 있는 사회적 상황과의 관계에서 비행과 범죄가 설명될 수 있어야 한다는 점을 역설하고 있다.[78]

36
하위계층문화이론

밀러(Walter B. Miller)는 문화갈등이론에 근거하여 '초점적 관심(Focal Concern)'의 개념을 사용하여 하층계급에는 하층계급의 특징적 가치, 생활양식, 행동양식 등 독자적인 문화규범이 존재하고 있음을 인정하고, 이러한 하층계급의 독특한 문화규범에 따르는 것이 자동적으로 넓은 사회의 법규범에 위반하는 것이 된다는 하위계층문화이론(Theory of Lower Class Culture)을 주장하였다.

그는 사회구성층의 큰 부분을 하층계급이라는 하나의 특징적 문화체계를 형성하는 집단이 차지하고 있다고 보았다. 또 많은 학문적 연구로 실제 증명된 바와 같이 이 문화체계는 미국사회에 있어서 점점 더 특징적인 것이 되어가고 있으며, 더욱이 그 전통을 공유하고 있는 집단의 규모는 확대되어 가는 실정이라고 전제한다.

밀러는 하층계급의 생활양식 속에 발견되는 초점적 관심은 쉽게 범죄로 연결시키는 매개가 된다고 보았다. 이 초점적 관심은 중산계층의 문화에 대한 반항이 아니라 빈민지역 내에서 하층문화생활의 적응 모습이라는 것이다. 이러한 주요 '초점적 관심'으로 다음과 같은 여섯 가지를 제시하였다.[79)]

첫째, 말썽(trouble) : 말썽을 부리는 것이 하위계층문화의 특색 중의 하나이다. 이러한 말의 의미 속에는 싸움·음주·비정상적인 성행위 등이 포함된다. 하층문화지역에서는 종종 개인의 능력이 이러한 말썽을 얼마나 잘 부리는가에 의하여 평가된다. 그러나 그들은 이러한 말썽에 대하여 두 가지의 다른 견해를 갖는다. 즉, 싸움에서 승리한 경우에는 영웅이 되기도 하지만 패배한 경우에는 무능자로 취급받는다.

둘째, 거칠(Toughness) : 하층문화 속에서는 종종 신체나 정신적으로 강하고 거칠다는 것을 인정받는 것으로 여기는 경향이 있다. 연약한 것을 싫어하고 신체적인 강인함과 싸우는 기술을 좋아한다. 만약 이러한 요구에 부합하지 않는 하층의 남자아이들은 숙맥이라고 놀림을 받을 뿐이다.

셋째, 총명(Smartness) : 하층문화의 초점적 관심은 소위 약은 꾀를 부리거나 멋부림에 있지 결코 차원 높은 지식이나 지혜에 있지 않은 경향이 있다는 것이다. 그들에게 총명한 자는 도박·사기·탈법과 같은 인생살이의 기교를 잘 활용하는 자를 말한다.

넷째, 흥분(Excitement) : 하층문화의 또 다른 특성은 흥분과 자극을 좋아한다는 것이다. 흥분을 추구하기 위하여 약물·도박·싸움·음주나 비정상적 성행위 등을 추구한다. 이러한 흥분의 선호가 주를 이루는 상황 하에서 동참하지 않는 청소년은 안전하기는 하나 따돌림의 대상이 되기 쉽다.

다섯째, 운명(Fate) : 하층문화 속에서는 자신의 운명은 하늘에 달려 있기 때문에 바꿀 수 없다는 생각을 하는 경향이 있다. 따라서 성공·행운·재물 등은 모두 그들과 상당히 멀고 어떠한 노력을 하든지 간에 그들의 운명은 바꾸기 힘든 것으로 여긴다.

여섯째, 방종(Autonomy) : 하층문화에 속한 자들은 제멋대로의 삶을 좋아하기 때문에 경찰·교사나 부모의 통제에 항상 반항하는 자세를 취한다. 따라서 그들은 권위를 가진 기관을 경시하여 종종 학교결석이나 가출을 일삼는다.

밀러는 이처럼 범죄나 비행은 하층계급에 현저한 현상임을 지적하고 그들의 행동에 직접 영향을 주는 것은 비행하위문화가 아니고 하층계급의 공동사회 그 자체이며, 오랫동안 몸담아온 공동사회의 고유한 전통가치라고 하였다. 그리고 비행하위문화가 어떻게 형성되는가의 문제보다도 그것이 창출된 이후에 존속되고 유지되는가의 문제에 관심을 가지고 논리를 전개하였다. 즉, 범죄나 비행은 하층계급문화에의 동조의 소산이라고 할 것이며, 하층계급에 소속되는 자로서 범죄나 비행을 범하지 않는 자는 하층계급사회 자체에서도 사회적 상승의욕을 가지지 않는 자이거나 중층계급문화에의 동조를 지향하고 있는 자라고 할 수 있을 것이다. 따라서 하층계급의 가치관이 비행하위문화를 포용하고 있음을 이론적 전제로 하고 있다.

결국 밀러는 문화적 측면에서 하층계급에 왜 범죄가 많은가를 증명하고 하층계급에 현저한 범죄의 발생과정을 정확히 설명하고 있다는 점에서 높이 평가되고 있으며, 그 이론의 특색은 범죄나 비행에 직접적 영향을 주는 것은 하층계급사회 그 자체이고, 오랫동안 몸담아온 공동사회의 고유문화라고 본 점이다. 밀러의 초점적 관심은 하층계급문화의 요소이지만 그것만이 하층계급문화의 유일한 요소라고 볼 수는 없고, 현대사회의 대중매체의 발달과 충격에 의하여 하층문화 속의 사람들이 중산계층의 문화에 접할 수 있는 기회가 매우 넓어졌다는 점에서 비판의 여지를 담고 있다. 또한 사실상 하층계급의 청소년들이 중산계층의 가치관념과 행위들을 동경하고 교육·성적·공부·예금 등의 전통적인 행위를 상당히 존중하는 측면도 있다는 것을 간과하고 있다. 따라서 하층민 지역의 범죄율이 비교적 높은 것은 사실이지만 이것이 하층계급의 특수한 문화관념이 반드시 유발한 결과라고는 볼 수 없다는 점을 지적할 수 있다.[80]

37
사회아노미이론

뒤르켐(Durkheim)은 사회학의 창시자 중의 한 사람인 동시에 범죄학에도 매우 큰 영향력을 끼친 프랑의 학자이다. 사실상 그가 현대범죄학의 발전에 미친 영향력 중에서 가장 주요한 부분 중의 하나가 바로 '사회적 아노미(Social Anomie)'라는 개념을 제시한 점이라고 할 수 있다.

또한 뒤르켐은 자살·범죄 문제 등을 논하면서 이러한 현상은 사회문화구조상의 모순에서 기인한다고 주장했다. 갈등적이며 공격적인 현실 사회에서는 범죄행위 등은 하나의 정상적·자연적 현상이라고 보았다. 개인이익과 자기주장, 그리고 폭력의 행사가 어느 정도 용인되고 정당시되기도 하며, 때로는 찬양받기도 하는 사회에서는 일정 수준의 범죄 문제가 발생함은 오히려 정상이라고 보아야 한다고 색다른 주장을 함으로써 범죄현상을 바라보는 새로운 시각을 제시하였다.[81)]

여기서 그는 각 사회가 잠재적으로 용인하는 '평균적 범죄수준'이라는 것을 상정하고, 이 수준을 넘는 경우에만 이를 병적 현상으로 보려고 하였다. 그는 나아가서 전통적 행동양식에서 벗어나는 어느 정도까지의 범죄행위는 사회의 진보를 위해 필요하다고 보고 그것은 건전한 사회의 한 구성부분이 된다고 주장했다.[82)]

뒤르켐이 제시한 '아노미(Anomie)'의 개념은 사회 혹은 단체가 일종의 무규범(Normlessness) 혹은 규범상실의 상태를 의미한다. 그는 사회의 구조가 개인의 수요와 욕망을 통제할 수 없는 상태에 이를 때 아노미현상이 즉시 나타난다는 것이다. 따라서 아노미는 개인 차원의 상황이 아니라 바로 사회의 일종의 상황과 특성을 의미하는 것이며,

이러한 사회적 상태 하에서 범죄를 비롯한 기타 자살과 같은 사회문제가 쉽게 일어난다는 것이다.

비록 뒤르켐이 생각하는 아노미의 원래 개념은 경제쇠퇴·전쟁·공황 등으로 인하여 초래된 자연 혹은 인위적 재해로 인한 사회질서의 파괴를 의미하였으나 나중에는 사회의 물질문명이 급속도로 발전되면서 사회적으로 개인이 규범이나 도덕적 행위에 대하여 겪게 되는 혼란으로 인하여 발생되는 소위 '번영의 아노미(Anomie of Prosperity)'라는 개념까지 포함하게 되었다.

뒤르켐의 주장에 따르면, 이 사회에서 범죄가 필연적으로 발생하는 것은 개인의 차이성에 기인한다고 보고, 인류의 피차간의 여러 가지 차이가 존재하기 때문에 이러한 피차간의 욕구를 다른 방법으로 만족하려는 과정에서 사람들이 범죄라는 수단을 사용하게 된다는 것이다. 따라서 인류의 상호 간의 차이성이 바로 범죄의 필연적 생산모체가 되고, 이것은 인류사회생활의 일종의 기본적 상황으로 볼 수 있게 된다는 것이다. 따라서 뒤르켐은 한 걸음 더 나아가서 범죄는 어떤 측면에서는 오히려 사회에 유용하고, 심지어 건강한 사회의 유지를 위해서는 필요한 것이고, 사회적 변천을 설명하는 주요한 요소가 된다고 주장하였다. 즉, 만약 범죄가 없다면 모든 개인의 행위 양식이 유사하게 되고 선악을 분별할 수 없어서 보편적인 일치 때문에 사회의 창조성과 독립적 사고가 동결된 것이라는 것이다.

이 외에도 뒤르켐은 범죄는 사람들이 '사회적 질병(Social Diseases)'에 대하여 주의할 수 있도록 촉진작용을 한다고 보았다. 범죄율이 상승하면 곧바로 사람들은 사회의 개혁이 필요하다는 것을 일깨워 주게 되고, 따라서 각종의 다른 계획을 수립함으로써 사람들의 불안감을 제거하고 범죄의 원인들에 대한 일정한 통제를 가하게 된다는 것이다.

그러나 뒤르켐은 범죄가 사회에 대하여 다음과 같은 4가지 기능을 한다고 주장하였다.[83)]

첫 번째 기능은 도덕적 한계를 그어주는 역할기능인데, 범죄인에 대한 징벌을 통하여 사회는 구성원들에게 도덕적 한계가 어디에 있는지 말해주고, 어떤 일은 해도 되고 어떤 일은 하면 안 되는지를 가르쳐 준다. 뒤르켐의 주장은 만일 범죄가 없다면 도덕의 경계선도 없어져서 좋은 것과 나쁜 것을 구분할 수 없게 되어 사회가 계속 유지되는 데 오히려 곤란을 겪게 된다는 것이다.

두 번째 기능은 단체의 응집력을 강화시켜주는 기능으로, 도덕적 경계선을 긋는 것 외에도 범죄는 사회적인 준법자들의 응집력을 강화시킴으로써 공동의 적인 범법자들에게 대항하는 기능을 수행하게 되는데, 이는 위법자들이 준법자들의 안전 혹은 이익을 위협하기 때문이다.

세 번째 기능은 사회의 혁신적 원동력을 제공하는 기능인 바, 범죄는 어떤 경우 사회의 노화나 시대에 뒤떨어진 법률규범에 대하여 혁신적인 도전을 불어넣는 기능을 수행한다는 것이다. 예컨대, 미국의 흑인 종교지도자 마르틴 루터 킹(Martin Luther King Jr.)은 전형적인 하나의 예이다. 그는 당시의 인종차별정책에 반대하다가 실정법 위반으로 처벌을 받았고, 당시의 모든 일반정상인들로부터 공격·항의를 받았고, 결국 체포되어 한 사람의 물의를 일으킨 사람으로 인식되었으나 불굴의 노력으로 나중에 인종차별정책이 불법이라고 인식되게 되어 새로운 변혁이 일어난 것이다. 이는 바로 범죄행위가 사회의 혁신을 촉진한 대표적인 사례라고 할 수 있다.

네 번째 기능은 사회 내부의 긴장 제거 기능으로, 범죄는 사회의 압력과 막힘을 범죄단체에 돌리게 하여 긴장을 풀어주는 기능을 한다는 것이다. 예컨대, 미국의 소수단체는 종종 사회문제의 속죄양이 되곤 한다. 사회문제가 소수 혹은 문제단체에 의하여 제기되어 범죄로서 응징이 되면 사회는 내부의 긴장과 압력이 자동으로 풀리게 된다는 것이다.

38
아노미이론

아노미이론은 미국의 사회학자 머턴(Robert K. Merton)에 의하여 체계화되었는데, 미국의 범죄사회학계에 막대한 영향력을 주고 있다. 머턴은 범죄를 사회구조적인 모순에 기인하는 것으로 보고 사회가 생산한 악이라고 한다. 아노미는 원래 무규범상태 또는 무규제상태의 의미로 사용되었으나 그 후 신념체계의 갈등 또는 붕괴상태, 도덕적 부적응 등 여러 가지 의미로 사용되고 있다.

머턴에 의하면 사회적·문화적 구조는 부의 획득, 높은 지위로의 출세, 좋은 학교 입학 등의 문화적 목표와 이에 도달하기 위한 제도적 수단의 두 요소로 이루어진다고 한다. 그런데 이 두 구성요소는 반드시 조화적으로 구성되는 것이 아니고 거의 각기 독립적으로 구성된다. 즉, 한편으로는 문화적으로 강조되는 성공목표에 도달하고자 하는 충동적 압력을 받으면서, 다른 한편으로는 그러한 성공목표를 추구하거나, 아니면 성공목표자체를 포기외면하고, 오직 자신 특유의 목표를 추구하는 방향으로 행동하게 되는데, 이때 나타나는 것이 무규범상태인 아노미이다. 이러한 아노미의 심리상태가 일반적으로 확산될 때 그 사회에서 범죄행위 등 일탈행위가 다발하게 되고 이러한 사회를 아노미사회라 할 수 있다.

머턴은 사회·문화적 구조에 대한 적응양식을 다섯 가지로 나누어서 설명하고 있다.[84)]

첫째, 동조형(Conformity)은 그 사회의 성공목표에 대해 용인하고 또한 그에 도달하기 위한 제도적 수단도 인정하여 정상적인 생활을 유지하는 사람들이다. 무질서하지만 안정적인 사회에서 가장 보편적인 반응으로서 전혀 일탈적이지 않은 것으로 고려되며, 이러한 반응형태는 사람들이 문화적 목표와 수단을 모두 수용할 때 나타난다. 그런데 대부분의 사람들이 심지어 아노미사회에 직면하더라도 동조형 반응을 보인다는 사실은 아노미이론이 아노미사회에 직면한 사회구성원의 소수를 목표로 하는 이론임을 알 수 있게 해 주는 것이다.

둘째, 혁신형(Innovation)은 문화적 목표는 적극적으로 수용하지만 그것을 성취하기 위한 문화적·합법적 수단은 수용하지 않는 반응형태로서, 목표성취에 대한 강력한 동기에 비해 합법적 수단에 대한 접근이 제한되는 데 대한 직접적인 반응이다. 사회에서 전통적인 범죄행위는 이들에 의해서 많이 행해진다. 이 유형의 사람은 자신의 성공을 비관습적인 방법으로 달성하려는 사람으로 주로 절도 등이 대표적인 전형이다. 즉, 성공에 대한 피할 수 없는 욕구가 경제적 기회가 부족한 이들에게는 지대한 부담이 되기 때문에 일탈적인 적응형태가 전혀 놀라운 결과가 못 되는 것이다. 모든 사회구성원은 높은 성공을 성취해야 하는 압력을 받지만 사회의 많은 구성원들에게 이를 위한 기회는 제한되어 있기 때문에 신성한 미덕으로 여겨지는 야망·소망이 오히려 어쩔 수 없는 일탈행위를 조장하게 된다. 예컨대 화려한 생활은 하고 싶지만 돈이 부족할 때 상당수의 청소년비행자들이 유흥비조달을 위해 돈을 훔쳤다고 진술하고 있음이 이를 잘 대변해 주고 있다. 바로 이러한 사실이 빈곤지역에서의 범죄율이 높고 빈곤한 계층의 사람들이 비행을 많이 한다는 것을 시사해 준다.[85)]

셋째, 의례형(Ritualism)은 문화적 성공의 목표는 포기하지만 제도화된 수단은 철저히 지키려는 유형으로 아무런 목적은 없지만 습관과 품격을 엄격히 유지하는 형태다. 이런 유형은 순진한 샐러리맨의 경우와 같이 현실의 높은 성공목표를 외면하면서 다만 제도적 규범수단들에 충실하여 순종적인 생활을 한다. 의례형의 사람들은 왜 자신이 일을 해야 하는지 그 이유와 동기를 잃어버리지만 사회적으로 용인되는 방법은 수용하는 사람들이다. 머턴에 의하면 이들은 사회적으로 용인되는 수단을 강조하기 때문에 합법적인 수단으로부터 일탈하기가 쉬워지고 따라서 차라리 자신의 목표나 야망을 낮추어서 실패로 인한 좌절을 피하려고 한다. 따라서 이들에게서는 사실상 분명한 범죄적 행위 유형을 찾을 수는 없다.

넷째, 은둔형(Retreatism)은 사회의 문화적 목표와 수단을 모두 거부하는 것으로 이들은 물리적으로는 분명히 사회의 구성원임에는 틀림없지만 그 사회 속에 동화되지 못하여 실질적인 사회의 구성원이 못되는 사람들로 사회로부터 완전히 소외된 사람들이다. 이들은 일종의 포기한 사람들이라고 할 수 있는데 때로는 이들도 사회적으로 수용되는 목표는 가지고 있지만 정신적으로 또는 육체적으로 합법적인 수단을 이용할 능력이 없기 때문에 그 수단이 거부되면 이를 도피함으로써 자신의 성공의 부재로부터 벗어나려는 이중실패자가 되는 것이다. 이처럼 현실적인 성공목표와 그 제도적 규범수단을 모두 부정하고 그로부터 도피적인 생활을 하는 유형인데 주로 알코올·마약 중독자나 부랑자 중에 이러한 유형을 찾아볼 수 있다.

다섯째, 반역형(Rebellion)은 현재의 성공목표들의 어떤 부분은 인용하나 다른 부분을 배척함으로써 마음의 갈등을 심하게 느끼는 사람들로서 결국 현행제도의 개혁을 주장하고 나선다. 시위와 혁명에 가담하는 사람들이 이 유형에 속한다. 한편으로는 재산범죄나 공공질서 파괴범 등이 이들의 주요한 범죄유형으로 볼 수 있다.

사회·문화적 구조에 적응하는 위 다섯 가지 유형 중 범죄학적으로 문제되는 것은 현실적 제도수단을 부정하고 불만을 품고 있는 개혁형·도피형·반역형 3가지다. 이 중에서도 특히 문제되는 개혁인 바, 이들은 강한 성취욕구는 있으나 이에 도달하는 제도적 수단이 허용되지 않기 때문에 또는 제도적 수단에만 의존한 이유를 강하게 느끼지 못하기 때문에 비합법적으로 성공목표에 도달하려고 하므로 범죄행위 내지는 일탈행위를 할 위협이 가장 많다.

아노미이론은 어느 사회에서나 문화적 목표와 가치에 대한 기본적인 합의가 이루어지고 있다는 공통가치를 전제로 하고 있으나 지위고하를 막론하고 모든 인간이 일관적으로 물질적 성공이라는 목표를 내면화하고 있다는 주장은 경험적 근거가 다소 희박하다. 이 이론은 일단의 원인을 문화와 사회구조 속에서 파악하려 한 나머지 집단 또는 개인들 간의 상호작용이 일탈행위에 미치는 영향을 과소평가 또는 무시하고 있다는 비판을 받고 있다. 또한 이 이론은 구조적 긴장이 극도로 높은 하류계층의 일탈행위를 잘 설명해 줄 수 있으나 중상류층의 범죄 내지 일탈에 대해서는 잘 설명해 줄 수 없다는 한계성을 지니고 있다.

현대사회가 많은 사람들에게 공통되는 성공목표를 강조하면서도 그 목표를 달성하기 위한 합법적인 수단에의 접근가능성은 각인의 능력이나 사회적 위치에 따라 각기 상이하므로 그 수단에의 접근기회가 제한된 사람들은 그 목표달성을 위하여 수단의 합법성 여부를 무시하는 행동으로 나오게 되는 것이고, 이에 의하여 범죄 등 일탈행위가 행해진다는 것이다. 이러한 아노미이론은 범죄통계에 왜 하류계층이 가장 많은지를 잘 설명해 준다는 점에서 많은 조사연구의 기초가 되었고, 또한 일탈을 개인의 잘못으로만 해석하지 않고 사회구조적인 측면에서 파악했다는 점에서 높이 평가받고 있다. 그러나 아직도 일부 급진적인 학자들은 더 넓고 날카로운 분석을 통하여 머턴의 이론에 대한 경험적 비판을 제시하고 있는데, 좌절된 야망이 사람들을 법 밖으로 밀어낸다는 전망과는 달리 오히려 야심은 복종과 관계가 있고, 약한 야심이 범죄 발생과 직접적인 연관이 있다고 주장하고 있다.[86)]

39
차별적 기회이론

차별적 기회이론(Differential Opportunity Theory)은 클로워드(Cloward)와 올린(Ohlin)이 쇼(Shaw)와 맥케이(McKay)의 문화전달이론 및 이를 세계화한 서덜랜드(Sutherland)의 차별적 접촉이론과 머턴(Merton)의 아노미이론을 종합해서 범죄 내지 비행의 문제를 설명하되, 그 이론들이 간과한 '기회구조(Opportunity Structure)'의 관념을 도입하여 보완하고자 제안한 이론이다.

클로워드와 올린에 의하면 문화전달이나 차별적 접촉이론에서는 주로 비합법적인 행동방식을 전하는 학습환경에의 접근 가능성만 문제시하였을 뿐 합법적인 행동방식을 권하는 학습환경에의 접근 가능성의 문제는 경시하는 경향이 있었고, 또 아노미이론에서는 그와 반대로 성공목표에 접근하는 방법으로서의 합법적 수단에의 기회차별만 강조되었을 뿐 그것이 불가능하였을 때의 비합법적 수단에의 접근 가능성의 차이에 관하여는 별로 논급하지 않은 결함을 가지고 있었다고 한다. 그런데 사실은 비행성을 학습하는 과정에 있어서나 그것을 실제 행동으로 옮기는 수행의 과정에 있어서나 사람들은 합법적인 것과 비합법적인 것의 양면으로 그 접근 가능성의 차이를 느끼게 되어 있고, 이 두 가지 면에서의 접근 가능성의 차별은 비행성의 학습여부 및 비행성의 수행 여부를 결정하는 데 있어 더욱 중요한 문제점을 이룬다는 것이고, 이러한 문제는 기회구조의 관념을 도입해서만 해결할 수 있다는 것이다.[87]

클로워드와 올린이 설명하고자 했던 범죄사회학적 문제는 '비행문화 또는 비행집단이 왜 발생하는가, 혹은 상이한 형태의 비행문화와 비행집단의 성격을 결정하는 사회적 조건은 무엇인가'의 문제들이었다. 클로워드와 올린은 일탈행위의 발생요인을 머턴의 아노미이론을 빌려 부를 성취하려는 문화적 목표와 제도적 수단의 불일치라고 보았다. 특히 하층계급의 청소년들은 부를 성취하려는 문화적 가치는 수용했으나 합법적 통로를 통해서 이 가치를 실현하기 어려우므로 비행집단을 형성하여 이러한 가치를 추구한다고 보는 것이다. 클로워드와 올린은 머턴의 아노미이론을 문화적 목표를 달성하기 위한 합법적 기회 또는 수단의 차별적 분포만을 강조한 나머지 목표실현의 다른 방법인 위법적인 기회에의 접근이 구조적으로 불평등하게 배분되어 있다는 사실을 간과하고 있다고 비판하고 있다. 따라서 이들은 문화전달이론과 차별적 접촉이론을 받아들여 인간이 비행자가 되는 것은 비합법적 기회인 비행문화와 접촉하여 이를 습득함으로써 가능하다는 것이다.

클로워드와 올린은 머턴의 모형을 수정하여 다음과 같은 개인적 적응양식의 유형을 제시하였다.

첫째, 동조(Conformity)형 : 이 유형은 문화적 목표와 이를 달성하기 위한 합법적 수단을 가진 사람들로 머턴의 동조형과 유사한 유형이다.

둘째, 개혁(Innovation)형 : 이 유형은 문화적 목표는 수용하지만 이를 달성하기 위한 제도적 수단은 없고 비합법적 기회를 가진 자들로 주로 도구적 일탈행위를 저지른다. 머턴의 개혁형에 해당하지만 머턴과는 달리 비합법적 기회구조와의 접촉을 강조하고 있다.

셋째, 공격(Aggression)형 : 이 유형은 문화적 목표는 인정하지만 이를 달성하기 위한 합법적·비합법적 기회가 모두 차단되어 이에 대한 불만을 폭력으로 분출하는 유형으로 표출적 일탈행위가 이에 속한다. 머턴의 유형에는 없는 새로운 유형이다.

넷째, 도피(Retreatism)형 : 이 유형은 문화적 목표를 인정하지만 이를 달성하기 위한 합법적·비합법적 기회구조가 모두 차단되어 있고 이에 대한 불만을 폭력으로 배출하지 않고 자포자기하는 유형으로 도피적 일탈행위가 이에 속한다.

슬럼지역에는 합법적인 기회구조에서 배제된 청소년들이 참여할 수 있는 다음과 같은 세 개의 비행적 하위문화가 있다.

첫째, 범죄적 하위문화로서 이는 개혁형에 해당하는 비행문화로 문화적 가치를 인정하지만 합법적 기회가 없고 비합법적인 기회구조와 접촉이 가능하여 성인 범죄자들과의 접촉을 통하여 사기·절도의 기술과 지식을 습득하여 주로 재산적 범죄를 저지르는 비행문화이다.

둘째, 갈등적 하위문화로서 공격형에 해당하는 유형으로 문화적 가치는 인정하지만 이를 달성하기 위한 합법적·비합법적 기회구조가 모두 차단되어 있어 이에 대한 욕구불만을 폭력행위나 집단 싸움으로 해소하는 청소년 비행 문화집단이다.

셋째, 도피적 하위문화로서 도피형에 해당하는 하위문화로 문화적 목표는 인정하지만 이를 달성하기 위한 합법적·비합법적인 기회구조와도 차단되어 있어 폭력도 사용하지 않고 자포자기하는 집단이다. 따라서 이들은 이중실패자라고도 하는데 주로 알코올중독자·약물중독자들이 이에 속한다.

이 이론은 집단 비행현상을 일으키는 구조적 요인을 아노미이론에서 찾고 구체적인 비행의 성격과 형태를 문화전달이론 및 차별적 접촉이론에서 파악하려 한 점에서 그 창의성이 있다고 하겠다. 또한 이 이론은 범죄와 비행을 유발하는 중간적인 사회 구조적 여건, 즉 합법적 기회구조·비합법적 기회구조를 지적한 점도 높이 평가할 만하다. 그리고 이 이론은 미국의 1960년대에 지역사회 행동과 비행 예방프로그램 등의 사회정책에 크게 영향을 준 것이 하나의 공헌으로 생각할 수 있겠다.

한편 비판받을 부분을 살펴보면, 집단적 범죄의 상당한 부분이 클로워드와 올린이 생각했던 것보다 훨씬 더 조직화되어 있었으며, 비행집단도 자연발생적으로 형성되는 경우가 많다는 점이다. 또한 상이한 하위계급 간에 존재하는 가족구조와 인종적 요소 및 기타 배경적인 차이를 체계적으로 취급하지 않고 있다는 점과 비행이 하류계급에 상대적으로 더욱 보편화되어 있다는 가정에서 출발한 이론으로 중상의 계층에서의 비행 발생에 관한 설명이 없다는 점이 지적되고 있다. 다른 조사결과에 의하면 높은 청소년 비행률을 나타내고 있는 지역사회들에는 어느 한 특정한 하위문화가 아닌 복수의 하위문화들이 존재한다고 볼 수도 있고 동일한 기회구조 속에서도 왜 사람마다 서로 다르게 반응하는지에 대해서 설명하기 곤란하다는 문제가 지적될 수 있다.

40
모방이론

하위문화이론의 이론적 근거는 프랑스 사회학자 타르드(Tarde)의 '모방이론(Theory of Imitation)'[88]으로 거슬러 올라간다. 타르드는 마르크스주의적 세계관에서 범죄의 원인을 사회제도 특히 자본주의 경제질서의 제도적 모순에서 구하면서, 범죄자를 제외한 모든 사회에 책임이 있다는 극단론을 피기 시작했다. 타르드는 그 후에 쓴 책에서는 이러한 범죄행위가 모두 사회적 성장·생활과정에서의 모방(Imitation)의 결과로 일어나게 되는 것이라는 학설을 발전시켰다. 이것은 그 후의 범죄사회학자들 특히 미국의 범죄사회학과 학자들의 사고방식에 결정적인 기여를 한 것으로 생각된다. 그에 의하면 사회는 곧 모방이라 한 정도로 모든 사회 내 현상은 모방의 결과라고 주장하였는데, 범죄행위 현상을 특히 그 예로서 상술하였다. 그에 의하면 모방의 현상은 다음 세 가지 법칙 하에 행해진다고 한다.

첫째, '거리의 법칙'으로서, 모방은 사람과 사람 사이의 거리에 비례하여 강하게 또는 약하게 행해진다는 것이다. 즉, 거리가 가까울수록 강하게 모방작용이 이루어지는데, 이 경우는 기하학적 의미뿐만 아니라 심리학적 의미의 거리를 포함한다고 보았다. 이처럼 친근하게 접촉하는 개인 상호 간에 피차의 범죄행위를 모방한다는 것이다.

둘째, '위에서 아래로의 법칙'으로서, 모방은 사회적 상위자로부터 하위자로 행해진다는 것인데, 청년은 연장자를 모방하고, 가난한 자는 부유한 자를 모방하고, 직원은 고용주를 모방한다. 이것은 범죄행위의 모방성을 설명할 때 특히 강조한 것으로, 봉건시대에는 귀족에서 일반인으로 모방이 이루어졌고 근대사회에서는 대도시를 촌락지방이 모방하는 현상이 보인다고 주장하였다.

셋째, '삽입의 법칙' 또는 '무한진행의 법칙'으로서, 이것은 모방의 발전과 변화과정에 관한 것인데, 처음에는 단순한 모방이 유행으로, 그리고 유행이 관습으로 발전·삽입되는 과정을 설명한 것이다. 예컨대, 음주행위는 약물남용으로 발전될 수 있고, 어떤 경우에는 절도가 강도로 대체되어 갈 가능성이 높다는 것이다. 이렇게 볼 때, 범죄하위문화이론은 타르드의 법칙과 범죄지역학연구를 계승하여 점차 발전되어 온 이론이라 할 수 있다.

41
차별적 접촉이론

차별적 접촉이론(Differential Association Theory)은 서덜랜드(Edwin H. Sutherland)에 의해 전개된 범죄이론으로 특히 오늘날 범죄사회학이론 분야에서 가장 널리 알려져 있는 범죄이론 중의 하나라고 할 수 있다. 서덜랜드는 범죄원인에 관한 설명을 범죄발생의 순간에 작용한 과정들로써 설명하는 방법과 범죄자의 과거생활사에서 작용하는 과정들로써 설명하는 방법의 둘로 나누고, 이 이론은 후자의 설명방법에 해당한다고 주장하였다.

서덜랜드의 차별적 접촉이론은 사회해체이론과 문화전달이론을 토대로 하여 전개되었다. 사회해체이론은 쿨리(Cooley), 토마스(Thomas) 등에 의해 제창되었는데, 여기서의 사회해체란 지금까지의 사회구조의 붕괴로 인하여 현존하는 사회적 행동기준이 개인에게 영향을 행사하지 못하여 사람들의 반사회적 태도가 발달하고 규범준수에 대한 사회구성원의 공감이 결여되어 가는 상태를 말하는데, 범죄는 이와 같은 사회해체가 진행되는 과정에서 일어난다는 것이 이 이론의 기본 내용이다.

한편, 쇼(Shaw)와 맥케이(Mckay)는 비행 다발지역에는 비행에 고유한 문화가 있고 그러한 비행문화는 주민들 간에 혹은 세대 간에 전달되어 비록 그 지역의 구성원이 바뀌더라도 비행은 계속된다고 하여 문화전달이론을 주장하였다. 서덜랜드의 차별적 접촉이론은 이와 같은 이론을 토대로 하여 '해체된 지역사회가 어떻게 범죄의 온상이 되어가는가?'라는 문제와 '구성인종이 바뀌더라도 어떻게 비행과 범죄의 전통이 전승되는가?'라는 문제를 제기하여 특정 지역사회와 범죄 발생을 연결하는 메커니즘을 규명하려는 이론이다.

서덜랜드의 차별적 접촉이론은 다음과 같은 아홉 가지 명제로 구성되어 있다.[89)]

첫째, 범죄행위는 학습의 결과이다. 이러한 관점은 초기의 범죄학자가 주장한 '생래적 범죄인'과는 완전히 다른 각도이다. 범죄는 유전되는 것이 아니라 글을 쓰거나 그림을 그리는 것과 같이 하나의 학습과 훈련을 통하여 습득되어 진다는 것이다.

둘째, 범죄행위는 다른 사람들과의 교제나 접촉 등의 상호작용을 수행하는 과정에서 커뮤니케이션을 통하여 학습된다. 이러한 커뮤니케이션의 대부분은 언어상의 의사소통에 의하나 태도에 의한 행동상의 일체감에 의한 영향도 포함한다.

셋째, 범죄행위 학습의 주요 부분은 가까운 사집단 내에서 이루어지고 라디오, TV, 영화, 신문 등의 비인격적 매체와는 관련이 별로 없다. 특히 가장 친밀한 사회구성원으로서 가족·친구·친지 등과의 접촉이 비행행위의 학습에 가장 큰 영향력을 미친다.

넷째, 범죄행위의 학습에는 복잡하든지 단순하든지 간에 범죄를 행하는 기법·동기·욕구·합리화 및 태도의 구체적 기법을 포함하고 있으며, 범죄의 기술은 어떤 때는 매우 복잡하나 어떤 때는 매우 간단할 수 있다.

다섯째, 동기와 욕구의 관리법은 법을 우호적·비우호적으로 정의하느냐에 따라 학습된다. 전체의 사회에서 사람이 사회의 규칙과 법률에 대한 반응이 일치하지 않기 때문에 소년들은 법규준수에 관한 견해가 다른 사람들과의 접촉을 통하여 각각 다른 영향을 받는다. 예컨대 약물남용자와의 접촉시 상대방의 태도와 동기의 영향을 깊이 받게 되어 약물남용행위에 대하여 정당화하는 태도를 갖게 된다는 것이다.

여섯째, 특정의 개인이 범죄자가 되는 것은 법의 위반을 긍정적으로 해석하는 정의들과의 접촉이 법의 위반을 부정적으로 해석하는 정의들과의 접촉을 능가하기 때문이다. 범죄를 긍정적으로 해석하는 자들과 접촉하면 범죄자가 되고, 그 반대의 자들과 접촉하면 준법자가 된다는 것이다.

일곱째, 차별적 접촉은 접촉의 빈도(Frequency), 기간(Duration), 우선시기(Priority), 강도(Intensity) 등에 따라 다르다. 범죄적 또는 비범죄적 가치, 사람 그리고 집단과의 모든 접촉이 동일하지는 않다. 또한 집단규정의 습득에 대한 접촉의 영향은 접촉상 사회적 상호작용의 질에 의해 좌우된다. 그리고 사회적 상호작용의 질은 자주, 그리고 오래 접촉할수록 그리고 어릴 때 시작될수록, 중요성이나 특전이 주어지는 접촉일수록 강해진다.

여덟째, 범죄행위를 배우는 과정은 일상생활 속에서 행해지는 다른 행위의 학습과정과 동일한 메커니즘을 가진다. 즉 범죄행위가 그 내용은 비범죄적 유형의 행위와 다르지만 그 학습의 과정은 여타 행위의 학습과 동일하다.

아홉째, 범죄행위도 욕구와 가치관의 표현이라는 점에서 일반 다른 행위와 같다.

이와 같은 서덜랜드의 차별적 접촉이론에 있어서 범죄행위는 유전되지 아니하고 일반행위와 마찬가지로 배워서 한다는 것이다. 배우는 내용은 범죄기법뿐만 아니라 범죄 또는 법에 대한 태도가 포함된다는 것이며, 가장 중요한 여섯 번째 명제는 법을 위반하는 것이 나쁘다라고 배우면 범죄를 하지 않게 된다는 것이고, 법을 위반하는 것이 나쁘지 않다고 배우면 범죄를 행하게 된다는 것이다. 그리고 그러한 학습의 역할을 행하는 것은 사적인 친밀한 집단이고 메스컴 등의 간접적인 매체는 거의 영향력을 행사하지 못한다는 것이다.

차별적 접촉이론이 극복하지 못한 가장 큰 장애는 중요한 개념의 모호성과 그로 인한 측정의 불가능 및 결과적인 이론검증의 어려움이다. 쉽게 표현하면, 범죄에 대하여 호의적인 집단과 자주·가까이 접촉했다고 해서 모두가 범죄자가 되는 것은 아니라는 사실이다. 따라서 이 이론이 설득력을 가지기 위해서는 범죄행위와 접촉한 후에 그것을 자신의 행동방식으로 받아들이는 경우와 접촉은 가졌어도 그것을 거부하고 받아들이지 아니하는 경우를 구분하여 양 경우에 대한 별도의 설명이 요구된다.

또한 범죄의 실행을 좌우하는 요소로는 범죄와의 접촉경험보다는 그러한 행위를 받아들이고자 하는 의지가 더 큰 비중을 차지할 것이고 범죄를 용인하는 능동적 의지는 교육 내지 학습의 산물이라기 보다는 선천적 소질의 표현이라고 보는 것이 더 옳을 수도 있다. 왜냐하면 소질적으로 전혀 범죄적 성향을 지니지 않은 사람은 아무리 자주, 그리고 아무리 오랫동안 범죄자와 접촉을 가지더라도 범죄를 저지르지 않을 수 있으며, 반대로 소질적으로 친범죄적 성향을 지난 사람은 비록 범죄자와의 접촉 경험이 전혀 없더라도 얼마든지 범죄를 저지를 수도 있기 때문이다.

차별적 접촉이론이 형식상의 모양을 갖추기 위해서는 범죄전통의 학습과정을 설명하기에 앞서 그러한 지역에 실제로 범죄전통이 존재한다는 사실을 뒷받침할 만한 객관적 근거를 제시하여야 함에도 불구하고 서덜랜드는 범죄전통의 존재 여부를 범죄율의 정도를 가지고 판단하였다는 데서 문제가 있다. 즉, 그는 어떤 특정 지역이 다른 곳보다 범죄율이 높으면 그것에는 범죄전통이 존재한다는 증거로 하였던 것이다. 서덜랜드의 이론을 논리적으로 따져보면 범죄유발은 하나의 결과에 해당하며 범죄적 전통의 확립은 그 원인이 되어있다. 그렇다면 원인으로 되어있는 범죄적 전통의 확립의 현실적 존재 여부는 다른 객관적 사실들에 의하여 입증이 되어야 옳음에도 불구하고 서덜랜드는 결과를 가지고 그것을 다시 원인을 설명하는 오류를 범하였다.

서덜랜드의 이론에서는 범죄란 그것이 지역사회에서 호의적으로 받아들여지기 때문에 발생하는 것이고, 모든 범죄행위는 적어도 범죄자가 소속되어 있는 지역사회에서는 문화적으로 지지를 받고 있다는 의미가 된다. 그러나 강도·강간·살인 등의 범죄는 지역사회에서 전혀 지지를 받지 못하면서도 끊임없이 저질러지고 있으며, 그러한 양상은 서덜랜드가 관심을 두었던 슬럼가에서도 마찬가지이다. 따라서 서덜랜드의 이론이 보다 설득력을 얻기 위해서는 위의 예외들을 인정하면서 이론의 적용 범위를 명백하게 밝혔어야 한다는 비판을 받게 되는 것이다.

이 이론은 전문적·조직적 범죄자와 학습적 범죄자의 범법행위는 잘 설명하지만 불시의 우연한 범죄, 충동적이며 비경험적인 범죄를 설명하는 데는 미흡하다. 또한 이 이론은 범죄자를 범죄적 또는 반범죄적 동기나 정의를 피동적으로 받아들이는 타율적인 인간으로 파악하고 있으므로 인간의 주관성과 자율성을 과소평가하고 있다는 단점이 있다.

서덜랜드의 차별적 접촉이론에 대해서는 위와 같은 비판도 있지만, 이 이론은 청소년 비행뿐만 아니라 성인의 범죄도 잘 설명할 수 있고, 또한 하류층의 범죄뿐만 아니라 화이트칼라(White-collar)범죄도 상당히 잘 설명할 수 있어 범죄의 일반이론이라고 평가받고 있다.

42
차별적 강화이론

차별적 강화이론(Differential Reinforcement Theory)은 범죄행위는 학습행위의 또 다른 일종의 시도라고 해석한다. 이 이론은 스키너(B. F. Skinner)와 반두라(Albert Bandura)의 학습이론을 융합하여 서덜랜드의 차별적 접촉이론을 수정한 일종의 사회심리학적인 각도에서 에이커스(Ronald Akers)가 제시한 이론이다.

에이커스는 사람이 사회적 행위를 학습하는 것은 조작적 정의(Operant Conditioning) 혹은 타인의 행위를 모방한 결과에 영향을 받는다고 생각하였다. 행위는 장려나 칭찬을 받거나 징벌을 받음으로써 강화가 되지만 처벌과 칭찬을 받지 못하면 점점 그 행위에 대하여 강화가 없어진다. 비행이나 범죄행위의 시작 및 지속은 그 행위에 대한 장려나 징벌의 과정에 의하여 결정된다는 것이다. 예를 들어 위법행위와 준법행위 사이에는 이전에 장려를 받은 경우에 따라 결정되는데, 만약 위법행위가 장려를 받은 것이 준법행위가 장려를 받은 것보다 클 경우에는 행위자는 장래에 위법행위를 선택하게 된다는 것이다.

그 반대로 준법행위가 장려를 더 강하게 받을 경우에는 준법행위가 강화를 받아 지속될 수 있다는 것이다. 또한 위법행위가 받은 징벌이 준법행위로 인한 징벌보다 클 경우에 행위자는 준법행위로 나아가고 위법행위를 피하게 된다는 것이 바로 차별적 강화이론이다.

또한 그는 사람들은 일상생활 중의 의미있는 타인 혹은 단체와의 상호작용에 의하여 자기 행위를 평가한다는 것이다. 이러한 과정 중에 그들은 태도와 가치관 및 규범 등을 배우게 된다고 주장하였다. 만약 개인이 이러한 상호과정 중에 자기의 행위가 합리화될 수 있는 바람직

한 행위라고 생각되면 점점 더 그 행위를 시도하게 된다는 것이다.[90)]

이와 같은 에이커스의 주장에 따르면, 행위의 영향은 개인의 장려와 징벌을 통제할 수 있는 단체 혹은 타인, 특히 친구·부모·가족·학교·직장동료 혹은 비행행위자에게서 강하게 받는다. 개인이 자기 주위환경 중 인지되는 특정한 행위에 대하여 장려가 징벌보다 클 경우, 그 행위를 선택하는 것이다. 만약 비행행위에 대한 긍정적 정의가 부정적 정의보다 강할 때 그 행위를 하게 된다는 것이다. 따라서 비행 혹은 대체성 행위가 차별적 강화를 받아서 합리화됨으로써 그 비행행위나 범죄를 예측할 수 있게 되는 것이다. 일단 개인이 범죄활동에 참여할 경우 그 행위는 여러 가지 요소에 의하여 결정된다. 즉, 사회환경·비행친구가 있는가 없는가와 부모 및 친구의 비행행위 태도 등이 그 주요 요소라 할 수 있다.

에이커스는 실증자료를 통하여 이 이론을 검증함으로써 지지를 얻었다.[91)] 비록 에이커스의 이론이 서덜랜드의 차별적 접촉이론만큼 영향력을 가지는 않았으나 범죄사회학이론과 범죄심리학이론의 중요저작과 연결이 된다. 동시에 범죄행위의 처벌이 준법행위를 강화한다는 논리는 고전범죄이론 및 범죄사회학이론을 연결하여주고 있다고 본다.

43
중화기술이론

중화기술이론(Techniques of Neutralization Theory)이란 범죄자는 자기의 범죄나 비행행위에 대한 자기자신 또는 타인들로부터의 비난을 의식적으로 합리화 내지 정당화시킴으로써 그 비난을 벗어난 안도감에서 범죄 등 비행행위를 저지르게 된다는 이론이다. 이 이론은 사이크스(Sykes)와 마짜(Matza)에 의해 주장되었는데 이들은 중화의 기술이 범죄자나 비행자들에게 있어 크게 발달되어 있고, 그것이 범죄행위의 전·후에 이루어짐으로써 범죄행위가 발생한다고 하였다.

사이크스와 마짜는 이러한 중화기술로서 다음 다섯 가지 유형을 제시하였다.[92]

첫째, 책임의 부정(Denial of Responsibility) : 청소년범죄자는 종종 자기의 불법행위는 자기의 잘못이 아니라고 주장한다. 범죄행위는 그들이 통할 수 없는 힘이나 사건 때문에 일어났다고 주장하면서 자기의 행위가 마치 당구에서와 같이 '빗맞아서 할 수 없이' 그렇게 되었다고 생각하는 것인데, 이와 같은 자기변명 방법의 학습으로 규범 자체에 대한 직접적인 공격 없이 자기의 행위를 용납하는 것이다.

둘째, 가해의 부정(Denial of Injury) : 행위의 잘못을 부정하고 범죄자가 불법행위를 합리화하는 하나의 원인 중의 하나로서, 자기의 행위로 아무도 침해를 받지 않았다는 생각을 자기 자신과 타인에게 강조하는 중화의 방법으로서, 예를 들면 자동차를 훔치고는 잠시 빌렸다고 한다든지, 훔친 돈을 갚으면 되지 않느냐는 식의 생각과 태도를 말한다.

셋째, 피해자의 부정(Denial of Victim) : 자기의 가해행위는 피해자가 마땅히 받아야 할 것이라고 변명하는 방법인데, 이런 중화기술로 범죄자는 마치 자기 자신을 도덕적 복수자로 생각한다. 예를 들면, 자기의 절취행위는 부정직한 점포에 대한 보복이라는 식으로 생각하거나 기업이 마땅히 내어야 할 세금을 포탈하기 때문에 자신의 절취행위는 아무런 피해자를 만드는 것이 아니라는 식의 생각과 태도를 말하는 것이다.

넷째, 비난자에 대한 비난(Condemnation of Condemners) : 자기를 비난한 교사·경찰·법관 등에 대하여 그들의 약점과 비행을 생각하면서 자기의 비행에 대한 양심의 가책을 중화시키는 것을 말한다. 청소년들은 종종 현실 세계는 부패가 만연한 곳이라는 생각을 하면서 경찰과 법관은 공정하지 않고 교사는 편견을 가지고 학생을 대하고 부모 역시 항상 자신들의 좌절을 자기들에게 책임을 지우려 하기 때문에 청소년의 불법행위에 대한 책임추궁은 풍자적이고 불공정하다고 주장된다는 것이다.

다섯째, 고도의 충성심에의 호소(Appeal to Higher Loyalties) : 자기의 가족, 친구 그 밖의 개인적 친근집단에 대한 충성 때문에 자기는 범죄행위를 하지 않을 수 없다는 식으로 생각하는 것을 말한다. 초범의 경우에 종종 그들은 일종의 친구나 단체에 대한 충정과 사회법규범의 준수라는 두 가지 곤란 속에서 갈등을 느끼는 경우가 많다.

사이크스와 마짜는 이러한 중화기술이 꼭 범죄자에게만 존재하는 것이 아니며, 이 중화기술이 발전하는 데는 일반사회문화 속에 잠재된 유한계급적 가치관이 그 배후에서 작용한다고 하였다. 즉, 모험을 구하는 마음, 노동의 천시, 남성의 증거로서의 공격성의 찬양, 일확천금을 노리는 마음, 성급한 성공의 꿈 등이 잠재적 가치들인데, 이것이 비행자의 가치관 및 태도와 밀접한 관련이 있다는 것이다.

중화기술의 이론은 위와 같이 잠재가치이론으로 발전되었다가 마짜에 의하여 다시 표류이론(Drift Theory)으로 발전되었다. 표류이론이란 종래의 범죄관이 범죄나 비행을 하위계급의 특수한 비행적 하위문화의 소산으로 본 것에 반하여, 비행소년은 항상 특정한 하위문화에 지배되어 끊임없이 반사회적 행위를 하는 것이 아니고 비행과 무비행의 생활양식 사이에서 표류하고 있는 존재로 보는 입장이다.

중화기술이론의 하나의 특색은 대부분의 청소년범죄자가 성인 범죄자로 발전하지 않는 이유를 해석할 수 있다는 점이다. 이 이론은 대부분의 청소년들이 성인이 된 후에는 범죄나 비행을 포기하게 되는데, 그 이유는 그들이 사회의 도덕 가치를 완전히 부정하는 것은 아니라고 보기 때문이다. 동시에 그들은 결혼을 하고 가정과 직장이 생기면 그들은 다시 비행이나 범죄행위를 범할 필요가 없어진다고 해석할 수 있는 것이다.

중화기술이론의 중요한 하나의 단점은 소위 중화(Neutralization)가 언제 일어나는가? 범죄 발생 전 혹은 범죄 발생 후인지가 불명확하다는 것이다. 만약 범죄 발생 후에 중화가 일어난다면 이 이론은 범죄원인이론으로서의 가치를 상실하는 결과가 되고 만다.

중화기술이론은 '자기 관념이론(Self-concept Theory)'과 함께 비행자 내지 범죄자의 사회심리적 측면에 중점을 두는 이론인데, 이에 의하여 비행성이 가중되는 경우가 얼마든지 인정될 수도 있겠지만 이것은 하나의 측면만을 해명한 것이라 할 수 있다. 따라서 중화기술의 발전과정에 관한 더욱 깊은 분석이 요구된다고 할 것이다.

44
견제이론

견제이론(Containment Theory)은 레크리스(Reckless)가 제시한 이론인데, 1956년 이래 연구를 통하여 그가 얻은 범죄학상의 중요한 가설은 행위자의 자기 관념이나 행위자의 직접적 세계 속에 일탈에 대하여 확실하게 스스로 구분하는 또는 사회적 기대에 호응하고자 하는 그 어떠한 요소가 존재하고 있는 것이 아니냐 하는 것이었다. 이 가설을 1961년의 논문 「범죄와 비행에 관한 새로운 이론(A New Theory on Delinquency and Crime)」에서 강력한 내면적인 통제와 그것을 보완하는 외부적 통제가 사회적·법적인 행위규범 위반에 대한 하나의 절연체를 형성하고 있다는 가설로까지 발전하게 된다는 것이다. 이 이론에 있어서 중요개념인 '내적 견제(Inner Containment)'란 자기통제, 선량한 자기 관념, 강한 자아의식, 충분히 발달된 초자아, 강한 인내력, 전환에 대항하는 저항력, 강한 책임감, 목적의 설정, 대체적 만족을 발견하는 능력, 긴장을 완화시키는 합리성 등의 자아의 구성요소로 구성된다고 한다. 그리고 '외적 견제(Outer Containment)'란 그 사람의 세계에 있어서 구조상의 완충장치를 의미하는 것으로 이것은 그로 하여금 경계선 내에 머물 수 있도록 하는 능력이다. 행위자에의 일관된 도덕관의 제시, 행위자의 규범, 목표나 기대에의 제도적 강화, 합리적인 사회적 기대의 존재, 효과적인 관리와 규율, 적절한 활동 여지의 제공, 달리 선택할 수 있는 방법과 안전편의의 제공, 승인동화귀속의 기회제공 등이 그 주요항목이다.

그들은 이 내적·외적 견제의 균형잡힌 발전이 범죄나 비행을 방지할 수 있는 요소라고 설명한다. 이 이론은 규범적인 행동이 정당한 사회적 기대에의 방향을 잡아줌과 동시에 일단에의 저항을 통한 규제가 되도록 한다는 것으로, 인간의 밀고 당기는 두 개의 역방향의 힘이 각 개인에 가하여지고 있다는 전제 위에서 일탈은 그러한 두 개의 힘의 차이가 나타내는 하나의 외형적 표출이라는 것이다.[93]

이러한 견제이론은 특정인에게 적용될 수 있으며, 다양한 내·외적 제재가 관찰되고 측정될 수 있다. 그리고 다양한 비행과 동조성 모두를 설명할 수 있고 사회학 및 심리학을 범죄연구에 통합시킬 수 있으며, 비행의 예방과 처우를 위한 기초가 될 수 있다는 점에서 긍정적인 평가를 받고 있다. 반면, 견제이론은 왜 동일한 행위를 하는 사람들이 서로 다르게 규정되는가를 설명할 수 없으며, 이론의 예측능력에 한계가 있으며, 자아관념의 측정에 대한 의문이 제기되고 있다. 또한 견제이론의 핵심인 내·외적 견제의 강약 정도를 측정하기 어렵다는 비판이 제기될 수 있다.[94]

45
사회통제이론

사회통제이론(Social Control Theory)은 허쉬(Travis Hirschi)가 제시한 이론으로서 사회유대이론(Social Bond Theory)이라고 부르기도 하는데, 이 이론을 그의 명저인 「비행의 원인들(Causes of Delinquency)」에서 주장하였다. 본 이론은 실증범죄학이론 중에서 가장 영향력이 있는 이론 중의 하나라고 여겨지고 있다. 비록 1930년대의 시카고학파의 연구가 이 이론의 발전에 큰 원인이 되기도 하였으나 그 이면에 잠재된 사상적 영향은 영국의 철학가 홉스와 프랑스의 사회학자 뒤르켐의 영향을 크게 받은 것으로 보인다.

먼저 기본사상은 홉스의 인간본성에 대한 성악설적인 입장에 선다. 홉스는 인류행위는 본질적으로 비행이나 범죄행위를 할 수밖에 없는 본성을 가졌다고 생각하였다.[95] 이처럼 사회통제이론은 사회과정과 해체 또는 차별적 사회조직화를 중요시하면서 범죄를 사회의 일반적인 규범에 대한 바람직하지 못한 사회화로부터 초래되는 비정상적인 일탈행동으로 보고 있다.[96]

사회통제이론의 이러한 주장은 인간은 누구나 법을 위반할 수 있는 잠재력을 가지고 있어서 인간의 범죄경향이 억제되려면 어느 정도 통제되어야 한다는 가정에서 시작된다. 그래서 대부분의 범죄 원인론들이 '인간은 왜 범죄를 저지르는가?'에 대하여 초점을 맞추고 있는 반면에 사회통제이론은 '인간은 왜 범죄를 저지르지 않게 되는가?'라는 물음에 대한 답을 제시하려고 하였다. 그 해답은 바로 인류는 만약에 법률적인 통제와 주위환경의 여러 가지 보살핌과 교양을 받지 못하게 되면 자연히 범죄의 경향을 보이게 된다는 것이다. 따라서 인류의 범

죄는 이러한 각종 환경 속에서의 교양과 보살핌과 통제의 여부에 따른 결과라는 것이다.[97]

그런데, 이들 통제론자들이 답하고자 하였던 '일탈적 잠재력이 있는 사람들의 대다수가 왜 일탈하지 않는가?'라는 의문에 대한 전통적인 대답은 가장 기본적 사회 통제 요소인 '처벌의 두려움'이다. 그리고 한편으로 대부분의 사람들은 복종과 순응이 정착되었기 때문이라고 답하고 있다.[98] 즉, 사람들이 일탈적 잠재성이 있음에도 불구하고 일탈하지 않는 것은 자신의 일탈적 동기가 사회적인 유대(Social Bond)로부터 통제받고 있기 때문이며, 반대로 일탈하는 사람은 그 통제가 약화되었거나 붕괴되었기 때문이라고 보는 것이다.[99]

허쉬는 사회통제이론에서 사회유대의 주요한 4가지 요소로서 애착(Attachment) · 수용(Commitment) · 참여(Involvement) · 신뢰(Belief)를 제시하였다.

첫째, 애착(Attachment) : 개인이 다른 사람의 견해나 지지에 전혀 무관심하고 외재적 도덕과 규범을 내재화하지 아니하면 사회규범과의 연대가 없어서 범죄에 빠져들 가능성이 매우 높다고 본다. 허쉬는 이에 따라 타인 혹은 사회통제기구에 대한 감정적인 애착은 범죄를 방지하는 최고의 도구라고 주장하면서, 부모 · 학교 · 친구와의 유대나 애착이 강하면 강할수록 범죄를 저지를 가능성은 상대적으로 낮아진다고 주장하였다.

둘째, 수용(Commitment) : 청소년기에 진입할 때 누구나 교육과 미래의 장래에 대한 기대를 가진다. 사회통제이론은 한 개인이 만약 자신의 비교적 높은 교육이나 사업에 대하여 수용하는 태도로 많은 시간과 정력을 투자하면 할수록 범죄행위로 나아가려고 할 때 그 행위가 초래할 불리한 대가가 더 크게 고려된다는 것이다. 즉, 청소년의 가정적 배경을 막론하고 만약 미래의 교육에 대한 포부가 높으면 높을수록 범죄나 비행을 저지를 가능성이 낮아진다는 것이다.[100]

셋째, 참여(Involvement) : 사회통제이론은 기본적으로 사악함은 나태한 자에게서 만들어진다는 관점에서 전통적 활동에 대하여 활발히 참여하는 사람은 범죄를 저지르지 않는다고 보았다. 즉, 한 학생이 자신의 공부·운동·정상적인 여가활동 등에 열심히 참여하다보면 범죄나 비행행위에 빠질 겨를이 없어지게 된다는 것이다. 따라서 한 개인이 무료하다고 느끼면 느낄수록 혹은 과업에 사용하는 시간이 적으면 적을수록 범죄의 가능성은 상대적으로 높아진다는 것이다.[101]

넷째, 신뢰(Belief) : 허쉬는 만약 개인이 사회의 도덕규범 혹은 법률을 존중하지 않을 경우 그는 범죄의 위기에 빠질 가능성이 매우 높다고 보았다. 또한 개인이 만약 경찰의 권위를 인정하지 않고 탈법행위를 대수롭지 않게 여기게 되면 범죄를 저지를 가능성이 매우 높아진다는 것이다. 만약에 청소년이 법률 혹은 사회적인 도덕규범에 대하여 강렬한 정의감이 없으면 법률이나 법집행의 자신에 대한 구속력이 없게 되어 결국 범죄를 쉽게 저지르게 된다는 것이다.

허쉬는 이상의 4개의 사회유대 요소가 범죄행위에 독립적인 영향을 미치게 되며, 상호 간에 일정한 정도의 정상관계를 갖는다고 주장하였다. 이와 같이 사회통제이론은 모든 개인이 사회규범에 대한 신뢰 정도에 차이가 있고, 이러한 차이가 모든 개인의 사회적 요소에 대한 애착과 수용의 약화초래의 원인이 되며, 이러한 현상이 범죄나 비행행위를 야기하게 된다고 보았다.

46
낙인이론

낙인이론(Labeling Theory)은 1970년대 중기에 가장 주목을 받게 되었다. 전통적 범죄이론들이 범죄행위의 원인을 찾고자 하였던 데 반해, 낙인이론은 사람들이 일탈자로 지명되는 이유를 밝히고자 하였다. 따라서 그들의 논점은 범죄행위 자체가 아니라 그 행위가 일탈적인 것으로 낙인되는 이유에 더 큰 관심을 가졌다. 낙인론자들은 일탈을 하나의 '상징적 상호주의(Symbolic Interactionism)'와 정의로 해석하고, 일탈을 한 사람의 행동이 아닌 그 이상을 포함하는 집합적 행동으로 간주하여 타인의 행위에 의미를 부여하는 해석과 타인이 어떻게 행동해야 하는 가에 대한 지적이라고 할 수 있는 규정을 동시에 고려하고 있다. 예컨대, 교사·경찰·이웃·부모 혹은 친구 등이 부여하는 낙인의 내용이 비행자나 범죄자일 경우에 그는 점점 비행자나 범죄자가 되어 간다는 것이다.

어떠한 행동이 일탈적인가의 여부는 전적으로 타인이 그 행동에 어떻게 반응하는가에 달려있다고 해야 할 것이며, 어떤 행위가 원천적으로 일탈적이라기보다는 단지 우리 사회가 그 행위를 일탈적인 것으로 낙인찍을 때 그것은 일탈행위가 되는 것이다.[102)]

특히 낙인이론자들은 상습범의 형성은 사회통제기구가 큰 책임을 지고 있다고 보면서, 학교·사회처우기관·경찰·법원 및 교정기관 등에서 범죄자에게 도움을 주는 것이 아니라 오히려 낙인을 강화한 결과라는 것이다.

이처럼, 낙인이론은 '무엇이 일탈행위를 야기하는가?'라는 의문 대신에 '누가 누구에게 낙인을 지우며, 그 낙인의 결과는 무엇인가?'를 의문의 주체로 삼는다.[103] 낙인이론에서는 최초의 어떤 행위가 일탈적이라고 규정되는가를 제시하고 있다.

베커(Becker)에 의하면, 일탈은 사람이 저지르는 행위의 특성이 아니라. 다른 사람이 범인에게 법과 제재를 적용한 결과에 지나지 않는다고 한다. 즉, 법을 만드는 지배적 위치에 있는 사회집단은 그것의 위반을 탈선으로 간주하는 법을 제정함으로써 일탈자를 창조하고, 이 규정을 특정인에게 적용함으로써 '국외자(Outsider)'로서의 낙인이 찍힌다는 것이다. 따라서 일탈자란 낙인이 성공적으로 찍힌 자이며, 일탈행위는 사회가 그렇게 낙인을 찍은 행위인 것이다.

동일한 일탈행위를 범하는 경우, 사회적으로 세력이 약한 사람들이 세력이 강한 사람들보다 일탈자라는 낙인이 찍힐 가능성이 더욱 크다. 낙인이론에서는 상징적 상호작용의 측면을 강조하며 일탈자라고 규정된 사람에 대한 사회적 반응이 그의 자아정체감에 어떠한 영향을 미치는가를 연구하였다. 즉, 인간은 법집행기관이나 다른 사람들에 의하여 일탈자라고 낙인찍히거나 오명을 부여받게 되면서 자아상을 재정립하여 스스로 일탈자라 생각하여 일탈적 생활양식과 경력으로 휘말려 들어가므로 일탈을 방지하고자 했던 사회통제가 오히려 일탈을 초래하고 지속시킨다는 것이다.[104]

47
사회적 낙인에 의한 일탈

레머트(Edwin Lemert)는 다원주의적 사회를 가정하고 규범과 법은 이익집단들이 사회권력과 지배를 위해 경쟁하고 투쟁하는 사회적 과정에서 발생하는 일시적 산물로 개념화하는 가정하에서 일탈이 사회통제로 이끌어 가는 것이 아니라 통제가 일탈로 이끌어 간다고 주장하였다.[105)]

이러한 견지에서 그가 제시한 '일차적 일탈(Primary Deviance)'과 '이차적 일탈(Secondary Deviance)' 사이의 구분은 이 이론의 핵심이라 할 수 있다. 그에 의하면 일차적 일탈은 다양한 계기와 원인에 기인하여 야기되며 처음으로 사회적 반응을 불러일으키는 최초의 일탈행위로서 일시적이고 여러 조건의 영향을 받는 것이라고 보았다. 그러나 중요한 것은 이런 일차적 일탈이 그 사람의 일상적 구조와 자아관념 또는 사회적 역할에 거의 영향을 미치지 않는다는 점이다.[106)]

반면에 이차적 일탈은 일차적 일탈행위에 대한 사회적 반응의 결과로서 야기되는 행위이다. 그리고 이차적 일탈의 원인은 적어도 부분적으로는 개인의 일상적 구조를 변화시키고 자신에 대한 태도와 사회적 역할구조를 변화시키는 최초의 '악의 극화'로서 파생되는 자아관념의 외상성 장애(Traumatization)라는 것이다. 그런데 중요한 것은 이러한 이차적 일탈이 일탈적 행위유형을 고정화시킨다는 것이다.[107)] 따라서 레머트는 개인의 심리학적 구조와 사회적 역할의 수행에 영향을 미치는 경력적 일탈(Career Deviance)인 이차적 일탈에 주된 관심을 두고 있다. 이차적 일탈은 일탈에 대한 사회통제의 경험에서 생성된다고 주장했는데, 이처럼 사회통제가 일탈로 끌어간다는 것이 이 이론의 핵심이다.

그러나 모든 일차적 일탈이 이차적 일탈을 반드시 야기하는 것은 아니며, 이런 이차적 일탈은 일차적 일탈에 대한 반응으로 야기된 문제에 대한 것이다. 따라서 공개적으로 일탈자라고 낙인찍힌다면 그것은 사회적으로 낙인이 붙는 것이고, 결과적으로 그 사람의 사회관계와 기회에 큰 영향을 미치게 된다는 것이다.

이차적 일탈로 이끌어 가는 상호작용의 단계를 좀 더 자세히 보면 다음과 같다.[108)]

첫째, 일차적 일탈

둘째, 사회적 처벌

셋째, 또 다른 일차적 일탈

넷째, 보다 더 강한 처벌과 거부

다섯째, 또 다른 일탈(처벌하는 자들에 대한 적대감·분개를 가진 일탈)

여섯째, 인내 한도의 위기에 봉착(지역사회에 의해 일탈자를 낙인찍는 공식적 행동으로 나타남)

일곱째, 낙인과 처벌에 대한 반응으로서 일탈행동의 강화

여덟째, 결국 일탈적 사회적 지위의 수용 및 적응

사회 반응이론으로서의 낙인이론은 이렇듯 개인이 일탈자로 불리게 되는 과정 및 일탈의 경력에 빠져들게 되는 과정에 중점을 두고 있다.

베커(Becker)는 일탈을 통제하기 위한 노력이 오히려 일탈적 행위와 일탈적 생활유형을 양산한다는 러머트의 주장을 더욱 확대하여, 금지된 행동에 대한 사회적 반응이 이차적 일탈을 부추길 뿐 아니라 사회집단이 어긴다면 일탈이 되는 규율을 만들고 그 규율을 특정인에게 적용하여 이방인으로 낙인찍음으로써 일탈을 창조한다[109)]고 주장하였다. 즉, 일탈은 사람이 저지르는 행위의 특성이 아니라 오히려 다른 사람이 범인에게 법과 제재를 적용한 결과이며 결과적으로 이 이론에서 준법과 일탈은 상대적으로 밖에 정의될 수가 없다는 것이다. 또한 일탈은 사회집단들이 규칙을 만듦으로써 생성된다고 본다. 그러나 베

커의 주장은 이러한 구조적 불평등의 문제를 본격적으로 다루지 않고 미시적이고 상호작용적인 측면에서의 사회 반응의 효과에만 주로 초점을 맞추고 있다.[110)]

그는 일에 대한 종전의 원인론적 실증주의적 이론들을 비판하면서 일탈은 단계별로 발전해 나간다는 다음과 같은 단계적 모델을 제시했다.

첫째 단계는 비동조적 행위를 범하는 것인데, 이는 의도적일 수도 있고 의도되지 않은 것일 수도 있다. 이와 관련하여 베커는 비동조적 행위는 누구나 범할 수 있는 것이라는 가정 하에 던져야 할 질문은 '사람들은 왜 일탈을 범하는가?'가 아니라 '왜 보통사람들은 그들이 지닌 일탈적 충동을 따르지 않는가?'라는 것이다.

둘째 단계는 일탈적 동기와 관심의 발전이다. 비동조적인 일탈행위가 있은 후에 점진적으로 일정한 동기와 그 행위에 대한 관심이 상승된다는 것이다.

셋째 단계는 체포되어 공식적으로 일탈자로 낙인찍히는 경험을 가지는 것이다. 이 경우 개인의 공적 정체감에 급격한 변화가 일어나게 된다. 사람은 누구나 여러 개의 사회적 지위를 가지고 있지만 상호작용의 과정과 유형에 있어서 이 중 어떤 지위가 다른 지위보다 우선하는데, 이를 '주지위'라고 하는 것이다. 여러 인종이 사는 사회에서는 인종이, 단일 인종이 사는 곳에서는 성별이 대체로 주지위에 해당하는데, 일탈자라는 낙인도 이런 주지위로 작용한다는 것이다.

넷째 단계는 조직화된 일탈집단으로 들어가는 것이다. 이 때 합리화와 여타 범죄기술들을 배우게 된다는 것이다.

이처럼 베커는 낙인이 이러한 단계에 의해 일탈의 경력을 순서대로 쌓아감으로써 단순한 규범위반자를 체계적 일탈자로 변모시키는 과정을 날카롭게 지적하였다. 그러나 이 이론 또한 많은 비판과 논란의 대상이 되어 왔다.[111)]

첫째, 일탈의 개념규정에 있어서 낙인이 없이는 일도 없다는 상대주의로 빠져든다는 비판이 그 것이다.

둘째, 이차적 일탈과 경력일탈의 사회심리학적 과정을 강조한 나머지 최초의 일탈에 대한 사회구조적 설명, 즉 원인의 문제를 회피하는 경향이 있으며, 과정을 강조하는 경력의 개념 및 단계적 모델은 사회과정의 한 측면만을 강조하고 상호작용의 입장과 충분히 화합하지 못한다는 것이다.

셋째, 낙인과 권력관계 사이의 연결, 즉 사회반응의 근원이라는 문제를 조명하려고 시도했으나 법이 생성 집행되는 과정에 존재하는 구조적 불평등의 분석을 제공하지 못한다는 것이다.

넷째, 이차적 일탈을 설명하는 데 있어서 낙인의 역할이 회의적이라는 것이다. 따라서 낙인은 이차적 일탈을 생산하는 데 필요조건도 충분조건도 아니라는 비판이 있다.

48
갈등이론

범죄·형법·형사사법을 국가의 역할이라는 측면에서 논의할 때 범죄학에서는 두 가지의 상반된 관점, 즉 합의론적 관점과 갈등론적 관점으로 나눌 수 있다. 합의론적 관점에서는 사회가 그 구성원들의 합의된 가치관에 기초하며, 국가가 사회 일반의 이익을 보호하기 위해서 조직되는 것으로 이해하며, 사회가 가치관과 이익의 갈등을 보이는 집단으로 구성된 때 국가는 갈등관계에 있는 집단 간의 중재역할을 하고 사회 전체의 이익과 가치를 보호하게 된다고 바라본다. 갈등론적 관점에서는 우리 사회가 가치관과 이익이 갈등적 관계에 있는 집단으로 구성되지만, 국가는 사회 일반의 이익과 가치를 보호하기 위해서가 아니라 국가의 운영을 통제할 수 있는 충분한 힘을 가진 특수집단의 이익과 가치를 대변하는 것으로 해석하고 있다.[112)]

갈등론자들에게 있어서 범죄란 피지배계층을 통제하기 위한 지배계층의 억압적 노력의 결과이다. 이러한 억압의 영향은 피지배계층의 높은 범죄 발생 건수뿐만 아니라 피지배계층을 쉽게 통제하기 위해 이들 하류계층의 행위를 범죄행위로 낙인찍으려는 중상류층의 성향을 높이기도 한다. 갈등론적 입장에서는 법이란 지배계층의 가치와 신념의 표현이며 형사사법기관은 그들의 사회통제기관에 불과해서 범죄란 그 사회의 부와 권력의 불공정한 분배에 대한 반응으로 해석되는 것이다.[113)]

갈등이론(Conflict Theory)은 다음과 같은 의문에 초점을 맞추고 있다.

첫째, 왜 특정 집단이나 계층의 규범은 법으로 만들어지는 반면, 다른 집단이나 계층의 규범은 법제화되지 않아서 특정 집단이나 계층과 갈등 관계에 있는 집단이나 계층에서 범죄자를 만들게 되는가?

둘째, 왜 특정 법률은 집행되는 반면, 일부 다른 법률은 집행되지 않아서 특정 법률을 위반한 사람만을 범죄자로 만들과 일부 다른 법률의 위반자는 범죄자로 만들어지지 않는가?

셋째, 왜 법률이 특정 집단이나 계층에 대해서는 집행되고 일부 다른 집단이나 계층에 대해서는 집행되지 않아서 일부 특정 법률위반자만 범죄자로 만들어지고 다른 법률위반자는 범죄자로 만들어지지 않는가?

이처럼 갈등이론은 범죄와 범죄자가 만들어지는 사회적·정치적 과정을 연구하고자 하기 때문에 사회적 권력이 어떠한 규범이 법제화되고 어떠한 법률이 어떤 계층의 사람들에 대해서 집행되는가를 결정하는 주체라고 바라본다.[114)]

충돌이론 중에서 가장 대표적인 것으로 셀린(Sellin)의 문화충돌이론(Cultural Conflict Theory)을 들 수 있다. 이 이론은 '범죄는 문화의 소산이다'라는 가설을 그 이론적 전제로 하고 있고 사람들을 법규범에 위반하는 행위로 밀어 넣는 것은 문화, 특히 문화적 가치규범의 갈등이라고 보았다.

그는 1938년에 출간한 「문화갈등과 범죄(Culture Conflict and Crime)」에서 문화갈등을 제1차적인 것과 제2차적인 것으로 나누었다. 제1차 문화갈등은 서로 다른 문화체계를 가지는 이주민들이 새로 옮겨가게 되는 나라의 문화와 충돌하는 경우의 갈등으로, 행위규범이 하나의 문화권에서 다른 문화권으로 옮겨진 경우에 일어나는 문화갈등이다. 다음 2차 문화갈등은 현대문화의 발전에 수반하는 사회문화의 과정에서 발생하는 규범갈등인데, 이질적 요소에서 성립된 비통합적이고 복합적인 사회에는 규범갈등이 증대하고 그것이 내면화됨에 따라 인격적 개성의 파괴를 가져온다고 설명한다.[115)] 이는 다시 동일문화 내부의 갈등이라든가 문화발전의 부산물로서의 문화갈등이라 불린다. 제2

차 문화갈등은 사회가 원시적 집단으로서의 가족적·협동적인 문화를 가지는 사회에서 개인적·경제적인 문화를 갖고 수많은 사회집단, 경합되는 여러 이익, 사회적 익명성, 규범의 혼란, 비인간적인 지배기구 등의 특징을 가지는 사회로 변천되어가는 문화추이 속에서 범죄의 해석을 구하려는 것이다. 제1차 문화갈등이 이질문화의 충돌에 의한 갈등으로서 횡단면적으로 문화갈등을 파악한 데 대하여 제2차 문화갈등에서 볼 수 있는 규범의 갈등은 역사적·사회 발전사적인 관점에서 종단면적으로 문화갈등을 파악하고 있다고 할 수 있다.

그러나 다원적이고 복합적인 현대사회에는 고유한 규범의식을 가지는 부분사회도 내포하고 있으므로 전체 사회의 규범과 부분사회 규범 간에 갈등이 생기기 쉽다. 개인적인 범죄도 이러한 문화갈등이 내면화하여 규범갈등이 증대하게 되면 행위자의 인격구조의 해체를 가져오게 되며, 그 결과로서 범죄가 유발된다라고 설명하고 있다. 그는 범죄행동과 같은 이상행위는 단순한 집단규범의 위반에 지나지 않는다고 할 수 있겠지만, 이는 이상행동을 취하게끔 하는 문화적 요소와 결합된 인격구조의 다이나믹한 표현이라고도 할 수 있으므로 인격구조나 그 발전과정에 초점을 맞추어 범죄자를 비범죄자와 구별하는 법칙을 발견해내는 것이 중요하다는 것을 시사한 것이다. 셀린의 미국 범죄학에의 공헌은 범죄원인 연구 분야에 문화적 측면을 끌어들여 범죄의 중요한 요소로서 사회 환경의 상위에서 오는 행위규범의 갈등개념을 도입하여 이민집단이나 인종 간의 범죄 현상을 집단 간의 문화규범의 충돌인 갈등으로 설명한 점에 있다. 따라서 그에 있어서 범죄 원인연구는 이념구조나 그 발전과정에서 범죄자와 비범죄자를 구하기 위한 법칙의 발견에 있었다고 생각된다. 이러한 발전의 주장은 그 후 태프트(Taft), 스토우퍼(Stouffer), 코니히(Konig) 등에 의해 지지되었다.[116)]

49
비판범죄이론

전통적인 범죄학에 대해 '자본주의 체제에 봉사하는 보수학문'이라고 비판하고 사회변혁을 위한 이론을 수립해야 한다는 급진적 범죄학은 특히 영미에서 1970년대에 각광을 받았다. 이 범죄학은 영국에서는 「신범죄학(New Criminology)」이라고 표현되며, 미국에서는 「비판범죄학(Critical Criminology)」라고 명명되었다. 이러한 급진적 범죄학이 오늘날 새롭게 변모하여 좌익현실주의(Left Realism)를 표방하고 관념론에서 현실주의로 전환할 것을 주장하고 있다.

급진적 범죄학의 탄생은 1968년 영국의 젊은 범죄학자들이 전통적인 범죄학에 대항할 목적으로 '전국일탈회의(National Deviancy Conference : NDC)'를 설립한 것으로 거슬러 올라간다. 그들은 전통적인 범죄학이 이른바 실증주의 범죄학의 함정에 빠져서 과학성을 표방하면서도 체제옹호의 학문으로 떨어지고 있다고 비판하고, 새로운 세대에 의한 새로운 범죄학을 수립해야 한다고 주장한 것이다. 당시 그들은 방법론상 낙인이론에 기초를 두었다.

그러나 그 후 낙인이론으로는 변혁을 일으킬 수 없다는 인식이 강해지면서, 영국에서 테일러(Ian Taylor), 월튼(Paul Walton), 영(John Young)에 의해 1973년에 「신범죄학(The New Criminology)」이 출간되었다. 이 책은 급진적 범죄학의 교과서와 같은 존재로서 영국의 젊은 범죄학자들로부터 지지를 얻었으며, 미국으로 건너가 전통적인 범죄학의 한계를 느끼고 있던 미국의 범죄학자에게 자극을 주었다.

미국의 급진적 범죄학자로는 캘리포니아대학 버클리분교 범죄학부의 타카기(Paul Takagi), 플랫(Anthony Platt), 슈베딩거 부처(Herman

Schwedinger and Julia Schwedinger) 등 버클리 학파에 속하는 학자들과 투쟁이론의 퀴니(Richard Quinny), 챔블리스(William Chambliss) 등을 들 수 있다. 미국에서 급진범죄학이 크게 발전한 배경을 보면, 마르크스주의에 대한 연구역사가 짧기 때문에 법의 계급성에 대한 비판 등 급진적인 관점이 신선하게 비춰졌으며, 1960대부터 1970년대에 걸쳐 베트남전쟁에 대한 반전운동의 격화, 도시폭동의 빈발, 공민권운동의 고양 등 국내정세의 격변 때문이었다고 볼 수 있다. 미국의 급진적 범죄학이 영국에 비해 투쟁적·정치적 양상을 띤 것은 이러한 시대적 배경이 자리잡고 있었기 때문이다.

50
통합적 범죄이론

범죄이론의 오랜 역사를 크게 세 단계로 나누어보면, 제1단계는 1800년대에 흥행했던 단일요소 환원주의(Single-factor Reductionism), 제2단계는 1900년대 초반부터 등장했던 다중요소 접근법(Multiple-factor Approach), 제3단계는 20세기 후반에 등장한 사회학적 지식기제(Sociological knowledge Base)를 활용한 범죄의 설명 등이다.[117] 그러나 이 모든 접근법들이 가진 한계를 극복하기 위해 연구된 이론으로서 '통합적 범죄이론(Integrated Theories in Criminology)'이 제시되기에 이르렀다.[118]

통합적 범죄이론 유형은 3가지로 제시되는데, 첫째, 순차적 통합(Sequential Integration)모델, 둘째, 병행적 통합(Horizontal Integration)모델, 셋째, 연역적 통합(Deductive Integration)모델 등으로 나눌 수 있다.[119] 순차적 통합모델의 예로는 사회통제이론과 차별적 접촉이론의 통합을 들 수 있다. 사회통제이론에서는 범죄의 간접적 요인을, 차별적 접촉이론에서는 범죄의 직접 요인을 강조함으로써 상호 미비점을 보완하는 순차적 통합 범죄이론을 구성하게 된다. 병행적 통합모델의 예로는 자기통제이론과 합리적 선택이론은 완전히 상반된 범죄이론으로 알려져 왔지만 병행적 통합모델에서는 이들이 상호보완적으로 통합될 수 있다고 본다. 연역적 통합모델은 차별적 강화이론이 차별적 접촉이론을 포섭해 버리는 것처럼 이론의 축소와 이론의 종합이라는 두 가지 형태로 통합되기도 하는 것이다. 전반적으로 보았을 때, 통합적 범죄이론이 개별 범죄이론보다는 향상된 설명력을 보여주고 있다고 보는 견해가 우세하다고 볼 수 있다.[120]

범죄학 이론에 대한 고전주의 학파의 주장에서부터 실증주의 학파를 거쳐 최근 제시되고 있는 통합적 범죄이론에 이르기까지 수많은 학자들이 과학적 방법론을 사용하여 범죄원인을 분석하고 범죄대책을 제시해 오면서 부분적으로 또는 일시적으로는 범죄율 감소와 범죄예방에 일정한 성과를 거두었던 것은 사실이다. 하지만 전체적으로 인류 역사를 되돌아보면 전 세계적으로 범죄는 여전히 기승을 부리고 있음을 알 수 있다. 이는 범죄문제를 해결해 나감에 있어서 과학적 방법론에 전적으로 의존하는 것만이 만능의 해법이 아님을 시사한다. 그것은 인간이라는 존재가 과학으로 다 설명할 수 없는 영역을 가진 존재이기 때문이기도 하다. 예술이 가져다주는 심미적 감동이 인간의 상처 입은 감성을 치유하고, 자신의 탐욕적 본성을 뉘우치는 종교적 회심이 인격의 변화를 초래하여 범죄로부터 멀어지도록 하는 이러한 현상들을 과학적으로 검증되지 않았다고 하여 도외시하게 된다면 범죄학은 여전히 미완의 학문으로서 범죄문제에 대하여 부분적 해답을 주는 것에 그치고 말 것이다. 그러므로 범죄의 원인을 탐구함에 있어서 과학적인 관찰과 실험, 그리고 검증의 영역을 넘어서는 부분이 존재한다는 것을 인정해야 하고, 그러한 영역들이 직·간접적으로 범죄문제 원인의 진단, 범죄예방 및 범죄문제 해결에 기여할 수 있음도 수용할 수 있어야 한다. 인간본질에 관한 철학적·종교적·윤리적 해석을 비과학적 사변으로 여겨 배제할 것이 아니라 철학과 종교학 영역은 인간행동의 근원을 탐색할 수 있는 인류 역사의 자산이기에 문제행동의 해결에 과학적 방법론과 더불어 병용할 수 있는 지혜를 발휘해야 하지 않을까 싶다. 인간행동의 가시적 영역에는 과학적 방법론을, 비가시적 영역에는 인간의 본질에 관한 철학적·종교적·윤리적 사유와 고찰을 함께 활용하여 범죄원인을 분석하고 범죄대책을 연구한다면 보다 완성된 범죄학 이론의 구성이 가능하다고 본다.[121]

미주

1) 신진규, 범죄학겸 형사정책, (서울: 법문사, 1993), pp. 109－110.

2) 이종은 역, 현대정치이론의 이해, (서울: 나남출판사, 1991) pp. 40－65.; Thomas Arthur Spragens, Understanding Political Theory. New York: St. Martin's Press, 1976.

3) 이윤호, 형사정책, (서울: 박영사, 2015), p. 87.

4) George B. Vold & Thomas J. Bernard, Theoretical Criminology (3rd.), New York: Oxford University Press, 1986, p. 8.

5) Donald Black, The Behavior of Law, New York: Academic Press, 1976: Gresham Sykes. "The Rise of Critical Criminology", Journal of Criminal Law and Criminology. 1974. 65(2): 206－213.

6) James F. Short, Jr., "The Level of Explanation Problem in Criminology", in Robert F. Meier(ed.), Theoretical Methods in Criminology, (Beverly Hills, CA: Sage, 1985), pp. 51－72.

7) Allen E. Liska, Perspectives on Deviance, (Englewood, NJ: Prentice－Hall. Inc., 1981), p. 7.

8) 이윤호, 전게서, p. 93.

9) 상게서, p. 95.

10) George B. Vold, Theoretical Criminology. New York: Oxford University Press. 1979.

11) 許春金, 犯罪學, (臺北: 臺灣中央警察大學印行, 1991), p. 115－121.

12) 許春金, 前揭書, p. 116.

13) Maestro, Marcello, Voltaire and Beccaria, (New York: Octagon, 1972), p. 2.

14) Rennil. Ysabel. The Search for Criminal Man, (Lexington. Mass.: Lexington Books, 1978), p. 9.

15) William V. Pelfrey. The Evolution of Criminology. (University of Alabama in Birmingham, Anderson Publishing Co., 1987), 참조.

16) Robert F. Meier, Crime and Society, Allyn and Bacon, (Washington State University, 1997), p. 92.

17) Bentham, ibid., p. 21.

18) Siegel, op. cit., p. 99.

19) Siegel. ibid., pp. 101－104.

20) 'Deterrence'의 직접적인 의미는 소위 '위하'라는 용어를 씀으로써 'Prevention'이 '예방'으로 번역되는 것과 구별될 수 있는데, 'General Deterrence'나 'Special Deterrence'는 이미 우리나라에서 형법이나 형사정책학상 '일반예방주의', '특별예방주의'라는 용어로 보편화되어 있으므로 그에 따르기로 하였다.

21) Carol Crowther, "Crimes, Penalties and Legislatures", Annals of the American Academy of Political and Social Science, 381, 1969, p. 147－158.

22) James R. Wilson, thinking about Crime. (New York: Basic Books, 1975), pp. 53－55.; 이윤호, 전게서, p. 105－106. 재인용.

23) Peter Greenwood, Selective Incapacitation. (Santa Monica, CA: Rand Corporation, 1982), 참조.

24) 이윤호, 전게서, p. 107.

25) Andrew Von Hirschi, Doing Justice, New York: Hill and Wang, 1976, p. 8.

26) 許春金, 前揭書, pp. 152－153.

27) Sherman, Lawrence & Richard Berk. "The Specific Deterrent Effects of Arrest for Domestic Assault", American Sociological Review. 49, 1984, pp. 261－272.

28) Fogel, David. "We are the Living Proof: The Justice Model for Corrections" (Cincinnati: Anderson. 1975), pp. 75－86.

29) 許春金, 前揭書, pp. 162-163.

30) Frank E. Hagan, Introduction to Criminology. 1990, pp. 139－140.

31) 박기석, 범죄학의 발달과 현대적 의미, 수사연구, 1999년 11월 호. p. 64.

32) 許春金, 前揭書, p. 179.

33) L. Ellis, "Genetics and Criminal Behavior", Criminology. 1980, 20. pp. 43－66.

34) Vold and Bernard, op. cit., p. 45.

35) 許春金, 前揭書, p. 180－181.

36) Thomas and Hepburn, op. cit., p. 153.

37) 박기석, 전게논문, p. 64.

38) 許春金, 前揭書, p. 185.

39) Vold, op. cit., p. 51.

40) Vold, op. cit., p. 53.

41) 정영석 · 신양균, 형사정책, (서울: 법문사, 1997), p. 36.

42) Richard L. Dugdale, The Jukes: A Study in Crime. Pauperism. Disease and Heredity(4th ed.). New York: Putnam.

43) 송광섭, 형사정책, (서울: 대왕사, 1996), p. 162.

44) 박상기 외 2인, 형사정책, (서울: 1999), p. 84.

45) 송광섭, 전게서, p. 163.

46) 이윤호, 전게서, p. 127.

47) P. A. Jacobs, M. Brunton, and M. M. Melville. "Aggressive Behavior, Mental Subnormality and the XYY Male", Nature. 1965, p. 208.

48) L. E. Kreuz & R. M. Rose. "Assessment of Aggressive Behavior and Plasma Testosterone in a Young Criminal Population", Psychosomatic Medicine. 1972, 34: pp. 321－332.

49) Sarnoff A. Mednick & Jan Volavka. "Biologiy and Crime", N. Morris & M Tonry (eds.). Crime and Justice: An Annual Review of Research. vol. 12. (Chicago: University of Chicago Press. 1980), 참조.

50) Vold, op. cit., p. 115.

51) 許春金, 前揭書, P. 209.

52) Hippchen, Leonard, ed. Ecologic Biochemical Approaches to Treatment of Delinquents and Criminals. (New York: Von Nostrand Reinhold, 1978), p. 14.

53) Pgeiffer, C. C. Mental and Elemental Nutrients, (Camaan, Comm: Deats Publishing. 1975), 참조.

54) Hawley C. and R. E. Buckley. "Food Dyes and Hyperkinetic Children", Academic Therapy 10, 1974, pp. 27－32.

55) David. Oliver, Stanley Hoffman, Geffrey Sverd Julian Clark and Kytja Voeller. Lead and Hyperactivity Behavior Response to Chelation: A Pilot Study. American Journal of Psychiatry 133, 1976, pp. 1155－1158.

56) Siegel, op. cit., pp. 154－155.

57) Moyer, K E. The Psychobiology of Aggression, New York: Haper and Row. 1976.

58) 許春金, 前揭書, pp. 224－225.

59) Larry J. Siegel, Criminology, 3rd ed., (St. Paul, MN: West Publishing Co., 1989), p. 134.

60) William E. Thornton, Jr. and Lydia Vogit. Delinquency and Justice(3rd ed.), (New York: Mcgraw－Hill Inc.), p. 137.

61) Donald J. Shoemaker, Theories of Delinquencies, (New York: Oxford University Press, 1984), pp. 41－42.

62) S. Freud, 정신분석입문. 김성대, 삼성출판사. 1982. pp. 22－23.

63) 이윤호, 전게서. pp, 140－141.

64) 이상현, 범죄심리학, (서울: 박영사, 1999), p. 66.

65) Larry J. Siegel, Criminology (2nd ed.), (St. Paul, MN: West Publishing Company, 1986), p. 168.

66) Curt R. Bartol, Criminal Behavior: A Psychosocial Approach, (Englewood Cliffs, NJ: Prentice-Hall. Inc., 1980), p. 128.

67) Donald J. Shoemaker, op. cit., 1984, pp. 55-56.

68) Glueck 부처가 이 방법을 이용하여 500명의 비행소년과 500명의 비비행소년을 비교연구한 결과, 두 집단간에는 중요한 인격특성의 차이가 있음을 발견하였다. 그들에 의하면 비행소년들이 보다 도전적이고 반항적이며, 외향적이고 양면가지적인 성격을 가진 뿐만 아니라 더 많은 좌절과 불안을 느끼고 있으며, 후회, 주저, 의심, 방어적인 태도를 보이는 것으로 나타났다.

69) MMPI는 556문항의 인성을 검사할 수 있는 자기보고서의 설문을 이용하여 비행자와 비비행자의 인성을 파악하는 인성검사의 방법으로서, 미네소타에서 개발된 유망한 인성검사법이다.

70) 이윤호, 전게서. pp. 149-150.

71) 이상현, 전게서, pp. 50-51.

72) 山根清道, 犯罪心理學, (東京: 新曜社, 1981), p. 8.; 이상현, 전게서, pp. 57-59.

73) 신진규, 범죄학 겸 형사정책, 법문사, 1982, p. 207.

74) D. C. Rimm and J. W. Somervill, Abnormal Psychology, New York: Academic Press, 1977, p. 358.

75) Rabin, Albert. "The Antisocial Personality-Psychopathy and Sociopathy", in The Psychology of Crime and Crimiinal Justice, ed.. Hans Thoch. (New York: Holt, Rinehart and Winston, 1979), pp. 236-251.

76) 신진규, 전게서, pp. 269-270.

77) Siegel, op. cit., p. 195.

78) Cohen Albert, Deviance and Control, Englewood Cliffs, NJ, 1968, p. 129.

79) 許春金, 前揭書, pp. 293-294.

80) 許春金, 前揭書, p. 295.

81) 이를 '범죄정상설'이라고 일컫는다.

82) E. Durkheim, The Rules of Sociological Method, 1938: E. Durkheim, Suicide: A Study in Sociology, 1951. 참조.

83) Pfohl, Stephen J., Imabes of Deviance and Social Control, 1985, pp. 177-189.

84) Merton, op. cit., p. 140.; 이윤호, 전게서, pp. 178-181.; 이형석, 형사정책, 도서출판교서관, 1999, pp. 40-41.

85) Robert Merton, Social Theory and Social Structure. (New York: Free Press, 1968), pp. 200-201.

86) Travis. Hirschi, Causes of Delinquency, (Berkeley: University of California Press, 1969), p. 125.

87) 이형석, 전게서, pp. 43－44.

88) 신진규, 전게서, pp. 272－273.

89) Edwin Sutherland and Donald Cressey, Criminology (9th ed.), (Philadelphia, Lippincott, 1978), pp. 80－82.

90) Akers, Ronald, Marvin Krohn, Lonn Lonya Kaduce, and Marcia Radoserich, Social Learning and Deviant Behavior; A Specific Test of a General Theory, American Sociological Review, 44, 1979, p. 638.

91) Akers, op. cit., pp. 636－655.

92) Gresham Sykes & David Matza, "Techniques of Neutralization: A Theory of Delinquency", American Sociological Review, 1957, 22, pp. 664－670.

93) W. C. Reckless, "A New Theory of Delinquency and Crime", Federal Probation, Vol. 25, 1961, pp. 42－46.

94) 이윤호, 전게서, p. 228.

95) Thomas Hobbes, Leviathan, Oxford, Basil Blackwell, 1957, p. 195.

96) Thomas and Hepburn, op. cit., p. 220.; 이윤호, 전게서, p. 224.

97) 許春金, 青少年犯罪原因－社會控制理論之中國研究(臺北市: 五南圖書出版公司印行, 1993), p. 7.

98) Siegel, op. cit., p. 233.

99) 이윤호, 전게서, p. 225.

100) Hirschi, Travis, op. cit., p. 183.

101) Ibid., p. 193.

102) Thornton and Voigt, op. cit., p. 185.

103) 이윤호, 전게서, p. 239.

104) 이형석, 전게서, p. 49.

105) 심영희, 비판범죄론, (서울: 법문사, 1987), p. 33.

106) Edwin Lemert, Human Deviance, Social Problems and Social Control, (Englewood Cliffs, NJ: Prentice－Hall, 1967), p. 17.; 이윤호, 전게서, p. 243.

107) Ibid., pp. 40－41.

108) 심영희, 전게서, p. 34.

109) Becker, op, cit., p. 9.

110) 심영희, 전게서, p. 34－35.

111) 상게서, p. 35－36.

112) George B. Vold and Thomas J. Bernard, Theoretical Criminology(3rd ed.), New York: Oxford University Press, 1986, p. 269.

113) 이윤호, 전게서, p. 258.

114) Liska, op. cit., pp. 174－175.

115) 정영석, 형사정책, (서울: 법문사, 1996), pp. 50－51.

116) 이보영, 형사정책, (서울: 제일법규, 1996), pp. 122－123.

117) Stephen G. Tibbetts, Criminological Theory, London: Sage, 2018, pp. 228－229.

118) Charles F. Wellford, "Towards an Integrated Theory." 120, citing Frank P. Williams III, "The Demise of Criminological Imagination: A critique of Recent Criminology," Justice Quarterly 1. 1984, p. 91.

119) Travis Hirschi, Separate and Unequal Is Better, Journal of Research in Crime and Delinquency 16. 1979, pp. 34－37.

120) 황의갑 외 12인 공역, 범죄학. Stephen E. Brown & Finn－Age Esbensen & Gilbert Geis, Criminology 7th edition. 서울: 그린, 2011. p. 450.

121) 김재민, 범죄학이론, (서울: 박영사, 2019), pp. 244－245.

제2부

테러리즘

51
테러리즘이란

테러리즘은 인류가 사회생활을 시작하면서부터 존재해 왔으며 현대사회의 새로운 현상은 아니다. 최근 테러리즘의 양상은 정치·경제·사회·종교 등 모든 분야에서 적대자를 폭력으로 제거하는 방법으로까지 확산되었다. 특히 폭발물을 이용한 무차별 대량살상행위가 증가하였고, 그 대상이 이해 관계국의 외교관이나 정부관리뿐만 아니라 일반인에 이르기까지 다양화되는 특징을 나타내고 있어 전 세계 인류를 경악하게 하고 있다.[1]

이처럼 세계가 무자비한 테러리즘의 공포에 휩싸이게 되자 선진국이 주도하여 각국은 공동대처방안을 모색하고 있으나, 현대 테러리즘의 위기는 통신매체의 발달로 인하여 테러조직간 상호연계활동의 긴밀화와 수단의 교묘화·대형화·국제화 추세에 따라 효과적인 통제에 대해서는 그 누구도 자신있는 대안을 제시하기 어려운 실정이다. 특히 2001년 9월 11일 미국 무역센터 쌍둥이빌딩 폭파테러사건 이후 모든 국가가 테러에 대한 공포와 두려움으로 긴장하고 있다.

테러란 용어가 처음 쓰인 것은 프랑스 혁명기의 공포정치 때로 보는 견해가 있다.[2] 초기에는 테러란 용어가 공권력에 의한 테러만을 의미하였으나, 그 후 의미가 변경·확대되어 개인이나 사적인 집단에 의한 행위에도 사용하게 된 것이다.[3]

테러 또는 테러리즘이란 원래 사전적 의미로는 '폭력을 사용하여 상대를 위협하거나 공포에 빠뜨리게 하는 행위'[4]라고 정의할 수 있다. 그리고 테러리즘은 테러에 비해 좀 더 포괄적·조직적·이념적인 의미를 내포한다고 할 수 있다. 다만 통상 테러리즘을 줄여서 테러로 사용하는 경우가 많고 실무에서도 별로 구분하지 않고 쓰기도 한다.

테러리즘이란 어떤 정치적 목적을 달성하기 위하여 직접적인 공포 수단을 이용하는 주의나 정책을 뜻한다. 폭력적인 공포정치 또는 암흑정치를 말하며, 일반적으로 테러라면 테러리즘을 뜻한다. 테러는 위협·폭력·살상 등의 끔찍한 수단을 수반하므로 테러·테러리즘·테러리스트라는 말들은 사람들에게 공포와 전율을 느끼게 한다. 테러리즘에 대한 개념과 정의에는 시각과 관점에 따라 약간의 차이와 이견이 있다. 같은 사건을 보면서도 관점에 따라서는 테러리즘으로 규정하기도 하고, 또 어떤 경우에는 일반범죄로 취급하기도 하며, 특정 집단에서는 애국적인 행동으로 평가되기도 한다.

테러리즘은 오늘날 여러 국가에서 위협적인 요소로 작용하고 있고, 한 국가나 국민에게 엄청난 공포감이나 불안감을 불러옴에도 불구하고 그 보편적인 개념이 규정되어 있지는 않다. 그동안 서구의 여러 학자와 전문가들의 학문적 노력으로 테러리즘의 정의에 관한 연구가 많은 진전을 가져왔지만 모든 학자가 전적으로 동의하는 테러리즘의 정의는 아직 내려져 있지 않다. 이는 테러리즘 개념 정의 자체가 난제임을 반증하는 것이다. 테러리즘의 동기, 대상, 범위, 주체, 이념 등의 포함 여부 그리고 학자들과 테러리즘 전문가들의 시각에 따라 테러리즘이 달리 정의되어 테러리즘의 정의에 관한 연구와 논쟁은 끊임없이 계속되고 있다.[5)]

52
테러리즘의 기원

일반적으로 테러리즘은 1793년부터 1794년까지의 프랑스 혁명 기간을 지칭하는 것으로 언급되면서, 곧 공포정치의 동의어로 사용되었다. 공포정치라는 용어는 프랑스 혁명 당시 자주 사용되었는데, 당통과 로베스피에르 등이 공화파 집권정부의 혁명과업 수행을 위하여 왕권복귀를 꾀하던 왕당파를 무자비하게 암살, 고문, 처형하는 등 공포정치를 자행했던 사실에서 유래했다. 프랑스혁명 시기에 테러리즘은 정치적 억압과 사회의 통제 수단으로서 합법적인 권력을 가진 지배층에 의해 자행되는 관제 테러리즘의 성격이었다.

테러리즘이란 용어가 최초로 사전에 등장한 것은 1798년 프랑스에서 발간된 「프랑스 아카데미사전」의 증보판인데, 거기에서는 '조직적인 폭력의 사용'으로 정의되어 있다.

전문가들은 테러리즘이라는 용어가 프랑스혁명기에 출현했다고 보고 있지만, 개인적인 테러리즘의 기원은 프랑스혁명기 훨씬 이전으로 거슬러 올라간다. 조직적인 폭력의 사용으로 정의되는 고전적 의미의 테러리즘은 기원전부터 있었다. 기원전에 있었던 줄리어스 시저(Julius Caesar)의 암살도 정치적 목적달성을 위해 자행된 일종의 테러리즘이었다. 시저는 BC81년 당시의 권력자 술라로부터 사형을 선고받고 로마를 탈출하였으나, BC78년 술라가 병사하자 로마로 돌아와 평민당의 일원으로 정계에 진출했다. BC60년 현재의 스페인 지역에서 눈부신 무공을 세운 시저는 폼페이우스, 크라수스와 함께 제1차 삼두정치를 했다. 후에 크라수스가 동방정벌에서 전사하자 폼페이우스는 원로원과 짜고 우세한 시저의 세력에 대항했다. BC49년 시저는 갈리아(현재의 프랑스)에서 로마로 복귀하라는 원로원의 명령을 무시하고 휘하의 군대를 지휘하여 루비콘강을 건너 로마로 진군하여 폼페이우스를 몰아내고 독재자가 되었다. BC48년 시저는 로마를 출발하여 동방을 정벌한다는 계획을 세우자 귀족계급은 시저가 성공하면 자신들을 제거할 것이라는 판단 아래 공화파와 제휴하여 시저를 제거하기로 계획을 세웠다. 그리고 BC44년 3월 14일 시저는 만찬 석상에서 암살되었다.

AD66년부터 AD77년 사이에는 팔레스타인 종교집단들이 시카리(Sicarri)라는 테러리스트 단체를 결성하여 로마의 통치에 협력하는 유태인들에 대한 공격을 자행하기도 했다. 시카리 소속 테러리스트들은 주로 일요일 혹은 특정 기념일을 기리기 위해 예루살렘에 집결하여 종교적 행사를 벌이는 유태인들을 대검을 이용하여 살해하거나, 농작물 재배지 혹은 공공건물에 대한 방화 등의 방법을 동원하였다.

11세기에서 13세기까지는 페르시아에 흩어져 있던 이슬람 과격 종교단체들이 자신들의 종교적 자유와 종교의 확산을 위해 고위 기독교 지도자들을 적으로 간주하고 이들을 살해하여 공포 분위기를 확산시키는 수단으로 암살자를 고용하여 이를 이용했다. 암살자로 불린 테러리스트들은 철저한 비밀을 유지하면서 군사령관·지사·칼리프 등을 살해했고, 이들의 투쟁은 영웅적으로 미화되었고 작전에 투입되어 전사한 자들은 순교자로 추앙받기도 했다.

종교적 목적달성을 위해 시작된 투쟁의 역사적 유산은 지금도 중동의 정치적 혼란 속에서 계속되고 있다. 또한, 스페인의 종교재판소는 종교적 이단으로 간주된 사람을 처벌하기 위해서 임의적인 체포·고문·처형을 일삼았다. 이처럼 정치적 그리고 종교적 요인이 작용하여 테러리즘은 확산되었고 이러한 역사의 유산이 16세기와 17세기의 폭군시해론으로 이어졌으며, 18세기에 이르러서 프랑스혁명의 공포정치로 이어졌던 것이다.

미국에서는 남북전쟁(1861－1865)이 끝난 후 당시 노예제에 찬성했던 남부의 인종차별의식에 젖은 군인들이 KKK(Ku Klux Klan)라는 테러리스트 단체를 결성하였다. 남북전쟁 승리로 연방의회를 장악한 공화당의 친흑인정책에 반발하여 해방된 흑인들을 무자비하게 폭행하고 남부 각주의 재건론자들에게까지 가혹한 테러를 자행했다.

19세기 후반부터 20세기 초기에 테러리즘은 서유럽과 러시아, 미국 등지에서 무정부주의자들에 의해 사용되었다. 그들은 혁명을 위한 정치적·사회적 변화를 효과적으로 이루어내기 위한 가장 좋은 방법이 권력을 장악하고 있는 요인들을 암살하는 것이라고 믿었다. 이러한 신념 아래 세르비아의 청년 프린체프에 의해 오스트리아 페르디난트 황태자가 살해되었고, 이 사건은 세계의 역사를 바꾸어 놓은 제1차 세계대전으로 이어졌다.

20세기에 들어서자 테러리즘의 사용 목적과 실행 방식도 크게 변했다. 테러리즘은 극우에서 극좌에 이르는 수많은 정치운동에 공통적으로 나타나는 하나의 특징이 되었다. 또한 테러리즘은 히틀러 치하의 나치 독일이나 스탈린 치하의 소련같은 전체주의 국가에서 국가정책수단으로 채택되기도 하였다. 이들 국가에서는 국민들에게 공포분위기를 조성하고 국가의 정치·경제·사회 목표 및 국가 이데올로기에 대한 충성심을 고취시키기 위해 체포·구금·고문·사형 등이 가해졌다. 또한, 20세기 중반에는 제2차 세계대전 후 신생국들이 탄생함으로써 식민제국에 대항하는 민족운동의 하나로 테러리즘이 활용되기 시작했고, 일부 지식층과 급진주의자들에 의해서 자유와 해방을 위한 수단으로 테러리즘이 합리화되고 필연적인 것으로 여겨지며 이론화되어 왔다.

53
테러리즘의 정의

브리테니커 백과사전에는 '테러리즘이란 정치적 목적달성의 수단으로 폭탄공격 · 살해 · 납치와 같은 폭력을 조직적으로 사용하는 것이며, 정부가 이를 사용할 때는 폭도를 진압하는 탁월한 효과를 얻을 수 있고, 폭도나 게릴라가 사용할 때는 정치적 변혁에 영향을 주는 노력의 일부가 된다.'[6]라고 정의하고 있다.

영국의 저명한 테러연구가 타크라(Richard Thackrah)는 '테러리즘이란 민주주의 국가 내에서 공포를 창출하기 위해 행해지는 폭력적이고 극단적인 협박의 조직적 체계이다. 국제 테러리스트들은 경찰 · 군대 · 다국적 기업 등에 대해 무차별적이고 예상할 수 없는 공격을 가하고 있으며, 공격 목표가 되고 있는 국가들에게 정치 · 경제적 변화를 강조하는 공격을 시도한다.'[7]라고 정의하였다. 테러연구가 알렉산더(Yonah Alexander)는 '테러리즘은 정치적 목적을 달성하기 위한 수단이며, 폭력사용의 한 형태로 저강도 수준의 폭력을 사용하는 전쟁이다.'라고 정의하였다. 윌킨슨(Paul Wilkinson)은 '테러리즘은 조직적인 살해 · 상해 및 파괴와 그것에 대한 협박을 함으로써 개인, 단체 및 특정 공동체 혹은 정부를 공포의 분위기로 몰아넣어 테러리스트 집단의 정치적 목적을 달성하려고 하는 행위이다.'[8]라고 정의하였다.

미국의 경우 CIA는 '테러리즘은 개인 혹은 단체가 기존의 정부에 대항하거나 혹은 대항을 목적으로 직접적인 대상자들보다 더욱 광범위한 대중들에게 심리적 충격 혹은 위협을 가함으로써 정치적 목적을 달성하기 위해 폭력을 사용하거나 혹은 폭력사용에 대한 협박을 행하는 것이다.'라고 정의하였다.

1937년 국제연맹(The League of Nations)에서 테러리즘의 예방과 처벌을 위한 협약(Convention for Prevention and Punishment of Terrorism)을 통해 최초의 테러리즘에 대한 정의 도출이 시도된 이후 지금까지 테러리즘에 관한 많은 정의가 시도되었지만 보편적 정의로 받아들여진 것은 없다.

우리나라의 「국민보호와 공공안전을 위한 테러방지법」 제2조(정의)에서는 이 법에서 사용하는 용어의 뜻을 다음과 같이 정의하고 있다.[9)]

1. “테러”란 국가·지방자치단제 또는 외국 정부(외국 지방자치단체와 조익 또는 그 밖의 국제적인 협약에 따라 설립된 국제기구를 포함한다)의 권한행사를 방해하거나 의무 없는 일을 하게 할 목적 또는 공중을 협박할 목적으로 하는 다음 각 목의 행위를 말한다.
   가. 사람을 살해하거나 사람의 신체를 상해하여 생명에 대한 위험을 발생하게 하는 행위 또는 사람을 체포·감금·약취·유인하거나 인질로 삼는 행위
   나. 항공기(「항공법」 제2조제1호의 항공기를 말한다. 이하 이 목에서 같다)와 관련된 다음 각각의 어느 하나에 해당하는 행위
      1) 운항 중(「항공보안법」 제2조제1호의 운항 중을 말한다. 이하 이 목에서 같다)인 항공기를 추락시키거나 전복·파괴하는 행위, 그 밖에 운항 중인 항공기의 안전을 해칠 만한 손괴를 가하는 행위
      2) 폭행이나 협박, 그 밖의 방법으로 운항중인 항공기를 강탈하거나 항공기의 운항을 강제하는 행위
      3) 항공기의 운항과 관련된 항공시설을 손괴하거나 조작을 방해하여 항공기의 안전운항에 위해를 가하는 행위
   다. 선박(「선박 및 해상구조물에 대한 위해행위의 처벌 등에 관한 법률」 제2조제1호 본문의 선박을 말한다. 이하 이 목에서 같다) 또는 해상구조물(같은 법 제2조제5호의 해상구조물을 말한다. 이하 이 목에서 같다)과 관련된 다음 각각의 어느 하나에 해당하는 행위

1) 운항(같은 법 제2조제2호의 운항을 말한다. 이하 이 목에서 같다) 중인 선박 또는 해상구조물을 파괴하거나 그 안전을 위태롭게 할 만한 정도의 손상을 가하는 행위(운항 중인 선박이나 해상구조물에 실려 있는 화물에 손상을 가하는 행위를 포함한다)
2) 폭행이나 협박, 그 밖의 방법으로 운항 중인 선박 또는 해상구조물을 강탈하거나 선박의 운항을 강제하는 행위
3) 운항 중인 선박의 안전을 위태롭게 하기 위하여 그 선박 운항과 관련된 기기·시설을 파괴하거나 중대한 손상을 가하거나 기능장애 상태를 야기하는 행위

라. 사망·중상해 또는 중대한 물적 손상을 유발하도록 제작되거나 그러한 위력을 가진 생화학·폭발성·소이성(燒夷性) 무기나 장치를 다음 각각의 어느 하나에 해당하는 차량 또는 시설에 배치하거나 폭발시키거나 그 밖의 방법으로 이를 사용하는 행위
1) 기차·전차·자동차 등 사람 또는 물건의 운송에 이용되는 차량으로서 공중이 이용하는 차량
2) 1)에 해당하는 차량의 운행을 위하여 이용되는 시설 또는 도로, 공원, 역, 그 밖에 공중이 이용하는 시설
3) 전기나 가스를 공급하기 위한 시설, 공중의 음용수를 공급하는 수도, 전기통신을 이용하기 위한 시설 및 그 밖의 시설로서 공용으로 제공되거나 공중이 이용하는 시설
4) 석유, 가연성 가스, 석탄, 그 밖의 연료 등의 원료가 되는 물질을 제조 또는 정제하거나 연료로 만들기 위하여 처리·수송 또는 저장하는 시설
5) 공중이 출입할 수 있는 건조물·항공기·선박으로서 1)부터 4)까지에 해당하는 것을 제외한 시설

마. 핵물질(원자력시설 등의 방호 및 방사능 방재 대책법」 제2조제1호의 핵물질을 말한다. 이하 이 목에서 같다). 방사성물질(「원자력안전법」 제2조 제5호의 방사성물질을 말한다. 이하 이 목에서 같다.) 또는 원자력시설(「원자력시설 등의 방호 및 방사능 방재 대책법」 제2조제2호의 원자력시설을 말한다. 이하 이 목에서 같다)과 관련

된 다음 각각의 어느 하나에 해당하는 행위

1) 원자로를 파괴하여 사람의 생명·신체 또는 재산을 해하거나 그 밖에 공공의 안전을 위태롭게 하는 행위
2) 방사성물질 등과 원자로 및 관계 시설, 핵연료주기 시설 또는 방사선발생장치를 부당하게 조작하여 사람의 생명이나 신체에 위험을 가하는 행위
3) 핵물질을 수수·소지·소유·보관·사용·운반·개조·처분 또는 분산하는 행위
4) 핵물질이나 원자력시설을 파괴·손상 또는 그 원인을 제공하거나 원자력시설의 정상적인 운전을 방해하여 방사성물질을 배출하거나 방사선을 노출하는 행위

테러리즘의 정의를 한마디로 규정짓기는 상당히 어렵다. 학자별로, 나라별로 제각각 그 정의가 다르기 때문이다. 테러리즘 정의상의 문제점을 분석하면서 제시한 학자들의 정의를 살펴보면 공통적인 요소들이 있다. 그것은 폭력 혹은 폭력사용에 대한 위협, 정치적 동기, 조직적인 사전준비, 무차별적인 공격양상 들이다. 또한 테러리즘을 정의하는 데에 있어서 지금까지 가장 중요한 요소로 꼽히던 것이 정치적 목적이었으나 현대에는 정치적 목적 외에 종교적 갈등, 사회에 대한 원망과 갈망 등 다양한 목적을 위해 테러리즘이 행해지고 있다.

우리나라의 경우, 한국 테러리즘연구소에서 내린 테러리즘에 대한 정의를 살펴보면 다음과 같다. 즉, '테러리즘은 주권국가 혹은 특정 단체가 정치, 사회, 종교, 민족주의적인 목표달성을 위해 조직적이고 지속적인 폭력의 사용 혹은 폭력의 사용에 대한 협박으로 광범위한 공포분위기를 조성함으로써 특정 개인, 단체, 공동체 사회, 그리고 정부의 인식변화와 정책의 변화를 유도하는 상징적·심리적 폭력행위의 총칭이다.'

처음에는 1982년 1월 21일 제정, 1997년 1월 1일 개정된 대통령훈

령 제47호 「국가대테러활동지침」에서 열거하는 방법으로 테러의 정의를 규정하였었다.[10] 그러나 최근 세계 도처에서 수많은 테러사건이 발생함에 따라 각국은 테러관련 법을 속속 입법하기에 이르렀고, 우리나라도 그러한 필요성에 따라서 2007년 12월 21일에 「테러자금금지법」, 2016년 3월 3일에는 「국민보호와 공공안전을 위한 테러방지법」이 각각 국회의 입법을 통하여 정식 발효됨으로써 테러방지법 제2조에서는 '테러' 용어의 정의를 구체적으로 명시하고 있다.[11]

첨단기술의 대명사로 불리는 미국의 국방부도 어쩔 수 없이 당하는 테러행위에 대한 대처를 과연 어떻게 효과적으로 수행할 것인가는 많은 노력과 준비가 뒤따라야 함을 시사해 준다. 테러범의 치밀한 계획에 의한 위협적인 행위에 대하여 우리사회, 특히 국민의 안전을 수호할 의무를 지닌 대테러 기관들이 취할 수 있는 부분은 극히 미약하다는 데에 고민이 있다. 그것은 수백, 수천 명이 노력할지라도 자신의 목숨을 버릴 각오를 한 한명의 테러범의 행위를 막기란 여간 어렵지 않기 때문이다. 따라서 관련 부처 간의 명확한 임무분담과 철저한 대비를 위한 인적·물적 자원의 효과적인 배분 등을 토대로 신속하고 효과적인 대응을 위한 각계각층의 노력은 새로운 테러의 위협에 직면한 현재적 상황을 개선할 수 있는 토대가 될 것으로 본다.

54
테러리즘의 유형들

테러의 정의와 마찬가지고 테러의 유형을 구분 짓는 기준은 학자와 기관에 따라 다르게 설정된다. 존(Peter St. John)[12]은 '일반적인 테러유형, 주관적 관점에서의 테러유형, 국가의 개입여부에 따른 테러유형, 사용주체에 따른 테러유형'으로 기준을 설정하여 유형을 나누고 있다. 본서에서는 일반적인 기준에 따라 '이데올로기적 테러리즘, 민족주의적 테러리즘, 국가테러리즘, 사이버테러리즘' 등으로 분류하여 유형을 설명하고자 한다.

첫째, 이데올로기적 테러리즘이란 테러의 목적이 특정 이데올로기를 고수·확산·관철시키는데 있는 테러리즘을 말한다. 이는 크게 좌익 테러리즘과 우익 테러리즘으로 구분된다. 좌익 테러리즘에는 혁명주의·마르크스주의·네오마르크스주의·트로츠키즘·모택동주의·아나키즘 등이 포함되고, 우익 테러리즘에는 인종주의를 비롯해 파시즘·네오파시즘·네오나치즘 등이 포함된다.

둘째, 민족주의적 테러리즘은 민족공동체를 기반으로 해서 특정 지역의 독립이나 자율을 주장하는 테러리즘이다.[13] 많은 경우 민족공동체가 종교공동체와 중첩되며 또한 민족공동체가 특정지역에 집중적으로 거주하기 때문에 경우에 따라서는 민족주의를 내세우기보다 종교적인 지향을 전면에 내세우기도 하고, 때로는 특정지역의 분리를 주장하기도 한다. 따라서 민족주의적 테러리즘은 종교적 테러리즘이나 분리주의 테러리즘[14]과 많은 점이 중첩된다.

구체적으로 민족주의적 테러리즘이 발생하는 경향은 다음 두 가지로 구분된다. 한 가지는 다민족이 특정 이념과 체제를 표방하는 단일

국가에 포함되어 있을 경우, 국가의 사회통제력이 강할 때는 민족 간 갈등이 드러나지 않고 잠재적 갈등요인으로 존재하다가 이념이나 체제의 이완현상이 나타나면서 민족 간 갈등이 테러리즘으로 대두되는 경우이다. 또 다른 한 가지 경우는 동일한 민족이 서로 다른 두 개의 국가나 체제로 분리되어 있다가, 새롭게 하나의 국가체제로 통합되는 과정에서 그동안 분리되어 존재하던 민족지도층이 헤게모니를 장악하기 위한 방법의 하나로 테러리즘을 사용하는 경우이다.

셋째, 국가테러리즘이란 특정 국가의 영향력을 증대시키기 위해 개인이나 조직뿐만 아니라 국가자체가 테러의 주체가 되는 경우를 말한다. 국가가 테러의 주체가 되는 경우, 이를 다시 테러대상이 국내인가 국외인가에 따라 국가테러리즘과 국가간 테러리즘으로 개념상 구분하기도 한다. 한편 국가가 테러의 주체로 나서기보다 특정 테러단체에 대한 재정적·군사적·행정적 지원을 하는 경우가 있는데, 이를 별도로 국가지원테러리즘이라고 세분하기도 하지만 국가테러리즘의 범주에 포함시킬 수 있을 것이다.

이상의 분류가 테러발생 원인이나 주체에 따른 유형구분이라면, 테러의 범위에 따라 국내테러리즘과 국제테러리즘이라는 구분이 가능하다. 그러나 국가간 교류가 활발해지고, 국가간 상호의존도가 높아짐에 따라 점차 국내테러리즘과 국제테러리즘의 구분이 모호해지고 있다.

넷째, 사이버테러리즘은 테러리즘의 본질에는 다를 바 없다. 그러나 테러리즘의 유형은 시대에 따라 끊임없이 변화하고 있다. 테러리즘을 자행하는 동기는 여전히 과거와 같지만 새로운 그리고 과거에는 없었던 새로운 유형의 무기들이 인류를 위협하고 있다. 과거에는 테러리즘으로부터 인류를 지켜주었던 정보체계, 전술, 보안절차 등은 새로운 위협에는 거의 무용지물이다. 뿐만 아니라, 과거의 테러리즘에 대항하여 인류의 평화와 인권을 보호하던 대테러리스트 특공대도 이 새로운 유형의 테러리즘에는 아무런 효과를 거두지 못한다.

새로운 유형의 사이버테러리즘을 자행하는 테러리스트들은 폭발물을 가득 실은 트럭을 몰고 우리를 공격하지 않으며, 다이너마이트로도 우리를 공격하지 않는다. 이들은 눈에 보이는 물리적 방법이 아니라 사이버공간과 가상공간을 통해 우리를 공격한다. 물리적 세계가 아닌 물리적 세계에서 가상 세계로 전환되는 공간을 공격한다.

현재 인류는 첨단기술의 발달로 대부분의 물리적 세계가 가상공간의 세계로 쉽게 전환되는 시대에 살고 있다. 예를 들면, 차고의 문을 여닫는 것, 전자레인지의 작동, 교통통제, 항공기 관계통제, 금융업무의 처리, 식료품 공정 처리, 의약품 제조 공정 처리, 국방 관련 통제 처리 등 거의 모든 분야가 물리적 세계에서 가상공간의 세계로 전환되었다.

55
요인암살

요인암살(Assassination)은 역사적으로 가장 오래된 테러리즘의 한 형태로 특정 인물을 은밀한 방법으로 살해하는 행위이다. 고대 로마제국 쇠퇴기에 발생했던 황제 암살이나 십자군 전쟁 그리고 종교개혁 등을 거치면서 발생했던 일련의 암살, 제정 러시아·바이마르공화국·중남미제국 등에서 정치적 격변기에 이루어진 암살, 제1차 세계대전의 도화선이 되었던 페르디난트(Franz Ferdinand) 암살, 아직도 베일에 싸여 있는 케네디 암살 등과 같이 동서고금을 막론하고 암살의 역사는 과거의 유습이라고 일축할 수 없는 상황이 세계적으로 계속되어 왔다.

1995년 이스라엘의 라빈(Y. Rabin)수상이 암살되기까지 수많은 국가 지도자 및 주요 정치 지도자들이 희생되었다. 특히, 요인암살은 북한이 지금까지 대한민국의 정치 지도자를 대상으로 주로 사용해온 테러리즘의 주요 형태이기도 하다. 요인암살은 정치·사상적 입장이 다른 특정국가의 집권자나 정치 및 경제계의 지도자를 암살하여 그 사회의 구성원들에게 공포심과 불안감을 조성하여 구성원 간의 상호단결을 와해함으로써 정권을 붕괴시키고자 하는데 주목적이 있다.

요인암살 수단으로는 주로 총기류와 폭탄이 가장 널리 사용되고 있다. 특히 폭탄 공격은 19세기 초 러시아의 키파르치키라는 화학자가 암살용으로 폭탄을 발명했을 때만 해도 신뢰도가 극히 낮고 성능도 초보적인 단계에서 벗어나지 못했었다. 하지만, 현대의 폭탄은 폭파기술의 발달과 원격조적 폭파장치의 개발로 가히 가공할 만한 성능을 가지게 되었다.[15)]

56
항공 테러리즘

수백 명이 이용하는 항공기에 대한 공격은 테러리즘의 유형 중 가장 심각한 양상을 보였다. 국제화의 가속에 따라 한 울타리의 지구촌에 살고 있는 인류는 나날이 심화되는 국가 상호간의 의존성이 확대되고 있고, 정치·경제·문화의 교류도 빈번해지고 있다. 이에 따라 항공기 이용이 필수불가결한 이동수단으로 등장했다. 국제 항공노선의 경우 국적이 다른 수많은 이용객을 수송한다. 따라서 비행기가 납치되거나, 승객들이 인질로 억류되거나, 폭파되는 경우 정치적·경제적으로 그 파급효과는 막대하다. 항공 테러리즘(Aviation Terrorism)은 크게 항공기 납치, 공중폭파, 그리고 항공시설과 항공기 이용객에 대한 공격 등 세 가지 형태로 자행되고 있다.

1931년 페루의 혁명분자들이 그들의 혁명 강령을 선전하기 위해 팬암항공기를 납치한 이래 지금까지 900여 회의 항공기 납치 공격이 발생했으며, 100여 차례의 항공기 공중폭파 공격으로 2,000여 명 이상의 이용객이 희생되었다. 항공 테러리즘은 초창기에 주로 동구 공산권 국가에서 서방 자유국가로 탈출하여 정치적 망명을 위한 수단으로 사용되었다. 제2차 세계대전 이후 동서진영으로 나누어져 공산권국가들과 심각한 이데올로기 대결을 벌였던 서방국가들은 자유민주주의 체제의 우월성을 과시하기 위해 공산주의 국가에서 서방자유진영국가로 항공기를 납치하는 하이재커(Hijacker)에 대해 대부분 아무런 처벌 없이 정치적 망명을 허락하거나 심지어는 이들 하이재커들을 영웅시하는 경향을 보이기도 했다. 이러한 경향은 항공기 납치를 촉진시키는 요소로 작용하기도 했다.

1960년 중반 이후 점차 테러리스트 단체들이 항공기 납치를 통해 그들의 정치적 목적을 달성하기 위한 수단으로 이용함으로써 항공기 납치는 심각한 문제로 등장하였다. 1968년과 1972년 사이에 절정을 이룬 항공기 납치는 1969년 한 해만 해도 85건이 발생하여 매주 2번 납치가 발생한 것으로 나타났다. 항공기 납치가 많은 이유는 테러리스트들이 그들의 정치적 목적을 주장하는데 적은 인력과 비용으로 짧은 시간에 최대한의 효과를 발휘할 수 있는 방법이 항공기 납치임을 알고 있었기 때문이다. 특히 국제교류의 증대로 인해 항공기 이용객은 다양한 국적의 국민들이어서 항공기 납치가 발생하면 국제적인 이목을 끌 수 있고, 통신체계의 발달로 전 세계 구석구석까지 TV 등을 통해 테러리스트들은 그들의 정치적 목적을 손쉽게 알릴 수 있다는 이점을 가지고 있다. 또한, 항공기 이용객을 인질로 삼아 공격목표 대상 국가를 위협할 수 있다는 것이 항공기 납치 증가의 원인이기도 하다.

윌킨슨 교수는 테러리즘을 가장 전형적인 심리전 전술이라고 했다. 실제로 테러리스트들은 민간인 한 명을 살해하여 수많은 사람을 공포로 몰아가는 것을 모토로 삼고 있다. 그 예로 테러리스트들은 팬암 103기와 대한항공858기 사건처럼 많은 인명을 살상함으로써 위협이 위협만으로 끝나지 않음을 보여주기도 하지만 그들은 많은 수의 인명을 살상하는 것보다 많은 수의 사람들이 목격하기를 더 바라고 있다. 이러한 목적달성을 위해 테러리스트들은 항공기 납치시 보도매체를 교묘하게 이용하고 있다.

1974년 이후 항공기 납치는 점진적으로 줄어들었다. 항공기 납치가 국제사회에 커다란 도전이 됨에 따라, 각국은 자국 항공기에 대한 보안시설을 강화하는 등 항공기 납치에 대한 대책을 부단하게 마련하였고, 이것이 항공기 납치 감소로 연결되어졌다고 할 수 있다.

57
인질납치

인질납치(Hostage Kidnapping)는 남미의 혁명분자들이 1960년대 초에 주로 사용했던 방법으로 테러리스트들이 항공기 납치만큼 즐겨 쓰는 방법이다. 작전에 참여했다가 체포, 수감되어 있는 동료 테러리스트의 석방을 위한 방편으로 사용하거나 혹은 인질을 볼모로 하여 정치적 혹은 물질적인 양보, 그리고 정치적 선전 등과 같은 목적을 달성하기 위해 사용하는 전술이다.

지금까지 발생한 가장 극적이며 전형적인 인질납치 사건은 독일의 실업가 한스마틴 슐라이어 납치사건이었다. 1977년 9월 5일, 바더마인호프라는 단체 소속의 무장 테러리스트들이 무장 경호원과 운전수를 살해하고 당시 서독 경영자협회 회장과 서독 공업연맹의 회장을 겸하고 있는 슐라이어를 납치하고, 독일 정부와 슈미트 수상에게 11명의 좌익 테러리스트들의 석방을 요구하였다. 서독 정부는 테러리스트의 요구에 전면적인 굴복을 거부하고 끈기를 가지고 협상에 들어갔다.

먼저 인질의 상태를 확인할 수 있는 증거를 요구하고, 테러리스트 측에 희망을 주는 제스처도 게을리 하지 않았다. 그러나 테러리스트 측도 서독 정부의 대응책을 역습으로 바꾸어 또 다른 납치를 시도했다. 그것은 팔레스타인 해방전선 소속의 테러리스트들을 이용하여 승객 대부분이 독일인 관광객인 루프트한자 항공기를 소말리아의 모가디슈로 납치한 것이었다. 서독 정부는 테러리스트들과 협상을 계속하면서 엔테베식 구출작전을 성공적으로 감행했고, 테러리스트들은 이에 대한 보복으로 슐라이어를 살해했다.

인질 납치는 위험부담이 아주 적으면서 정치적 선전효과는 상대적으로 높아 1960년대 후반부터 급증해 1980년대에 이르러서는 전 세계적으로 커다란 문제가 되었다. 1976년부터 1986년 사이에 전 세계적으로 약 2,500여 차례의 인질납치 사건이 발생했으며, 이 중 정치적 목적달성을 위한 목적으로 저질러진 사건은 10퍼센트 정도인 230여 차례 발생했다.

58
공중폭파

1969년에 최고조에 달했던 항공기 납치는 점진적으로 줄어들어 1992년에는 12건이 발생했다. 항공기 납치가 이렇게 줄어든 이유는 국제사회의 항공기와 공항에 대한 보안시설의 강화와 대테러리즘 정책의 추진에서 찾을 수 있다. 하지만 항공기 납치의 점진적 감소는 비행중인 항공기에 대한 공중폭파의 증가로 이어짐으로 인해 심각한 양상을 보여 왔다.

비행중인 항공기에 대한 공중폭파는 결코 새로운 것이 아니다. 최초의 항공기 공중 폭파사건은 1949년 5월 7일 아시아 지역인 필리핀에서 발생했다. 한 여인이 필리핀 항공사 항공기에 탑승한 남편을 살해하기 위해 범죄자 2명을 고용해 폭탄을 기내에 설치하여 공중에서 폭발하도록 했다. 동 사건으로 탑승하고 있던 13명이 모두 희생되었다. 통계에 의하면, 이 사건 이후 1995년까지 97회의 항공기 공중폭파로 2,261명이 무고한 생명을 잃었다.

항공기 공중폭파 사건은 항공기 납치사건과 비교해 볼 때 발생 빈도수가 낮지만, 항공기가 수천 미터 상공을 비행 중일 때 폭발물이 터지도록 장치됨으로써 일단 성공하면 막대한 인명피해를 초래하게 되어 그 어떤 형태의 테러리즘보다 위협을 더해주고 있다.

따라서 오늘날 공항 및 항공기의 안전을 위한 검문검색 등 보안시스템을 극도로 강화하는 추세이고, 폭탄·위험물 반입을 방지하기 위한 X-Ray 검색장비도 각 나라마다 예외없이 사용하고 있다.

59
항공시설과 이용객 공격

항공기 납치와 항공기 공중폭파에 대비한 각국의 대응책이 강화되자, 테러리스트들은 상대적으로 공격하기가 용이한 항공시설과 항공기 이용객을 그들의 공격목표로 삼게 되었다. 이에 따라 1970년대 초까지는 거의 없었던 항공시설과 항공기 이용객에 대한 공격이 1970년대 중반부터 급격하게 증가했다. 항공시설에 대한 공격은 공항에 대한 공격과 공항에서 멀리 떨어져 있는 항공사 대리점에 대한 공격으로 크게 나눌 수 있다.

민간항공 역사상 가장 심각한 항공시설 및 이용객에 대한 공격사건은 1972년 이스라엘의 로드공항(Lod Airport)에서 발생한 에어 프랑스(Air France) 항공기에 대한 공격 사건이었다. 에어 프랑스 항공기편으로 이스라엘에 도착하여 입국수속을 받기 위해 터미널을 빠져나오는 승객들을 향해, 3명의 일본적군(Japanese Red Army: JRA) 소속 테러리스트들이 수류탄과 자동소총으로 무차별 공격을 가했다. 이 사건으로 성지순례 중이던 푸에르토리코인들을 포함한 281명이 사망하고 70여 명이 부상을 당했다. 이 사건은 전형적인 대리 테러리즘(Proxy Terrorism)으로 이러한 형태의 공격은 테러리스트 단체들 간의 교류가 빈번해짐으로써 자주 발생하고 있다. 팔레스타인 테러단체들은 그들에게 소속되어 있는 요원들의 신분이 이스라엘 정보기관에 노출되어 있고, 이스라엘의 팔레스타인 사람들에 대한 보안검색이 강화되자 이스라엘에 대한 테러리즘 공격이 어렵게 되었다. 이에 따라 팔레스타인 테러리스트 단체들은 그들과 연계를 가지고 있던 일본적군 소속의 테러리스트들을 고용하여 에어 프랑스 공격 사건을 자행했던 것이다.

로드공항에서 자행된 사건은 이스라엘이 자국 항공기에 대한 항공기 납치와 항공기 공중폭파에 대한 보안책을 강화하여 공격이 불가능해지자, 테러리스트들이 공격 용이한 공항과 이용객을 상대로 자행한 사건이었다. 이 사건을 통해 얻을 수 있는 교훈은 보안대책이 미비한 공항은 언제든지 테러리스트의 공격 목표가 될 수 있다는 것이다. 실제로 일부 테러리스트들은 지대공 미사일로 무장하고 있다. 테러리즘 전문가들은 민간 항공기를 공격하기 위해 화생방 무기는 물론 핵무기를 사용할 가능성도 배제할 수 없다고 지적하고 있다.

민간 항공기에 대한 테러리스트의 미사일 공격은 전혀 새로운 것이 아니다. 1973년 9월에 소련제 SA－7 미사일로 무장한 4명의 팔레스타인 테러리스트들이 이탈리아 경찰에 체포된 사건이 발생했다. 테러리스트들은 로마의 푸시미노 공항 근처에 있는 아파트를 비밀리에 전세내어 미사일 발사대를 설치하고 이스라엘 항공기를 공격하려고 했던 것으로 밝혀졌다. 이 사건은 1973년 2월에 발생한 이스라엘의 리비아 민간 항공기 격추사건에 대한 보복을 위해 리비아가 사주한 사건이었다. 시나이 사막 상공에서 이스라엘 공군의 F－4 전투기가 비행중이던 리비아 민간항공기를 격추하여 탑승객 118명중 110명이 희생된 사건이 발생하자 리비아의 지도자 카다피는 아랍국가들에게 이스라엘에 대한 성전(Holy War)을 촉구했으며 반드시 보복할 것을 맹세했다.

로마 공항에서의 이스라엘 항공기에 대한 미사일 공격이 실패로 돌아갔지만 2년 후에 또 다시 이스라엘 항공기에 대한 미사일 공격사건이 프랑스의 오를리 공항에서 발생했다. 1975년 1월 13일에 2명의 테러리스트들이 136명의 승객을 태우고 이륙하는 이스라엘 항공기를 향해 미사일을 발사했지만 이스라엘 항공기가 아닌 유고슬로비아 항공기에 명중되어 탑승객과 항공기가 피해를 당했다.

60
해상선박 납치

지금까지 입수 가능한 자료를 통해 확인된 최초의 해상 테러리즘 사건은 1924년 1월에 홍콩 연안에서 발생한 영국 선박의 납치사건으로, 납치과정에서 선장이 살해되었다. 1940년부터 1959년까지는 8건의 해상 테러리즘이 발생했는데, 그중 6번은 선박에 대한 폭파시도였다.

해상 테러리즘 사건 중 가장 많은 희생자가 발생한 사건은 1960년 3월 6일 쿠바의 하바나에서 발생한 프랑스 상선의 폭파사건이었다. 이 사건으로 100명이 목숨을 잃었고, 200여 명이 부상당했는데, 이것은 카스트로를 반대하는 세력의 소행으로 밝혀졌다.

1961년부터 1971년까지 10년 동안 9건의 해상 테러리즘이 발생했는데, 이는 항공기 납치 등 다른 형태의 테러리즘 발생 건수와 비교할 때 상대적으로 낮은 편이다. 참고로 같은 기간 동안 항공기 납치는 280건이 발생했다. 하지만 1970년대에 이르러 해상 테러리즘은 급격하게 증가하는 추세를 보이기 시작했다.

해상 테러리즘의 발생 건수가 다른 유형의 테러리즘 발생 건수와 비교할 때 상대적으로 낮은 이유는 몇 가지로 요약할 수 있다. 먼저 해상 테러리즘보다는 항공기 납치를 포함한 항공 테러리즘의 성공률이 높아 항공 테러리즘을 선호했다고 볼 수 있다. 항공기 납치의 경우 일단 조종사만 제압하고 나면 짧은 시간 내에 테러리스트 지원국으로 도주하기가 쉽고, 무력에 의한 구출 작전의 징후가 보이면 손쉽게 특정 국가를 탈출할 수 있는 전술적 이점이 있기 때문이다. 둘째로는 항공기 납치의 경우 밀폐된 공간에 다국적의 승객을 인질로 잡을 수 있기 때문에 협상에 매우 유리하다는 것이다. 셋째로는 그 어떤 형태의 테러리즘보다 항공기 납치사건은 극적인 요소를 가지고 있어 세계 언론매체의 이목을 쉽게 끌어들여 그들의 정치적 목적을 알릴 수 있다는 것이다.

1960년대에 거의 발생하지 않았던 해상 테러리즘은 1970년 중반기부터 급증하는 추세를 보이기 시작했다. 1960년대에 단지 4건이었던 해상 테러리즘은 1971년부터 1979년까지 32건이 발생하여 800%의 증가율을 기록했다. 1970년대에 해상 테러리즘이 급격하게 증가한 이유는 쉽게 찾을 수 있다. 그것은 항공 테러리즘이 빈번하게 발생하자 국제사회가 이에 대한 각종 대응책을 마련하여 항공기 납치가 상대적으로 어려워졌으며, 이에 따라 테러리스트들이 점차적으로 성공률이 낮아진 항공 테러리즘보다는 해상선박을 공격하는 것이 용이하다는 판단을 내렸다는 것이다.

1970년대 중반부터 급격하게 증가하기 시작한 해상 테러리즘이 1980년대 초에도 계속되었다. 이에 따라, 국제사회는 해상 테러리즘 방지를 위해 승선객에 대한 검색을 강화하는 등 대응책을 마련하기 시작했다. 특히 1985년 이탈리아의 호화 여객선 아킬레 라우로의 납치사건이 발생한 후 국제해사기구(International Maritime Organization)는 해상 테러리즘 방지를 위한 협약체결을 촉구하고 나섰고, 그 결과 1988년에 '해양항해의 안전을 위협하는 불법적인 행위 억제를 위한 협약'이 체결되었다. 국제해사기구는 해상 테러리즘 방지를 위해 해상 테러리즘 발생시 대응방안을 포함한 포괄적인 지침서를 마련하여 회원국들에게 배포하여 숙지하도록 하는 노력도 했다.

이러한 노력에 따라 1980년 중반 이후 해상 테러리즘은 점차적으로 감소하기 시작했다. 1990년에 발생한 3건을 제외하고는 1991년부터 1995년까지 단 한 건의 해상 테러리즘도 보고되지 않았다. 1960년부터 현재까지 68건의 해상 테러리즘이 발생한 것으로 나타났는데, 그 목적 역시 다양하다. 화물선이나 여객선을 폭파함으로써 공격대상 국가에게 경제적 타격을 가하기도 하며, 여객선을 납치하여 인질 석방의 조건으로 작전 중 체포되어 감옥에 갇혀있는 동료 테러리스트의 석방이나 금품을 요구하는 경우도 있다.

동료 테러리스트의 석방을 위해 저질러진 해상 테러리즘 사건으로 전 세계적으로 커다란 파장을 일으켰던 사건은 1985년 10월 7일에 발생한 이탈리아 호화 여객선 아킬레 라우로(Achille Lauro)호 납치사건이었다. 4명의 팔레스타인해방전선(Palestine Liberation Front: PLF) 소속 테러리스트들이 지중해를 돌면서 순항하는 호화 여객선인 아킬레 라우로호를 납치하여 180명의 승객들과 331명의 승무원들을 인질로 잡고, 50명의 팔레스타인 테러리스트들의 석방을 요구했다. 납치범들은 범행과정에서 불구자인 미국 국적의 유태인 레온 클링호퍼(Leon Klinghoffer)를 살해하여 바다에 던져 버리는 잔인함을 보였다. 2일간이나 계속된 협상 과정에서 그들의 목적을 달성할 수 없다고 판단한 테러리스트들은 이집트로 무사히 빠져나갈 수 있도록 협조한다는 조건으로 납치했던 선박을 풀어주었다.

그 후 1985년 10월 10일 이집트 항공기를 이용해 PLO 본부가 있는 튀니지로 납치범들이 빠져나갈 것이라는 정보를 입수한 미국은 공군전투기를 동원해 이탈리아에 있는 북대서양조약기구(NATO) 군비행장에 납치범들을 태운 항공기를 강제로 착륙시켰다. 미국은 납치범들의 재판을 위해 인도를 요청했으나 이탈리아 정부는 미국의 요구를 거절했다. 이탈리아 정부는 아킬레 라우로호 납치사건을 주도한 아바스(Abul Abbas)를 석방했고, 아바스는 로마를 거쳐 유고슬로비아로 도망쳤다. 나머지 3명의 납치범들은 재판에서 4~6년의 징역형을 선고받았으며, 아바스는 제노아법원의 궐석재판에서 종신형을 선고받았다. 아킬레 라우로호 납치사건은 국제적으로 해상 테러리즘의 심각성을 보여준 사건이었다.

61
탈냉전시대 테러리즘의 특성

탈냉전시대 테러리즘은 좌익 테러리즘의 감소, 민족주의 테러리즘의 증가, 외국인 테러의 증가, 무차별 테러의 증가 등의 특성을 가진다.

첫째, 좌익 테러리즘의 감소상황을 볼 수 있다. 와인버그와 이유뱅크(Weinberg and Eubank)가 제2차 세계대전 종전 이후 1987년 중반까지 활동한 총 379개 테러단체를 분석한 결과에 따르면, 테러집단의 정치 이념적 성향은 좌익 테러조직(40.6%), 우익 테러조직(32.2%), 민족주의 · 분리주의 · 종교주의(24.5%), 기타(2.6%)로 구분된다고 하였다. 이러한 분석결과는 냉전시대에는 테러조직의 2/3 정도가 좌익 또는 우익의 특정 이데올로기에 기반하였고, 그중에서도 우익 테러조직이 다수였다는 것을 보여준다.

좌익 테러조직은 특히 1960년대 말 이후 구소련을 위시한 테러지원 국가의 명백한 지원을 얻게 되면서 그 규모가 확장되었으나 구소련을 위시한 사회주의권의 붕괴는 좌익 테러리즘의 쇠퇴를 가져오게 되었다. 서구의 좌익 테러리즘으로 유명했던 독일 적군파, 이탈리아 붉은 여단 등은 1980년대에 정교한 폭파 및 암살테러로 극성을 부리던 직접행동대 등 극좌 테러단체들이 1986~7년 경찰의 대대적인 소탕작전으로 타격을 입어 무장 확보, 조직원 보충 등의 곤란으로 활동이 위축되어 별다른 테러 조짐을 보이지 않았다.[16] 신인민군의 조직 규모도 주요 거점들이 중앙조직으로부터 분리 혹은 이탈하는 가운데 명백한 세력 감축을 보여주고 있다.

둘째, 좌익 테러리즘의 퇴조와는 대조적으로 민족주의 내지 분리주의 테러리즘에 의한 테러가 탈냉전시대에 점차 증가하고 있다. 탈냉전시대에 부각된 민족주의 내지 분리주의 테러리즘의 점증지역으로는 터키, 인도, 스리랑카 등을 들 수 있다. 이러한 민족주의 내지 분리주의 테러리즘이 증가하게 된 것은 한편으로는 탈냉전시대부터 존재했던 민족갈등이 해소되지 못한 채 지속되고, 다른 한 편에서는 냉전시대에는 강대국 간의 체제 대립이나 이념 대립 속에 잠재되어 있던 각 민족의 이해관계 대립이 냉전체제의 해체와 더불어 표면으로 부상하면서 점차 증가하고 있기 때문이라 할 것이다.

강대국 간의 체제 대립 속에 잠재되어 있던 각 민족의 이해관계 대립이 표면으로 부상하는 현상은 자본주의권뿐만 아니라 사회주의권에도 마찬가지로 적용된다. 그 결과 탈냉전시대에는 테러발생 지역이 사회주의권으로 광범위하게 확대되었다는 특징이 있다. 그 대표적인 지역이 러시아, 동구 그리고 중국이다.

1980년 중반까지는 사회주의국가에서 발생한 테러 건수가 적었다. 그러나 1980년 말 이후 테러발생 건수가 점차 증가하는 실정이다. 사회주의권에서 테러 발생이 증가하게 된 이유는 크게 보아 국가 통제력의 약화라고 할 수 있다. 러시아 및 동구에서는 냉전 종식 이후 이데올로기의 공백과 경제불황의 장기화 등으로 인한 사회혼란을 틈타서 그리고 개혁정책의 퇴조와 각 공화국간 민족갈등, 영토 분쟁의 심화로 정국 불안 양상이 전개되는 가운데 요인암살 테러와 항공기 납치사건 등이 새롭게 나타나고 있다. 한편 중국의 경우에는 개혁·개방을 가속화하는데 따른 중국사회의 규범 와해현상과 사회통제력 약화, 그리고 일부 중국인의 대만경제에 대한 막연한 호기심 등을 들 수 있을 것이다.

셋째, 민족주의 내지 분리주의 테러리즘의 증가와 궤를 같이 하면서 탈냉전시대 테러의 또 다른 특징으로 제시할 수 있는 점이 외국인에 대한 테러가 증가했다는 점이다. 외국인 대상 테러는 서방 선진국과 제3세계에서 동시에 나타나는데, 테러 대상에 있어 대조를 이룬다.

선진국에서는 제3세계 출신 노동자에 대한 테러가 이루어지고, 반면에 제3세계에서는 선진국 국민과 유명인을 비롯한 국제기관에 대한 테러가 이루어진다.

선진국에서 제3세계 출신 노동자에 대한 테러가 이루어지는 대표적인 국가로는 통일 독일을 들 수 있다. 통일 전에 독일은 유럽에서 좌익 테러리즘이 발생하는 핵심지역의 하나였다. 그러나 그 횟수에 있어서는 연간 20건을 넘지 않았었다. 그러나 통일 후 독일에서 발생한 테러는 통일 전에 비할 수 없을 정도로 많이 증가하였다.[17)]

통일 후 독일에서 테러가 증가하는 이유는 바로 구동독지역 흡수에 따른 경기침체 와중에서 외국 노동자를 대상으로 한 극우주의적 테러가 급격하게 증가하였기 때문이다. 이들은 반유태주의·반유색주의 등 인종차별을 주장하며 외국난민습격, 방화와 장애인 폭행 등을 자행하였다.

넷째, 냉전체제가 와해되면서 테러의 주체와 대상, 목적 등이 불분명하고, 그 수단이나 방법에 있어서도 조직적이거나 계획적이지 못한 불특정 다수인을 대상으로 자행되는 무차별적인 테러가 새롭게 등장하였다. 냉전시대에는 기존의 정치사회적 대립관계가 테러의 발생원인이었고, 테러의 궁극적 목적 또한 기본적으로 특정국가의 정권 획득과 관련된 것이었다. 그러나 냉전이 종식되고 구사회주의권도 포함되는 세계화가 진행되면서 테러리스트의 입장에서는 공격대상으로서 국가라는 개념이 모호해지기 시작하였다. 그러자 테러의 목적도 새로운 국가를 건설하거나 정권을 창출하기보다 기존의 국가체제 자체를 부정하는, 그리고 현실사회에 대한 막연한 적대감을 표현하는 탈국가주의적 테러가 증가하게 되었다.

62
근대적 테러리즘의 특성

근대적 의미의 테러리즘의 태동기는 1960년이다. 특히, 1960년대는 테러리즘의 시대적 변화추이에 있어 프랑스혁명기의 정치적 억압과 제정 러시아 시기의 혁명분자들에 의한 테러리즘, 그리고 제2차 세계대전 후의 관제 테러리즘의 만연기를 거처 테러리즘이 그 성격과 규모면에 있어서 국제화, 대형화되기 시작한 시기이다. 1960년대에 테러리즘이 국제화되고, 대형화된 원인은 국제정치상황과 밀접한 연관성을 가지고 있다.

1967년 6월 전쟁에서 아랍인들은 이스라엘에 패하자, 군사력으로 팔레스타인의 정치적 목적달성이 불가능하다고 인식했다. 전면적인 무력투쟁으로는 이스라엘에 대항할 수 없으며, 세계에 팔레스타인 문제를 알리고 정치적 목적을 달성하는 유일한 방법은 테러리즘이라는 결론에 도달했던 것이다. 이에 따라 팔레스타인인들을 주축으로 테러리스트 단체들이 조직되기 시작했고, 테러리즘을 통해 이스라엘에 대항하기 시작했다. 팔레스타인 테러리스트 단체들은 가장 효과적이고 극적인 방법의 테러리즘 유형인 항공기 납치를 자행하기 시작했다. 1968년 7월 조지 하바시가 이끄는 팔레스타인 해방인민전선 소속의 테러리스트들이 이스라엘 항공기 엘 알(EL AI)기를 공중 납치한 이래 1968년 한 해 동안 무려 35건의 항공기 납치를 단행했다.

한편, 서유럽, 일본, 미국 등지에서는 베트남전 반대와 이에 따른 반정부 시위가 격화되었고, 이들 유형의 시위에 대한 정부의 극단적이고 성급한 대응은 불만세력의 응집의 계기가 되었다. 이들 중 급진적 성향의 학생들과 일부 흑인단체들이 반전·반미 감정의 조성을 위해 테러리즘을 자행하기 시작했다.

팔레스타인 테러리스트 단체들에 의한 테러리즘이 중동지역을 중심으로 확산되고 이들의 투쟁에 동조하는 테러리스트 단체 간에 상호지원이 이루어지기 시작하면서 1970년대에 이르러 테러리즘은 전 세계적으로 확대되기 시작했다. 1972년 5월의 로드공항 학살사건, 1973년 7월의 싱가포르 셸 석유저장고 습격사건, 1975년 12월의 빈에서의 석유수출국기구(OPEC) 회의장 점거사건 등은 PFLP와 일본적군, 서독의 바더 마인호프 조직 등 국제 테러리스트 단체들 간의 유기적인 합동작전에 의해 자행된 대표적인 사건들이다.

1995년 일본에서 발생한 옴진리교의 독가스 테러와 미국에서 발생한 오클라호마 연방정부건물 폭파테러 등을 들 수 있다. 테러 대상에 있어서 전통적인 테러가 암묵적으로 사회의 지배계급을 대상으로 하고, 대량살상보다는 사회에 공포를 주는데 초점이 있었던 데 반해, 이들은 지하철로 출·퇴근하는 불특정 다수를 대상으로 했다는 특징이 있다. 또한 테러 방법도 기존의 테러리스트들은 총이나 폭탄을 사용했었으나, 이들은 과학기술을 바탕으로 화학작용제를 생산·사용했다는 점에서 테러에 대한 공포를 새로운 차원으로 확산시켰다고 할 것이다.

63
뉴테러리즘

뉴테러리즘이란 용어는 1999년 미국의 민간 랜드연구소(Rand Corporation)에서 처음 사용되었다. 미국의 테러전문가이며, 이 연구소의 소장을 역임한 바 있는 호프만(Bruce Hoffman)은 과거 전통적 의미의 테러리즘과 수법이나 피해의 규모면에서 많은 차이를 나타냄으로써, 새롭게 등장한 테러리즘을 '뉴테러리즘'이라고 명명하였다.[18)]

일반테러리즘은 일반적으로 범행 후 혹은 범행 전 자신의 주체를 밝히거나 암시함으로써 그들의 목적과 목표를 뚜렷이 하는 특징을 보이고 있다. 테러의 조직은 매우 계층적이어서 지도자가 조직원의 구성에서 테러 작전의 계획 명령까지 모든 것을 주도하고 있다.

반면 뉴테러리즘은 과거의 테러리즘과 사뭇 다른 특징을 보인다. 뉴테러리즘은 목적 자체가 불분명하고, 요구조건과 공격조건이 없고, 테러의 방법과 수단, 테러조직의 비공개, 테러범의 비노출, 그리고 표적의 무차별성 등으로 인하여 과거의 테러리즘과는 뚜렷한 차이를 보인다. 결국 뉴테러리즘이란 테러조직의 네트워크에 의한 비전형적·다국적 무한 파괴주의적인 새로운 형태의 테러리즘이라고 정의할 수 있다. 또한 전통적인 테러리즘은 피해범위가 어느 정도 한정되어 있으나 뉴테러리즘은 그에 더하여 생화학무기와 사이버테러방식까지 사용함으로써 저비용으로 대규모 인명살상 및 국가인프라 파괴가 가능하며 그 색출 또한 쉽지 않다.

이러한 뉴테러리즘은 다음과 같은 이유에서 등장했다고 해도 과언이 아니다. 이들이 활동하던 테러리즘시대에서는 테러조직이나 테러리스트들이 분리독립이나 자본주의 체제의 타도를 위함이기보다 구체적인 체제지향적인 목표를 가지고 이를 관철하기 위한 수단으로서 테러리즘을 활용하였다. 또한, 이 조직들은 외적으로는 미·소의 양극체제에서 이들 국가에 의한 이들의 통제가 일정부분 가능하였다는 것과, 미국과 이스라엘을 포함하는 서구에 대한 테러 시 반드시 군사적 보복이나 보복테러를 당해 오히려 그들의 수뇌가 붕괴되는 일들이 많았다는 점에서 어느 정도 억제될 수 있었다. 그러나 1980년대 구소련이 아프가니스탄을 침공하여 이슬람 국가가 유린되면서 회교권이 단결하는 계기가 된다.

이후 구소련이 붕괴되면서 나타난 유일 강대국인 미국의 강력한 미국중심의 대외정책은 다시 한 번 이들을 결속시키는 계기가 되어 이스라엘 보호와 중동산 석유자원의 확보를 공고히 하기 위한 미국의 제1차 이라크침공 이후 이들은 다국적군의 중동지역 주둔이 기독교 국가가 이슬람국가를 점령하는 심대한 모욕이라고 생각하게 된다. 따라서 이들의 반미감정은 고조되었으며, 미국의 입장에 동조하는 모든 서방국가는 적으로 간주되어 극렬한 반미주의를 외치는 세력들이 생겨나게 되고, 이들은 새로운 수법으로 새로운 테러리즘을 자행하게 된다.

첫째, 불특정 일반 대중을 대상으로 한다. 전통적 테러리즘은 희생자와 비희생자의 구분이 가능했던 '선택적 테러(Selective Terror)'였으나 오늘날은 불특정 일반 대중을 대상으로 하는 '보편적 테러(General Terror)'로 바뀌고 있다.[19)]

둘째, 불명확성이다. 뉴테러리즘은 테러주의자들이 서방에 대한 반감이나 기독교문화와 지역통치에 대한 반대 등의 추상적인 이유로 테러를 감행하면서 공포효과를 극대화하기 위해 정체도 밝히지 않고 요구조건 제시도 없기 때문에 테러조직을 색출하기 힘들다.[20)]

셋째, 피해의 극대화이다. 과거의 테러리즘은 항공기납치나 인질납치, 중요시설 점거, 암살과 같은 대중에게 심어주는 상징성을 가지고 일반국민들에게 공포심을 유발하는 방법을 사용하여 많은 인명 피해나 경제적 피해보다 대중매체를 통한 의사전달의 최대화를 노렸으나 뉴테러리즘은 전쟁수준의 무차별 공격으로 적의 괴멸을 목적으로 대량인명살상과 경제적 피해의 최대화로 테러 대상국가에 최대한의 피해를 입히려는 목적으로 감행되므로 그 피해는 천문학적이다.

넷째, 테러리스트들이 선진화되고 있다. 과거 테러리스트들은 대부분 사회적으로 소외층 출신으로 교육수준도 낮았으나 뉴테러리즘에서는 비교적 경제적으로 풍요로운 지식층인 중산층 출신이다. 교육수준은 대학 재학 이상의 학력과 범죄기록이나 정치적 활동이 없는 유럽과 재외교포 2세들로 충원되는 경향으로 바뀌고, 조직적·기술적·행동적 지능화가 되고 있다.

다섯째, 대응시간의 부족이다. 9·11 테러처럼 초대형 여객기를 납치하여, 뉴욕의 세계무역센터에 항공기로 자살테러를 하기까지 1시간 이내에 상황이 종료된다.

여섯째, 테러의 방지가 힘들어 지고 있다. 전통적 테러에서는 재래식 무기를 이용하므로 공항, 항만 등의 검색을 통해 조기색출이 가능했으나 뉴테러리즘은 주변에서 구할 수 있는 것으로 모든 물체가 테러리즘에 이용될 수 있기에 방어, 조기색출이 어렵다.

일곱째, 공포심 전파에 용이하다. 현대는 대중매체의 시대로 전 세계 어느 한쪽에서 발생한 사건도 인터넷과 CNN 등의 TV채널은 테러현장을 생생한 화면으로 방영하기 때문에 테러조직이 원하는 만큼 공포감이 전달되는 특징을 갖고 있다.

64
자생적 테러리즘

자생테러리즘이란 뉴테러리즘의 개념 중 하나로 국내자생테러리즘의 준말이다. 국내자생테러리즘이란 국내와 자생과 전술한 테러가 합성되어 만들어진 용어이며, 이슬람 급진주의적 사고를 강조하는 급진적인 테러단체의 주장에 동조하는 내국인들의 자발적 참여를 통해 발생한 테러의 유형을 말하며 보통 유럽 및 미국 등의 시민권자가 자신들의 신념과 종교 등을 내세우며 자국을 공격하는 행위를 말한다.[21) 이는 국제테러집단에 의한 국제테러와는 구별되는 개념이다. 이민 2~3세대가 자국에서 교육을 받고 자국 내의 구성원으로서 책임과 의무를 이행하면서 자국 내에서 일으키는 테러라는 점에서[22) 일반적 국제테러집단에 의한 국제테러와는 다른 새로운 유형의 위협적 테러라고 할 수 있다.

미국의 경우를 살펴보면, 자생테러리즘이란 '정치적 또는 사회적 목적을 촉진시키기 위해 미국정부, 미국의 민간인, 또는 그와 관련한 부분을 협박하거나 억압하기 위해 주로 미국 또는 미국의 속령 내에서 태어나 자라거나 기반을 두고 활동하는 집단 또는 개인에 의한 폭력의 위협적 사용'이라고 정의하고 있다.

자생테러리즘에 대한 연구에 의하면, 자생적 테러리즘을 저지르는 테러범들은 테러 지향적인 성격이나 특성을 보이지 않고, 일정한 교육을 통해 급진화 과정을 거친 테러리즘이 아니다. 또한, 자생테러는 다음과 같은 특징을 가진다. 우선 테러리즘의 행동자체를 테러단체의 지시나 지원 없이 프리랜서 형태로 이루어진다는 점과 특정 집단의 이념이나 정치적 요구에 영향을 받지 않고 자신이 추구하는 종교적 신념, 정치적·사회적 요구 등과 관련이 있는 것이 보편적이다.

또한, 대부분이 지역사회에서 오랫동안 거주하며 자국에서 교육 및 복지혜택을 받으며 구성원으로서 살아가지만 지역주민들과 종교, 인종이 달라 친밀한 관계를 유지하고 있지 않는 점과 자국민이 테러의 대상이라는 점이다. 테러활동의 범위가 분명하게 정해져 있지 않고, 테러를 예측하는 것이 매우 어렵고, 자국 구성원의 폭력행위라 심리적 공포가 크다는 점과 요인암살, 연쇄살인 등을 한다는 특징이 있다.

이러한 형태의 테러범을 소위 '외로운 늑대(Lone Wolf)'라는 은유적 표현으로 부르기도 하는데, 대테러 기관들에게는 '최악의 악몽'이라고 표현할 만큼 예방에 어려움이 있는 유형이다.

65
테러원인에 관한 이론(1) 합리적 선택이론

어떠한 측면에서 테러리즘을 연구할 것인가에 따라서 테러리즘에 대한 정의가 내려지고, 그에 따라 여러 가지 서로 다른 이론들이 적용될 수 있다. 예컨대, 스미스(Smith)와 담포우스(Damphousse)는 테러리즘과 비테러리즘 및 비테러리즘과 관련된 피의자 사이의 형선고와 관련된 이론을 검증한 바 있다. 그러나 칸(Khan)의 예외적인 연구결과처럼 테러행위의 지역학적 이론을 검증한 연구는 매우 드문 실정이다. 초기의 테러리즘에 관한 이론들은 비행의 거시적 이론에 대한 일반화의 복잡성을 피하기 위한 노력의 일환으로 단지 개인적 심리적 이론적용에 관심을 두었던 것이 사실이다. 그러나 심리학적인 연구에 대응하여 더 많은 사회학자들은 거시적 수준에서 테러행위에 대한 합리적 선택이론의 해석가능성을 분석하기 위해 노력하고 있다.

합리적 선택과 테러리즘의 관계에 있어서 합리적 선택이론은 '기대된 유용성'의 원칙에 바탕을 둔 경제학적 이론이다. 고전범죄학적 개념에 입각하여 이 원칙은 사람은 자신이 기대하는 이익을 극대화하고 손실을 최소화하기 위한 이성적인 선택을 하게 된다는 개념을 주장한다. 이것은 인간이 행복추구적 존재라는 기본 가정 하에 있다는 것을 의미하며, 개인이 범죄를 범하는 것은 범죄로 인하여 발생 가능성이 있는 고통보다 기대되는 쾌락이 더 크다는 기본 전제 하에서 주장된 것이다. 이성적 선택 모형 하에서의 인간행위는 테러리즘에서도 똑같이 적용될 수 있는데, 즉 테러행위를 저지르는 것은 특별한 목적의 이익인 악명을 얻기 위한 수단으로서 행해지는 것이라고 해석된다.

66
테러원인에 관한 이론(2) 상대적 박탈이론

사회심리적 측면에서 테러리즘의 발생원인에 대하여 설명이 가능한 것은 거어(Ted R. Gurr) 박사가 체계화한 '상대적 박탈이론'이며, 이를 '좌절공격이론'이라 부르기도 한다.

상대적 박탈감이란 누구나 마땅히 누려야 한다고 스스로 생각하는 삶의 제조건과의 격차에서 비롯되는 긴장을 말하며, 이른바 기대와 실제 간의 괴리 또는 가치기대와 가치 능력 간의 차이의 인식으로서 박탈감은 개별적이거나 집단적일 수가 있다. 상대적 박탈감을 야기하는 전형적인 유형은 점감적 박탈(Decremental Deprivation), 열망적 박탈(Aspiration Deprivation)과 점진적 박탈(Progressive Deprivation)이다.

첫째, 점감적 박탈은 사람들의 기대감은 그대로 존재하고 있으나 이를 충족시킬 수 있는 사회적 능력은 오히려 저하될 때 발생한다.

둘째, 열망적 박탈은 사람들의 희망과 기대감은 시간의 흐름에 따라 높아지고 있으나 현실여건은 변화하지 아니할 때 생기는 좌절감의 심화를 의미한다.

셋째, 점진적 박탈은 가치 능력이 일정한 기간에는 안정되지만, 일정한 기간이 경과한 다음에는 충족감이 열망에 비해서 가치능력이 떨어지는 경우에 발생한다.[23]

거어 박사의 상대적 박탈이론은 다음과 같은 이론적 결론을 도출시킨다. '만약 사회적 욕구 형성도가 사회적 욕구만족도를 훨씬 초과할 경우 여기에는 결과적으로 사회심리적 좌절감이 형성되고, 그것은 곧 폭력적 사태로 발전된 가능성이 있다'는 주장이 그것이다. 이 주장에 의하면, 세계사의 흐름에서 소외되어 왔고 국내적으로 지배계급의 피동적 객체였던 제3세계 민중의 정치적 독립이 달성되고 근대화되는 과정에서 야기된 박탈감의 돌파구를 테러와 같은 폭력에서 찾고 있다는 설명이 가능하다.

또한 이러한 시각은 테러리즘이 탈식민지화 과정에서 제3세계 국가들이 제국주의와 식민주의에 반대하는 폭력행사의 연장선상에서 기인한다고 하는 주장과 연결이 되고 있다. 제3세계국가들은 1960년경을 기점으로 해서 서구제국의 식민지 지배 상태에서 독립함으로서 그들의 공식적인 지배에서 벗어난 듯 보였다. 그러나 이른바 식민주의가 상존하고 있으며, 대부분 제3세계 국가들의 경제적·사회적 불평등에 대한 불만이 테러리즘의 원인으로 작용하였고, 또한 테러리즘이 가난으로 고통을 받고 있는 국가의 문제해결을 위한 정당한 수단이라는 시각이 강화된 것이 테러리즘 발생의 큰 원인 중에 하나라고 볼 수 있다.

67
테러원인에 관한 이론(3) 동일시이론

동일시란 사회심리학에 있어서 개인에 의해 다른 사람의 행위에 영향을 미치는 영향력을 설명하는데 사용되는 용어로서, 특정한 개인이 테러리즘을 선택하게 되는 심리적 측면의 설명 중 하나이다. 동일시는 두 가지 다른 현상을 의미한다고 볼 수 있는데, 하나는 다른 개인이나 단체와 같이 존재하거나 똑같이 되려는 희망이며, 다른 하나는 좋든 싫든지 간에 자신과 동일시되는 대상 간에 존재하는 유사성을 인정하려는 측면이다.

전자의 경우 다른 개인이나 단체에 이상적인 가치를 가지고 있지만, 문제가 되는 것은 이러한 바람직한 속성의 보존 내지 획득을 추구하는 것이며, 후자의 경우 문제가 되는 것은 개인은 단순히 다른 개인이나 단체가 가지고 있는 바람직하지 못한 가치까지도 인정한다는 것이다. 또한 전자의 경우 문제가 되는 것은 부정적 동일시이다. 이는 많은 바람직하지 못한 현상을 가진 다른 개인이나 단체로부터 가능한 한 이탈하려는 욕망을 말하며, 후자의 경우 문제가 되는 것은 단순한 차이의 인정이나 동일시의 부족에서 나타난다.

두 가지 동일시 의미의 차이는 '사람이 어떻게 적대하는 현상을 인식하느냐' 와 '현상이 어떻게 되기를 바라느냐' 같은 차이라 볼 수 있다. 전자는 현재에 존재하는 일에 대한 평가이며, 후자는 미래의 목표와 소망에 관련된 것이다. 그리고 이들 의미들은 때때로 고의적이든 아니든 간에 혼합되는 경우가 있다. 즉, 개인의 동일시는 자신 해석의 총체로서 정의되며, 이는 개인이 자신을 해석함에 있어 현재의 상황하에서 어떻게 과거 자신의 해석과 미래에 소망하는 것 사이에 연결을 시키느냐를 말한다. 이상과 같은 동일시의 정의 하에서 동일시 현상이 왜 테러리즘 발생의 원인이 되는가를 살펴보면 다음과 같다.

동일시의 적용은 일반적으로 인질이 자신을 인질로 잡은 자에게 연민을 느끼는 것과 같은 공격자와의 동일시에 한정되어져 왔다. 그러나 다른 동일시 과정도 존재한다고 볼 수 있다. 즉, 인질극에 대한 일반대중의 관심은 인질극을 보는 대부분의 사람이 희생자의 운명과 자신을 동일시하며, 감정이입에 의해서 희생자의 고통을 공감한다는 점이 테러리즘의 촉진 원인이 되며, 테러리스트들이 바라는 것이라고 볼 수 있다. 그러나 모든 관중이 자동적으로 희생자에 대한 연민을 가지는 것은 아니다. 관중의 일부는 테러리스트들이 자신들을 위해서 강력한 힘을 보여주고 있다고 간주하고 테러리스트와 자신을 동일시하게 된다.

동일시의 방법이 희생자에 의하든 가해자에 의하든 간에 동일시에서 나오는 태도적 결과는 연민이나 학대를 가져온다고 볼 수 있다. 또한 이런 연민과 학대의 양극화 현상은 관중 사이에서 나타나게 되며, 이 양극화는 희생자와 가해자에 대한 동일시현상의 강약에 따라 발생한다. 사람의 감정적 반응이 얼마나 이러한 양극화된 행위에 강하게 나타나느냐 여부는 사건과 개인 및 상황 사이의 심리적·공간적 거리에 의해 결정된다.

이러한 동일시 관점에서 보면, 사회혼란을 야기하여 종국적으로 권력 탈취를 목적으로 하는 반란형 테러리스트들은 테러리즘에 의해 정부당국의 과도한 대응을 야기, 정치적 상황을 군사적 상황으로 전환시켜 국민생활을 핍박케 함으로써 테러리즘을 주도하는 행위자에 대한 국민의 동일시 감정을 자극하여, 지지를 획득함으로써 자신들의 목적달성을 추구한다고 볼 수 있다.

68
테러원인에 관한 이론(4) 국제정치체제이론

국제정치에 있어 기본적인 행위의 주체가 주권국가이고, 이 주권국가는 자국의 이익을 합리적으로 추구하며, 국가이익은 힘으로 표출되는 것이 국제정치를 보는 현실주의자들의 시각이라고 볼 수 있다. 즉, 주권국가는 타국과 발생하는 이해관계의 해결에 있어 가능한 수단과 방법을 가리지 않고 현실주의적으로 국가이익을 추구하는 것이 국제사회의 공통된 속성이라 볼 수 있는 것이다. 따라서 일부 주권국가들에 의해 정당한 수단으로서 테러리즘의 수용이 이루어지는 것은 테러리즘의 발생 원인이 제3세계의 탈식민지화 과정에서 폭력 사용에 기인한다고 하는 주장과 일치하는 것이며, 이는 테러리즘이나 폭력사용 양태에 대한 주권국가 간의 인식 차이에 그 뿌리를 두고 있는 것이다.

국가 간 인식의 차이는 테러리즘이란 폭력사용 현상에 대한 시각에 있어 한 사람의 테러리스트, 다른 한편에서는 자유의 전사가 되고 있는 현실을 의미한다. 이같이 동일한 현상에 대한 비대칭적이고 이중적인 사고의 존재는 일부 주권국가로 하여금 테러리즘을 정치목적 달성을 위한 합리적 도구로 간주하고 사용하는 사태를 초래하는 경향을 가져왔고, 동시에 정치목적 달성의 도구로서 테러리즘의 마키아벨리안적수용을 유발하게 되었다.

과거에는 일부 국가에 의해 테러리즘이 정치목적 달성의 전략적 도구로 수용되어 국가들에 의한 테러리스트 단체에 대한 무기·자금·피난처 제공과 같은 다양한 양태의 직·간접적인 지원을 야기하기도 하였다.

69
환경적 원인과 테러리즘

먼저 정치환경과 테러리즘의 원인을 논함에 있어서는 대략 세 가지 측면, 즉 강대국의 등장, 정치적 부패 및 정치적 불안정의 문제가 논의의 대상이 되는데, 몇 가지로 나누어 보면 아래와 같다.

첫째, 제2차 세계대전 후 강대국의 등장을 들 수 있다.

강대국의 지배논리 하에서 약소국가는 자신들의 의사에 반해서 정치적 해결이 되어 갈 때 이들은 공식적이고 직접적인 군사력에 의해서는 대항할 수 없거나 그것이 불가능하기 때문에 비공식적이고 간접적인 폭력에 의해서 대항할 수밖에 없는 환경에 놓여있다고 본다.[24] 대부분이 약소국가로 형성되어 있는 제3세계 국가들이 기존 국제질서를 파괴하거나 영향을 미칠 수 있는 방법으로 저수준의 폭력사용 양태인 비군사적·비정규적인 테러리즘을 사용한다.

둘째, 정치적 부패이다.

정치가 부패하였다 함은 정권수립자 또는 정권의 주요부분을 담당하는 공무원들이 자신의 개인적 이익을 위하여 그 권한의 일부를 부당하게 또는 불법적으로 행사함으로써 공익을 배반하는 사례가 빈번할 때 사용되는 말이다. 정치적 부패현상은 다시 입법적 부패, 사법적 부패 및 행정적 부패로 구분하여 생각할 수 있으나 넓은 의미에서는 인사관리, 공공사업투자 등의 과정에서 특권층의 사람들이 주어진 권력을 부당하게 행사하여 불법한 처사를 행하는 경우까지를 포함하는 것으로 보아야 할 것이다.

셋째, 정치적 불안정이다.

정치적 불안정이란 정권이 자주 바뀌어 정부의 시책이 일관성이 없어지고 그 결과로서 국가가 안정성을 상실하게 된 상태를 일컫는 말이다. 정치가 불안정한 시기에는 행정부 및 사법부의 법적 통제력이 그 기능을 제대로 수행하지 못하게 되고 결과적으로 국민들은 국가의 통제, 지도 및 단속 등을 기피하거나 가볍게 생각하여 쉽게 범법행위를 저지르게 되고 범죄의 내용면에서도 점차 흉포화되는데, 이로써 정치적 부패나 불안정은 테러리즘의 발생과 밀접한 상관관계를 가지게 되는 것이다.

한편, 경제적 환경과 테러리즘의 관계에 관한 문제는 크게 경제변동과 경제적 빈곤으로 나누어 고찰할 수 있다.

첫째, 경제변동은 경제의 발전적 변동을 말한다. 경제적 발전이란 일반적 경제여건의 발전을 의미하며 보다 구체적으로는 농경사회로부터 상공업 사회, 즉 자본주의 사회로의 변화를 일컫는 말이다. 경제적 발전은 국민경제의 구조적 변화와 더불어 사회 각 분야의 생활관계를 크게 변화시켜 놓았으며 자급자족 경제로부터 상품경제로의 변화는 국민소비수준을 향상시켰으나 자본주의의 정착과정에서 나타난 여러 가지 모순, 즉 인간의 생산수단화로 인한 인간의 도구화와 인간소외, 노동조건의 악화에서 기인한 국민보건 위생의 열악, 생산경쟁 과정에서 부녀자 및 미성년자고용으로 인한 휴머니즘의 타락, 부의 편중으로 인한 빈부의 격차심화, 경제 불황으로 인한 실업자의 발생 등은 각 계층의 갈등을 한층 심화시켜 놓았다.

둘째, 경제적 빈곤과 테러리즘의 관련성 문제에 대하여는 경제빈곤이라는 그 자체가 직접적인 테러리즘의 원인으로 작용한다기 보다는 빈곤으로 인한 욕구충족 수단의 제한이나 좌절 등 일련의 악조건 때문에 비로소 그러한 현실적 여건이 테러리즘의 원인으로 작용할 수 있다는 것이다. 그러므로 테러리즘이란 빈곤의 종국적 결과로서 목표달성을 위한 합법적 수단이나 방법을 상실한 사람들 중에서 법질서의식은 철저하게 빈약하지만 성공목표에 대한 집념이 강한 사람들에 의하여 저질러진다고 보아야 할 것이다.

또한, 사회적 환경과 테러리즘의 원인과의 관계에서는 국내·외의 사회환경이 직·간접으로 테러리즘의 발생 요인으로 작용하게 되는 것이다.

첫째, 고도의 산업사회화, 도시화, 관료화 및 대조직화로 이루어지는 과정에서 인간의 가치는 낮아지고 급속한 기술개발에 따른 인간의 미래에 대한 불안과 불확실성, 부도덕성, 인간소외에서 초래되는 파괴충동이 테러리즘의 한 원인으로 작용한다는 것이다.

둘째, 도시화와 새로운 과학기술의 발전현상이다. 도시화 현상은 개방산업사회에서 테러분자들이 선호하는 주요 공격 목표물들을 도시에 집중시켜 놓았으므로 큰 위협을 받게 되었다. 아울러 과학기술의 발달로 강대국에 의해 고성능의 현대식 무기가 양산되어 테러분자들이 필요로 하는 무기를 손쉽게 구할 수 있게 되었으며, 교통 및 통신수단의 발달은 테러분자 상호간 정보, 기술, 무기, 훈련 등의 협력체계를 가능하게 하였으므로 테러조직들간의 정치적, 사상적 친화력이 강화되었다. 특히 매스미디어의 발달은 발생된 테러행위를 전 세계적으로 전달 가능케 함으로써 새로운 테러리즘에 대한 영감을 제공하고 있다.

셋째, 국제화 시대에 따르는 국제협력의 미비이다. 국제화 흐름에 따라 각종 국제행사나 회의 및 여행 등을 통하여 초국적 테러분자들의 공격목표가 점차 확대되고 있으나 복잡하고 다양한 각국의 정치·경제적 이익추구로 인한 단절 현상이 초국가적 테러 대응에도 장애가 될 수 있다.

70
사상적 원인과 테러리즘

테러분자들이 목적달성의 수단으로서 테러라는 폭력수단을 수용하고 있는 이유는 폭력만이 세계를 보다 더 나은 곳으로 만들 수 있다는 정치사상을 믿고 있기 때문이다.

테러분자들에게 이러한 폭력사용의 정당성을 제시해 줌으로써 영향을 미친 정치사상은 고도 선진산업사회에서 인간성 회복을 위한 폭력의 사용은 제3자에 의해서 비판되어질 수 없는 신성한 수단이라고 주장한 마르쿠제(Marcuse)의 정치사상과 폭력수단인 테러의 구체적 사용에 대한 전략·전술을 제시한 브라질 공산주의자인 마리겔라(Carlos Marighella)의 정치사상이 있다. 이 외에도 테러사용을 촉진시키고 합리화시켜주는 정치사상은 무정부주의(Anarchism), 허무주의(Nihilism), 나치즘(Nazism), 파시즘(Facism), 스탈린주의(Stalinism), 모택동주의(Maoism), 트로츠키주의(Trotskyism), 카스트로주의(Castroism) 등이라고 할 수 있다.

파농(Frants Fanon)은 그의 저서 「대지의 저주받은 자들(The Wretched of The Earth)」에서 불평등의 시정방법으로서 폭력사용을 강조, 폭력은 식민지 통치로부터 해방방법일 뿐만 아니라 피지배계층의 열등감과 절망 및 나태를 해소시킬 수 있으며 두려움을 없애고 자존심을 되찾을 수 있는 정화의 수단이 된다고 주장하였다. 이 책의 서문을 쓴 사르트르도 동일한 관점을 제시하였는데, 이러한 파농의 폭력사상은 자유세계의 좌경지식층과 민권지도자들 및 제3세계에 커다란 자극제가 되었다.

테러리즘은 민족주의의 강력한 출현, 또는 종족갈등에서 기인한다고도 볼 수 있다. 주로 종교적이며 민족 간의 갈등에서 생기는 폭력을 말하는 것으로서 이러한 유형의 폭력과 테러는 이미 1960년대부터 1970년에 거치면서 오늘에 이르기까지 폭력으로 나타나고 있다고 볼 수 있는 것이다. 이는 대형화하고 집권화된 사회로 이행함에 따라 인종, 종교 및 지역집단들의 동질의식과 단결의식이 강화되고 이에 따른 기대의 불균형 및 성취를 달성하는 가장 빠르고 극단적인 방법이 폭력사용이라는 인식과도 연결되어져 있는 것이다. 이러한 폭력사용은 주로 종족을 달리하는 문명 간의 문제였으며 그 대표적인 것은 동남아시아 화교문제, 흑백인종문제, 팔레스타인문제 등이다.

제2차 세계대전을 지나면서 제국주의와 식민주의에 반대하는 국가에서의 폭력과 테러가 오늘날 테러리즘에 적지 않은 영향을 주었다. 식민지적 세력의 투쟁과정에서 이러한 테러리즘이 터득되었다고 볼 수 있으며 우리나라에서도 해방 직후 정치투쟁 과정에서 크고 작은 테러가 발생하였다.

벨(J. Bowyer Bell)이 주장하고 있는 것으로 과거 성공적인 게릴라전과 테러리즘의 양상이 하나의 신화를 형성하게 되어 특정목표를 달성하는데 가장 빠르고도 효과적인 수단은 테러리즘의 전술을 사용하는 것이라는 사조가 형성되었다는 것이다.

젊은층은 인간의 의지에 의하여 현존하는 불균형과 비리를 즉시 퇴치할 수 있다고 확신하는 급진적인 이상주의 논리를 가지는 경향이 있는 바, 이러한 급진적 이상주의가 테러리즘의 원인으로 작용하는 경우가 있다.

71
테러범의 일반적 심리특징

성격이란 그의 행동과 특징을 결정짓는 선천적인 관념, 구성적·정서적·의욕적 제 기능과 성향의 조직을 통하여 표현되는 전체적 개성을 말한다. 따라서 성격은 인간의 사고활동·의지활동·행동과정 등을 총합하며 한 개인을 전체적으로 대표하는 것이다. 그러므로 일반인과는 상이한 심리현상을 보이는 테러범의 성격을 면밀히 분석하면 테러집단의 성향을 추출할 수 있으며, 이를 토대로 하면 대테러 정책의 방향설정에도 도움을 얻을 수 있다. 이하에서는 일반적인 테러범들의 심리특징에 관하여 살펴보기로 한다.

첫째, 허무성이다. 테러리스트들이 테러집단 속에서 생활하며 느끼게 되는 만족감은 매우 다양한 이유에서 나오게 된다. 전 테러집단의 일원이었던 바우만(Baumann)의 증언이 그 동기를 알 수 있게 해 주는데, 우리는 그 증언 속에서 그러한 테러단체에 속하게 되는 불안정성과 그 속에서 삶이 주는 허무성이라는 심리적 특성을 발견해 낼 수 있다. 즉, 현재의 생활로부터 테러가 수반하는 보다 위험한 생활로 뛰어들면서도 여전히 현재의 생활이 가능할 것이라는 느낌과 새로운 성원들은 견디기 힘든 집회와 임무에서 일종의 '자유'같은 것을 찾으려는 심리현상이다.[25]

구체적으로 테러집단에 머물러 있는 테러리스트들의 이유를 들어보면 그 집단의 주장과 생활이 좋다고 하는 주요한 동기를 찾을 수 있다. 즉 그들은 견딜 수 없는 모든 일상적인 관례나 관습으로부터 완전히 해방되어 있으며 어떠한 의무나 소유물도 갖고 있지 않기 때문에 행복한 시간을 가질 수 있다고 한다. 그러나 테러집단에 있어 테러리스트들의 유랑자적 생활태도가 언뜻 보기에 강한 인상을 지닌 듯이 보이지만 그들의 실생활에서 나타나는 허무성은 결코 배제할 수 없는 한 부분인 것이다.[26)]

둘째, 배타성이다. 테러리스트들에게 빈번히 발견되는 심리적 특성 중의 하나로 지적되는 것은 외부세력에 대한 강한 거부반응이다. 이러한 배타성은 테러리스트의 전형적인 심리특징으로 전통적인 사회에 대항하는 데 강한 기초를 이루게 되고, 바로 이 외세를 싫어하는 기질이 특별한 경우에는 급기야 테러집단을 이루기도 하고 결정적으로 폭발해 무자비한 테러로 자행되는 것이다.[27)]

셋째, 무감각성이다. 일반적으로 테러리스트들은 그들이 자행한 폭력사태에 관해서는 오히려 무감각하고, 이념적인 고통이나 불의에 대해서는 마치 혁명가나 사회개혁론자인 것 마냥 과민증세를 보인다. 그러나 테러리스트들은 그들이 실행한 행위에 대해 무감각하게 생각하는 것과 달리 쓰라린 고통을 맛보게 했던 바로 그 세상에 둘러싸여 있는 것임을 생각지 못한다.

넷째, 가학성이다. 테러리스트들이 과연 그들 스스로에 대해 어떠한 평가를 내리는가에 관한 많은 이론적이고도 분석적인 자료를 보면 그들의 근원적인 심리특징을 끄집어 낼 수 있다. 가학적 심리는 그중의 하나로, 자신들의 인상을 심을 수 있고 또한 공포감을 유발시킬 수 있는 것이라면 닥치는 대로 온갖 모험적 폭력을 실행함으로써 일종의 쾌락을 느끼는 심리현상을 말한다.[28)]

72
테러범의 정신병리적 특징(1) 정신분열증

정신분열증은 우리가 흔히 볼 수 있는 정신병의 일종으로서 무감동하고 무표정한 정서장애가 수반되어 비현실적 행동이 나타나서 현실과 조화를 이루지 못하고 유대가 단절되어 좀처럼 적응하기 힘든 증세를 보인다. 특히 이 증세는 현실을 올바르게 파악하지 못하는 사고의 장애를 볼 수 있는데, 이에 따라 현실을 곡해하게 되고 또한 환각과 망상에 빠지게 된다. 기분은 불규칙적으로 변화하고 주로 양가감정(Ambivalence)[29)]을 이루어 정서적 불안정을 초래한다. 이런 병은 유전될 수도 있고, 분열가정·결손가정 등 후천적 생활환경의 영향으로 발병할 수도 있는데, 특히 부모 간에 불신과 갈등이 심한 가정출신자들에게 많이 나타난다. 그리고 사회적 시대적 조건과 연결되어 발병하기도 하는데 신체적으로는 주로 세장형 중에 많은 편이다.

독일의 크래페린(E. Kraepelin)은 이 병이 유아기나 청소년기에 흔히 발병하여 뇌의 심한 황폐화현상이 나타나는 것을 발견하고 정신분열증을 단순형·긴장형·파괴형·망상형으로 분류하기도 하였다.

첫째, 단순형 환자의 특징은 대인관계가 원만하지 못하고 주의력이 부족하여 직무능력이 부족하고, 사람을 기피하거나 때론 냉담하며 선입견에 사로잡혀 현실을 왜곡하기도 하며, 막연히 불안해하거나 평안하고 안정된 태도를 갖지 못하고 기쁘고 슬픈 정서표시는 거의 하지 못하거나, 매사에 까다로우나 격한 감정의 폭발로 인한 공격성은 없는 편이다. 시간의 경과에 따라 일관성 있는 사고가 중단되거나 망상의 현상으로 인해 사고의 흐름이 전혀 관계없는 것으로 비약되는 경우가 있으며, 지적 능력이 쇠퇴된다. 따라서 외부사회와는 단절된 채로 목표없이 살아가므로 자기 나름대로의 세계에 미온적으로 생활해 나갈 뿐이며 일반적 공감을 얻지 못한다. 이런 현상으로 볼 때 이들이 부랑자, 폭력범죄자는 될 수 있지만 과연 조직형태가 다양한 테러집단에 가입하여 집단행위 목표를 수행할 수 있을 지는 의문이다. 그러나 단독범으로서 돈을 요구하는 범죄테러나 인질납치형의 테러는 범할 가능성을 배제할 수 없다.

둘째, 긴장형은 갑자기 발병하며 흥분과 혼미상태가 교차되어 마음이 전혀 예측할 수 없을 정도로 급변하는 경우이다. 또한 근육운동에 장애가 일어나 신체의 불필요한 움직임을 나타낸다. 나타나는 현상으로는 함구증과 근육운동의 연체가 생기거나, 동굴 속처럼 어두컴컴하거나 구석진 곳으로 들어가는 서거증, 모든 것을 거절하는 거절증과 표정이 딱딱하게 굳어있는 현상 등이 나타난다. 흥분상태에 있을 때는 극단적으로 파괴적이기 때문에 옷을 찢거나 기물을 부수기도 하고 남과 가족에게 폭행, 상해를 입히기도 한다.

이러한 증세는 외부도전에 의하여 행동이 지배되기 때문에 일어난다. 또한 자기 나름대로의 환각, 망상, 공포를 경험하는데 그 내용은 사이비종교의 교주처럼 자신을 신격화하거나 신과 대화를 하는 등 과대망상에 빠지기도 한다.

셋째, 파괴형은 다른 분열증에 비하여 심한 퇴보증상과 더불어 무질서하고 원시적인 말과 행동을 한다. 감정의 부조화로 잘 흥분하기도 하고 번갈아 눈물을 흘리는 상태가 나타나며 환청과 환시, 착각과 망상 등이 더욱 뚜렷하고 생생하게 나타난다. 꾸짖는 소리, 큰일을 하라는 명령의 소리를 듣기도 하고 일시적이지만 '몸에 피가 멈췄다. 위장이 없다'고 중얼거리는 등 체계없는 망상에 사로잡히기도 한다.

이들은 때때로 폭발적인 웃음을 짓기도 하고, 행동은 현실과 유대가 단절되고 공상 가운데 사로잡히기 때문에 이상한 몸짓, 방뇨, 방분, 혼자 중얼거림 등의 모습이 나타난다. 이러한 망상이 종교적 과대망상으로 나타나면 내세를 경험한 듯이 말하기도 하고, 신의 음성과 모습을 듣고 보기도 하는 환각이 나타나 괴상한 행동을 보이기도 한다. 중동의 테러범은 마약으로도 환각이나 망상을 체험한다고 하는데, 회교신봉자로서 가담하고 있는 테러범들이 하시시(Hashish)[30]를 복용하고 테러를 자행하는 것으로도 보고되고 있다.

넷째, 망상형은 망상을 가장 큰 특징으로 하는데, 예를 들면 무관한 사실을 자기와 연결시켜 관계를 만드는 관계망상, 자기가 남에게 피해를 입고 있다는 피해망상, 자신의 중요성을 지나치게 확대하여 왜곡시키는 과대망상 등을 들 수 있다.

특징은 표정의 유연성이 없고, 공격적 태도를 취하기도 하며, 마치 성난 사람처럼 험한 인상을 준다. 그리고 의심이 많고 남을 적대시하고 남과 다루는 일이 많으며 매우 심각한 표정을 한다. 그의 생활은 현실보다는 망상과 환각에 지배되기 때문에 판단력이 빈약하고 상식적으로 괴이한 행동을 한다. 이러한 망상이 파괴형과 같이 종교적 색채로 나타나면 신의 표정을 볼 수도 있고 음성을 듣기도 한다고 착각하게 된다.

테러범들은 이러한 망상이 하나의 신념으로 결합되어 과장된 공격적 특성을 갖기도 한다. 예컨대, 1983년 12월 12일 쿠웨이트에서 여섯 개의 장소에서 동시에 자살폭발사건이 발생하였는데, 여러 가지 자료에 의하면 알라신을 믿는 회교도들의 지하드정신으로 보고 있으며, 이것은 알라신의 성전에 나가 싸우다 죽으면 천국에서 영생할 수 있다는 신념에 기인하는 것으로 보고 있다. 과대망상형은 신(神)을 믿는 광신도들에게는 자살테러행위가 순국이고 순족이며 곧 영생하는 순교라는 확신적 이론에서 상상할 수 없는 테러행위가 잠재되어 있다고 하겠다.

73
테러범의 정신병리적 특징(2) 조울증

조울증은 정서상태의 격심한 변화에서 오는 정신질환으로서 사고나 행동에 심각한 영향을 주어 종잡을 수 없는 증세의 특징을 가지고 있다. 이 병은 두 가지 유형으로 구분할 수 있는데, 조증과 울증으로 나눌 수 있으며, 조증과 울증이 교차되며 나타나는 순환을 그 특징으로 한다.

사고와 행동에 있어서 지나칠 정도로 박약, 또는 감소를 보이는 장애이며, 감정 면에 있어서도 병적으로 흥분하는 동시에 근육운동의 활동이 없어지고 이에 따르는 말과 행동에 심각한 변화를 가져온다. 그러나 사고나 행동, 감정의 신체적인 조화는 잃지 않고 있으므로 정신분열증처럼 인격의 분열상태를 보이지는 않는 점이 또 하나의 특징이라고 하겠다. 이 조울증은 지속적으로 나타나는 것이 아니면 대개 일정한 기간을 두고 발작하는데, 발작이 없을 때에는 비교적 정상적인 생활을 할 수 있다.

이런 환자는 대개 지식수준이나 사회경제수준이 높은 계층에 많다. 조울증은 크게 조증형과 울증형으로 분류하고 조증형은 다시 경조증·급성조증·정신착란성 조증으로 나누어진다.[31]

조증형은 대체로 가벼운 형의 정신병으로서 전문인도 정상인과의 구별이 곤란할 정도로 아주 약한 증세를 나타내는 정신질환이다. 환자 자신은 매우 사교적이고 정력적이며 왕성한 활동을 하고 자신감에 넘쳐 있으며, 생각이 풍부하고 유창한 언어를 구사한다. 그러므로 자기가 세상에서 최고라고 생각하며 우쭐댄다. 그러나 그 사고나 행동을 가만히 관찰해보면 매우 유치하고 충동적이며 또한 사소한 일에 실망하고 우울해하며 심하면 자학한다.

급성조증은 몸과 마음이 흥분되어 있고, 감정의 기복이 심하여 웃다가 울기도 하고 우울해 할 때가 많다. 사고와 말이 빨라지며 아무리 분주해도 즐겁고 명랑하며 자신의 행복감과 위트에 도취되어 있다. 이러한 환자는 친절하면서도 공격적인 면이 있으며, 과대망상에 사로잡혀 자신의 능력을 과대평가하고 지나친 자신감을 갖는다. 자기의 행동결과나 비행에 대해 양심의 가책을 느끼지 않는다. 자기의 독특한 스타일대로 생활하기 때문에 대인관계에 협동을 이루지 못하고 고집만을 내세워 다른 정신병과 달리 신체적·정신적 고통에 매우 민감하다. 정신착란성 조증은 몹시 흥분되어 상기되어 있으며 특이한 것은 허탈웃음이 일정한 시간 동안 계속 그치지 않는다. 착란이 시작되면 갑자기 말의 소리가 빨라져 듣는 사람이 이해할 수 없고 횡설수설하게 된다. 때로는 옷을 찢기도 하고 가구를 파괴한다든지 타인에게 폭행과 상해를 입히기도 한다. 심한 경우에는 흉기로 살인을 범하는 경우도 있다. 이 정신병은 별로 많지는 않지만 피해망상과 과대망상이 있으며 발작시에는 기억력이 저하된다.

울증형은 조증형과는 달리 매사에 흥미와 관심을 잃고 몹시 우울해한다. 매우 침체되어 있고 희망과 좌표가 없으며 절망적이고 낙담적인 정서반응을 보인다. 근심, 걱정을 하고, 정신력이나 운동력이 지체되어 무감각하고 자극에 반응이 둔하다. 이 병은 현실을 망상적으로 왜곡하고 있으며 자기질책과 자기무가치성, 그리고 허무주의적 사고가 그 특징으로 나타난다. 심한 우울증에 있는 사람은 자살할 위험성이 많다. 그러나 이들은 자살에 앞서 가족의 목숨을 끊고 이른바 동반자살을 기도하거나 불특정인을 대상을 하는 인질극을 벌이는 경우도 있다.

74
테러범의 정신병리적 특징(3) 정신병

정신병을 심리학적 측면에서 세분화하여 보면, 공격적 인격, 냉정적 인격, 자기중심적 인격, 이변적 인격으로 구분할 수 있다.[32)]

첫째, 공격적 인격이란 말은 막연히 넓은 개념이지만 여기에서 고찰하고자 하는 것은 어떠한 노력이나 치료 또는 교정을 하여도 그 해결이 불가능하여 교정책을 제시할 수 없는 다음과 같은 것을 말한다.[33)]

욕구충족이 저지되거나 어떤 원인에 의해 통제기능이 약화될 때 일어나는 만성적인 자기 파괴의 한 형태이다. 이러한 상태는 자기의 공격성을 행동화함으로써 자신이나 가정 또는 사회의 공공질서를 파괴하는 손해를 가져올 수 있다. 이러한 공격행동은 그 행동이 자기에게 행하는 경우, 타인에게 행하는 경우, 계속적이거나 순간적인 경우 등 여러 형태로 나타날 수 있다. 이러한 공격성의 요인으로는 정신장애, 자기의 감정을 조절하지 못하는 미성숙 인격, 알코올이나 기타 독극물 중독으로 인한 환각에 의한 영향, 군중심리나 공황상태와 같은 심리 등이 고찰될 수 있다.

둘째, 냉정적 인격은 인륜에 관한 지식이나 지능 면에서는 보통사람과 별 차이가 없는 것으로 생각되지만 과도히 잔인한 행위를 태연히 행하는 점에서 구별된다. 그들은 도덕관, 동정심, 수치심 등이 완전히 결여되어 있는 것이 특징이라 할 수 있는데, 이러한 사람들은 사회적 인격 결함자라고 할 수 있다.[34)] 다시 말하면 사회규범에 비추어 용납될 수 없는 행동이며 사회악으로 간주되는 공격행동이다.

냉정적 인격은 유전적 소질이나 체질적으로 본래 냉혹성을 갖고 태어난 경우와 인성교육의 결함으로 양심 부족의 비도덕적 인격으로 형성될 수도 있다. 냉정적 인격은 정신적 미성숙의 단계로서 자기중심적 인격이나 전환신경증적 성격이라 불리는 격한 감정 상황의 이면에 있는 잔혹성이 정신발달에 지체 내지 퇴행을 가져오게 한다.

셋째, 자기중심적 인격의 기본적 특징은 연령에 상응하지 못하는 정신적 미성숙에서 초래한다고 할 수 있다. 이러한 미성숙은 인지면, 감정면, 그리고 의욕면 등 여러 가지에 대한 양상을 토대로 범죄 내지 테러와의 관계를 가진다고 볼 수 있다. 인지면에 있어서 자타의 구분이 곤란한 단계이고, 타인은 자기의 연장선으로 밖에 인정하지 않으며, 자기본위적 사고와 방법이 남을 생각하지 않고 자기 마음대로 욕구충족을 하려고도 한다. 욕구가 좌절될 경우에는 유치하고 미숙한 행동양식으로 퇴행하여 원시적 반응을 일으키는 인격이다. 또한 자기의식이 지나치게 확장되어 남에게 피해를 주고 무고히 남의 일에 개입하여 좌지우지하려고 한다. 이와 같은 행동양식은 사회규범으로부터 이탈되어 저촉되기 쉬운 것은 당연한 것이다. 한편 정신발달의 미숙으로 인하여 통제기능의 약화로 감정표출의 기복이 심하며 자기중심적 인격이 표출하는 정서반응은 범죄나 테러와 통합되어 감정의 격화와 착잡한 감정의 상태를 만든다.

자기중심적 인격은 그의 인지양식의 특질로서 타인과의 대등한 관계를 만들기 어렵기 때문에 상대방을 굴복시키기도 하고 자기를 위해 이용하기도 하고, 또 한편으로는 의존하기도 하며 때로는 위협과 공포를 주어 위축시키기도 한다. 말하자면 자기현시 욕구와 의존적 욕구의 과대 혹은 외계에 대한 과도한 능력성과 수동성, 이러한 특질의 기묘한 대조와의 합체가 범죄나 테러를 유발시킬 수 있다는 것이다.

넷째, 이변적 인격은 넓은 개념으로 의지 불안정자 또는 의지박약자에 해당하는 경우이다. 기본적 특징은 주체성 혹은 개체성의 결여, 자기통제력의 약화라고 하겠다. 사회적 측면에 있어서는 공과 사를 분명히 구분하지 못하고 즉흥적 감정에 좌우되며, 그러한 행동의 근저에는 올바른 활력이 결여된 원시적 충동의 충만과 분투의 심층이 가득 잠재되어 의식계에서 작용한다.

발달심리학적인 측면에서는 아직 자아발달의 미분화로 유치하고 미숙한 단계를 벗어나지 못하여 자아관리, 자아통제 등이 잘 되지 않는 것이 특징이라 하겠다. 또한 행동면에 나타나는 특징으로서는 일관성이나 지속성이 결여되고 상황이나 자극에 즉응하는 행동, 피암시성, 내면적인 깊이의 결여, 전반적 상황에서 나타나는 기분본위의 사고, 감정의 사교성, 부화뇌동, 즉흥적 감정에 영합되는 행동을 그 특징으로 한다. 이러한 심리가 범죄나 테러행위를 일으키는 심리적 동인이 될 수 있다.

75
조직테러범의 학습심리

조직테러는 학습을 기본으로 한다. 학습이란 유기체가 환경에 적응하여 가는 과정으로서 새로운 기술·태도·사상 등을 자기의 것으로 만드는 것을 의미한다. 게이츠(A Gates)는 학습을 '경험·훈련에 의한 진보적 변용'이라고 주장하였다. 인간은 학습과 훈련에 의하여 적절한 테러범으로 조작될 수 있다는 것이 학자들의 견해이다.[35]

지금까지 있어왔던 테러범 중 상당히 악명 높았던 베네수엘라 출신의 '카를로스'가 직업적 테러범으로 명성을 날린 것은 그가 세계 최고 수준의 테러학교인 쿠바의 하바나, 소련의 모스크바, 중동의 PFLP에서 철저한 테러교육을 받았기 때문이라고 한다.[36] 테러를 목적으로 특별히 학습된 테러범들은 다음과 같은 심리적 특성을 갖는다.

테러범들은 학습으로부터 오는 선입관을 갖게 되고, 이 선입관에 의해 사고방식이 고정화되고 형성화된다. 또한 조직테러범들의 편견은 옳은 지식이나 의견·사상 등을 수긍하고 있으면서도 그 사상이나 의견을 받아들이는 태도가 그것을 용인할 수 없을 정도로 고정되어 있는 개념이다. 조직테러범들은 조건반사 학습으로 그들대로의 이념이나 사상적 편견을 만들어 살인·파괴·약탈·방화를 정당화한다. 가치관 역시 학습된 테러범들에게는 그들의 테러행위가 정당하다는 가치관만을 갖도록 조작된다. 이처럼 조직테러범은 학습화된 내면적 신념의 확신범이라고 할 수 있다.

76
사이버테러리즘의 개념과 정의

첨단 정보통신기술을 이용해 물리적 세계가 가상의 세계로 전환되어 있는 사이버공간을 무차별적으로 공격하는 행위를 '사이버테러리즘'[37]이라고 한다. 사이버테러리즘의 심각성은 2002년 4월 26일 CIH 바이러스 사건으로 이미 증명된 바 있다. CIH 바이러스 사건으로 국내에서만 1천억 이상의 금전적 손실을 입은 것으로 나타났다.

정보전(Information Warfare)이라고도 불리는 사이버테러리즘은 크게 3가지 유형으로 분류할 수 있다. 첫째는 단순히 개인적으로 활동하는 해커들에 의해 자행되는 것이다. 둘째는 네덜란드의 '트라이던트' 그리고 러시아의 '지하 해킹 마피아' 등과 같은 범죄 조직화된 집단에 의한 것이다. 마지막으로는 정치적·민족적 혹은 종교적인 목적을 달성하기 위해 조직된 단체나 혹은 주권국가에 의해 행해지는 것이다. 이중에서 가장 우려가 되는 것은 세 번째 유형의 집단에 의해 저질러지는 사이버테러리즘이다.

사이버테러리스트들이 노리는 것은 과연 무엇인가? 사이버테러리스트들이 차고의 문을 열어 자동차 한대를 훔치기 위해서 가상공간을 공격하는 것일까? 자신이 컴퓨터 전문가라고 하는 것을 자랑스럽게 알리기 위해서 일까? 만약 이러한 단순한 이유로 가상공간을 공격한다면 이들은 아마추어이고 이들은 단순 범죄자일 뿐이다. 하지만 사이버테러리스트들의 사고방식은 단순 범죄자 집단과 다르다. 그들은 단순히 차고 문을 열거나 개인의 신용카드를 도용하기 위해 가상공간에 접근하는 것이 아니다.

사이버테러리스트들은 국가 기간산업 통제 시스템, 군사관련 통제

시스템, 핵발전소 통제 시스템, 각 은행의 금융 통제 시스템, 항공기 통제 시스템, 철도 통제 시스템 등 국가 전반에 혼란을 초래할 수 있는 공간의 세계를 무차별적으로 공격하고자 하는 것이다. 그들이 노리는 것은 단순한 범죄자들의 그것과는 다른 것이다. 만약 항공기 통제 시스템에 침투하여 민간 항공기의 고의적 충돌을 발생케 한다면, 혹은 핵무기 통제 시스템에 침투하여 핵무기가 발사되도록 한다면, 과연 그 결과는 어떻게 되겠는가? 핵발전소 통제 시스템에 침투하여 핵발전소가 파괴된다면, 그리고 도시가스 통제 시스템에 침투하여 평화롭게 잠들어 있는 도시 전체를 화염에 휩싸이게 한다면 그 결과는 어찌될 것인가? 사이버테러리스트들이 이러한 가상공간에 침투하여 전 세계를 혼란과 죽음의 세계로 만들 것이라고 하는 것은 현실적으로 발생 가능한 시나리오이다. 불행하게도 소설 혹은 영화 속의 이야기가 아니다.

사이버테러리즘 수법도 점차적으로 고도화되고 있다. 멀리 떨어진 곳에서 사용자의 ID나 비밀번호를 알아내는 스니핑(Sniffing), 전산 시스템의 운영권을 완전히 장악하는 스푸핑(Spoofing) 등은 보편화되어 있고, 강력한 전파를 발사하여 전산망의 정상적인 작동을 파괴하는 전파무기도 실용화된 상태라는 것이 전문가들의 진단이다. 실제 아일랜드공화국군(IRA)이 이러한 수법을 사용하여 런던 금융가를 공격하려는 계획을 수립한 적이 있다고 알려져 있다. 전자기 폭탄의 이용도 예상되고 있다. 강한 전자기를 발생하는 이 사이버 폭탄은 국가통신 시스템, 전력, 물류 등의 사회구조를 순식간에 무력화시킬 수도 있다는 것이 전문가들의 지배적인 견해이다.

사이버테러리즘이 앞으로 인류의 시급한 문제가 되리라고 예상하는 것은 그리 어려운 일이 아니다. 특히, 사이버테러리즘이 가지고 있는 특성으로 인해 문제가 점차 확대될 것이 분명하다. 사이버테러리스트들은 그들의 목적을 달성하기 위해 트럭에 폭탄을 싣고 공격 목표물을 향해 돌진할 필요가 없다. 비행중인 항공기 폭파를 위해 미사일을 발사할 이유도 없다. 국방관련 기관에 침투하기 위해 특공대를 조직하고 중무장하여 침투할 필요도 없다. 테러리즘을 자행하는 동안에 목숨을 잃을 염려도 없고 체포될 염려도 없다. 사이버테러리스트들은 수천 킬로미터 떨어진 그들의 은거지에서 발견되지 않고 원하는 공격 목표물을 정하고 공격할 수 있다.

사이버테러리즘이 심각한 문제로 등장하자 각국은 대책 마련에 고심하고 있다. 그러나 사이버테러리즘에 대한 대책을 마련하고 시행하는 것은 단순한 문제가 아니다. 그 대책은 다음과 같은 요소들을 고려해야 할 것이다. 첫째, 기존의 대테러 정책의 부분적 보수를 통해서 사이버테러리즘에 대항할 수 없다는 것이다. 사이버테러리즘에 대응할 수 있는 새로운 대책을 마련해야 한다. 둘째, 과거와는 다른 정보공유 체계를 갖추어야 한다. 사이버테러리즘에 노출되어 있는 기관, 그리고 국제사회와 신속한 정보공유와 교류가 이루어지도록 해야 한다. 누군가가 경험한 사이버테러리즘 수법은 곧 낡은 수법이 되고 마는 세계에 살고 있다는 것을 명심하고 새로운 정보의 교류에 적극적으로 나서야 한다. 셋째, 사이버테러리스트의 시도가 실패로 돌아간다고 하더라도 그 사이버테러리스트가 체포되었거나 죽지 않았다는 사실을 기억해야 한다. 그는 새로운 기법을 통해 내일 또 다시 죽음의 그림자를 드리우기 위해 컴퓨터 앞에 앉을 것이라는 것을 잊어서는 안 된다.

사이버테러는 사이버 상에서 발생한 테러사건이라는 점에서 전통적인 테러의 개념을 먼저 살펴보면 현재까지 국제적으로 정립된 테러의 개념은 없다고 할 수 있으나 미국·일본·영국·독일 등 각국의 대테러 관련법 또는 국제협약 등이 정의한 내용을 보면 대체로 정치적 목적이나 동기를 가지고 있고, 미리 계획되고 지속성을 가진 사건이며, 공포심을 수반한 폭력의 사용이나 위협이 따른다는 공통되는 요소를

내포하고 있다.[38)]

테러와 마찬가지로 사이버테러의 정의 역시 국내외 학자별·기관별 주장에 따라 다양하게 정리되고 있다. 예컨대, 법적으로 승인된 권한 없이 사이버시스템에 대하여 폭력, 파괴 또는 방해라는 방법을 고의적으로 사용하거나 사용하겠다고 위협하는 행위를 말하며, 그러한 행위의 결과가 사람이나 사람들의 사망이나 상해, 실제적인 재산에 대한 실질적 피해, 사회적인 혼란 또는 중대한 경제적 피해를 가져오는 경우가 있을 수 있다.[39)] 또한 해킹·바이러스유포·웜 바이러스유포·논리폭탄전송·대량정보전송 및 서비스거부공격·고출력전자총 등 통신망에서 사용하는 컴퓨터 시스템 운영방해행위 내지 정보통신망 침해행위 또는 전자적 침해행위에 의하여 국가적·사회적으로 공포심 내지 불안감을 조성하는 행위[40)] 등도 포함된다.

일반적으로 컴퓨터나 네트워크를 통해서 각국의 국방·치안 등과 관련되는 컴퓨터 시스템에 침입하여 데이터를 파괴하는 등의 수단으로 국가 또는 사회의 중요한 기반을 기능부전에 빠뜨리는 행위, 특정한 정치·사회적 목적을 가진 개인·테러집단이나 적성국 등이 해킹·컴퓨터바이러스의 유포 등 전자적 공격을 통해 주요 정보기반시설을 오작동·파괴하거나 마비시킴으로써 사회혼란 및 국가안보를 위협하는 행위, 컴퓨터 통신망상에 구축되는 가상공간인 사이버 공간을 이용한 폭력행위를 가리키는 용어로, 컴퓨터 통신망을 이용하여 정보기관이나 민간기관의 정보시스템에 침입, 중대한 장애를 발생시키거나 파괴하는 등의 범죄행위 등이다.[41)]

77
사이버테러의 공격유형

전쟁을 수행하는데 필요한 무기는 크게 살상무기와 비살상무기로 구분할 수 있다. 사이버테러의 수행에는 주로 비살상무기들이 사용된다. 사이버테러리스트들이 사용하는 비살상무기 가운데 가장 많이 사용하는 무기는 바로 해킹이다. 해커들은 시스템이나 네트워크 취약성을 이용하여 침입을 시도한다. 이들은 시스템의 정상적인 작동을 방해하여 시스템이 사용자가 요구하는 서비스를 처리하지 못하도록 하는 서비스거부 공격을 감행하거나, 백오리피스(Back Orifice) 도구를 이용하여 개인들이 주로 사용하는 개인컴퓨터나 기업체에서 주로 사용하는 서버 시스템을 공격하기도 하고, 주로 유닉스(Unix) 계열 운영체제를 공격하거나, CGI(Command Gateway Interface)의 취약점을 이용하여 웹 서버나 홈페이지를 공격하는 등 다양하고 복잡한 기법을 이용한다.

또 다른 시스템 파괴 수단으로는 컴퓨터 바이러스가 있다. 컴퓨터 바이러스란 일반적으로 컴퓨터에 이상을 일으키거나 파일을 손상시키며 자신을 복제하는 등의 행위를 하는 프로그램을 지칭하는 말이다. 따라서 컴퓨터 바이러스는 우리 주변에 존재하는 미생물적인 살아 있는 생명체가 아니라 컴퓨터 프로그래머가 만든 컴퓨터 프로그램이지만 마치 생명체인 바이러스와 같이 파괴, 감염 등을 행한다고 하여 붙여진 이름이다. 일반적으로 바이러스는 시스템에 피해를 주기 때문에 사이버범죄자들은 다른 시스템을 공격하고자 할 때 바이러스를 사용한다. 현대사회에 있어서 컴퓨터 바이러스에 대한 위험성은 대단히 높다. 교통·운송 체계 등 컴퓨터에 의해 관리되는 세상에서 바이러스가 통제 시스템에 침투하여 고장을 일으키면 상상을 초월하는 결과를 가져오기 때문이다. 바이러스의 특징은 일단 제작, 전파된 바이러스는 퇴치가 힘들어 컴퓨터와 프로그램이 존재하는 한 바이러스는 계속된다는 것이다. 아울러 바이러스는 강한 전파성을 가진다는 특징을 가지고 있다. 일단 인터넷상에 바이러스가 확산되면 순식간에 기하급수적으로 전파된다. 1970년대 처음 발견된 이래 최근에는 하루에도 5~10개씩 새로운 종류의 바이러스가 만들어지고 있는 것으로 알려지고 있는데, 인터넷의 성능과 속도가 향상되면서 그 확산 속도가 더욱 빨라지고 있다.

바이러스는 아니지만 웜(Worm)이나 트로이 목마(Trojan Horses) 등도 비슷한 역할을 한다. 웜은 네트워크에 침입하여 컴퓨터, 네트워크, 그리고 사용자에 대한 정보를 입수한 뒤, 다른 시스템의 소프트웨어적 취약점을 이용하여 해당 시스템에 침투하고, 자신의 복사본을 만들어 또 다른 시스템으로 옮기는 방법으로 컴퓨터의 정상적인 작동을 방해하고, 네트워크 전체를 마비시킨다. 트로이 목마(Trojan Horse)는 정상적으로 보이는 프로그램 내부에 숨어서 시스템이나 네트워크에 피해를 미치는 기능을 하는 코드로, SATAN(System Administrator Tool for Analyzing Networks)과 같은 시스템의 보안 취약성 점검 도구 같은 형태로 위장할 수 있다. 특히, 이러한 도구들은 인터넷에서 쉽게 구할 수 있기 때문에 누군가 시스템 취약성을 찾아 자신에게 메일로 보내도록 수정한다면 공격의 시작점을 찾을 수 있게 된다. 트로이 목마는 자신의 존재를 사용자들이 알아보지 못하도록 작성되어 있을 뿐 아니라 쉽게 탐지될 만한 피해를 입히지 않기 때문에 찾아내기가 매우 어렵다.

트로이 목마의 일종으로, 프로그래머에 의하여 독립적인 프로그램 내에 의도적으로 삽입된 코드의 형태를 가진 논리 폭탄(Logic Bomb)이 있다. 논리 폭탄은 평상시에 아무런 활동을 하지 않고 있다가, 시간,

주파수, 사용자 수, 하드디스크의 여유 공간 등 활동을 위한 특정 조건이 갖추어지면 작동을 개시한다. 트로이 목마가 무조건적 수행이라면 논리 폭탄은 일정한 조건을 주어 범행을 실행하는 것이다.

이 밖에도 특정 조건이 만족되면 동작하는 기능이나 회로를 칩의 일부분에 하드웨어적으로 삽입하는 치핑(Chipping), 개미보다 작은 크기의 로봇으로 적의 정보 센터 등에 살포하여 컴퓨터의 하드웨어를 파괴하는 나노 머신(Nano Machine), 출력 전파를 발생시켜 전자 장비들을 마비 또는 파괴하는 전자총이나, 전자기파를 발생시키는 EMP (Electro Magnetic Pulse) 폭탄 등은 알려져 있지는 않지만 정보전과 사이버 전쟁에서는 무시할 수 없는 무기들이다. 특히 가장 위험한 사이버테러리즘 무기로 불리는 고출력 전자총은 컴퓨터가 전자회로로 이루어져 있어 고출력 전자파를 받으면 오작동하거나 정지된다는 약점을 노린 것이다. 이 무기는 전파체계를 교란시킴으로써 사람에게는 피해를 주지 않지만 국가기간전산망을 일시에 무력화시킬 수 있다. 또 컴퓨터통신은 물론이고, 전화와 방송, 금융거래 등을 일시에 정지시킬 수 있는 파괴력을 지니고 있다. 사이버테러리스트들은 전자총을 목표 컴퓨터가 있는 건물에서 어느 정도 떨어진 자동차 등에 설치해 원격 조정한다. 컴퓨터 보안 전문가들도 외부세력이 컴퓨터망에 들어와 프로그램을 파괴하거나 마비시키는 행위뿐만 아니라 컴퓨터시스템이 전자파에 약한 점을 이용해 특정 정보망에 고주파 전자파를 발사하여 일시에 전산망을 무력화시키는 것을 가장 우려하고 있다.

78
사이버테러체계의 구체적 분류

사이버테러의 체계는 크게 논리 폭탄체계, 웜체계, 컴퓨터 바이러스 체계, 트랩도어(백도어) 체계, 트로이목마체계, 해킹체계, AMCW(Autonomous Mobile Cyber Weapons)체계, 소프트웨어체계, 취약성 분석체계 등으로 분류할 수 있다.

물리적 무기체계의 시한폭탄과 같이 내장된 특정한 임계조건을 미리 설정하거나 명령전달에 의해 상대의 무기체계 및 정보수행시스템에 타격을 가하는 테러용 사이버 무기체계이며 상대의 정보를 파괴, 왜곡하거나 하드웨어·소프트웨어의 동작을 방해한다.

초급 소프트웨어 무기로 상대의 무기체계 및 정보 수집시스템에 직접적인 영향을 미치지는 않지만 자원의 사용을 남용, 자신을 계속 복제하여 정상적인 운용을 마비, 교란하여 무력화하는 교란용 사이버무기체계이다.

컴퓨터 바이러스는 자신을 복제할 수 있으며, 다른 프로그램에 자신을 덧붙일 수 있고 통신선로와 데이터통신망을 통하여 전송되어 전자교환기, 지휘통제체계에 침입하여 무력화시킨다. 미국에서는 컴퓨터 바이러스와 세균을 결합해 생명이 있는 컴퓨터 바이러스를 연구하고 있으며, 이 바이러스는 쓰레기나 기름 찌꺼기에 사는 미생물처럼 전자물질을 먹어치우며, 스스로 번식할 수 있는 컴퓨터 바이러스이다. 컴퓨터 기술의 급속한 발달과 함께 컴퓨터 바이러스도 점차 지능적으로 진화하고 있다.

예를 들어, 2001년에 전 세계를 바이러스의 공포로 몰고 갔던 님다(Nimda)나 코드레드(Code Red)의 경우, 이전까지 접해왔던 일반적인 바이러스들과 달리 웹사이트나 네트워크, 또는 시스템의 취약점을 통해 전파되며, 특히 코드레드의 변형인 Code Red II는 트로이 목마 파일까지 생성하는 등 더욱 지능적인 특징을 보이고 있다.[42]

초급 소프트웨어 무기로 테러 대상자의 정보를 수집·보고하는 등의 비밀임무를 수행하는 스파이를 정보기술로 구현하는 체계로서 재침투를 가능하게 할 재침투 지원체계, 침투사실을 상대의 정보체계 운영자가 인지하지 못하도록 은폐하는 침투은폐체계, 원격지의 명령을 받아서 상대의 정보체계를 마비·파괴·교란시킬 수 있는 오용·남용체계 등으로 구분된다.

트로이 목마체계는 논리 폭탄의 한 변종인 초급 소프트웨어 무기로 불법적으로 상대의 정보체계에 침입하여 첩보·정보를 수집하는데 이용되는 모형으로, 테러 대상의 컴퓨터 시스템에 시스템의 프로그램을 불법적으로 수정하여 해커가 원하는 기능을 수행하도록 하는 프로그램으로 외부적으로는 적법한 프로그램으로서 네트워크를 통하여 무료로 배포하거나, 시중에 판매되는 고급소프트웨어 형태를 지닌다.

이 체계는 사용자가 그 소프트웨어에 숨겨져 있는 특정 명령을 실행시키면 파일삭제, 디스크 포맷 등의 컴퓨터시스템 파괴, 잘못된 연산결과의 제시, 시스템의 고의적인 다운, 시스템의 정상적인 동작 방해, 주요 데이터나 파일 등을 사용자 몰래 외부로 반출, 프로그램의 변조, 불법적인 시스템 관리자의 권한을 확보하는 등의 기능을 수행하는 체계이다.

해킹이란 컴퓨터시스템의 코드를 해독하고 침입방지장치를 무력화시키는 행동을 총칭하는 개념으로 반복적으로 이러한 행위를 일삼는 자를 해커[43]라고 부른다. 따라서 해커들이 저지르는 모든 불법적인 행위들을 전산망 보안침해 사고로 볼 수 있으며, 정보시스템을 물리적으로 파괴하지 않고 개인정보를 무단으로 공개하거나 조작하여 개인을 공격하는 정보테러리즘이다.

이들의 행위는 유형에 따라 해킹체계를 도청으로 패스워드나 ID 등을 알아내는 사용자 도용체계, 운영체계의 취약점을 이용한 체계, 시스템의 구조적 문제점을 이용한 구조적 공격체계, 시스템 또는 서비스의 정상적인 운영을 방해하는 서비스거부 체계 등으로 구분할 수 있다.

AMCW체계는 1996년에 개념이 발표된 것으로 정보체계에 대한 테러용 고급소프트웨어인 차기 사이버 무기체계로 테러 목표를 설정하고 순항하여 특정정보 또는 컴퓨터시스템을 필요한 체계만을 파괴하는 사이버무기이다. 이는 통달거리, 테러 목표, 파괴범위에 따라서 단일 시스템에 단일목표로 상대의 정보를 대상으로 한 소총형, 상대의 패키지를 대상으로 LAN[44] 시스템을 통해 복수목표를 파괴하는 대포형, 상대의 컴퓨터 시스템을 인터넷을 통해 복수목표를 파괴하는 미사일형, 인터넷을 통하여 다수 목표로 하여 네트워크 시스템을 파괴하는 핵폭탄형 등으로 분류할 수 있다.

2011년 3월 4일 10시를 기해 3월 5일 8시까지 국내 정부와 민간 40여개 홈페이지를 대상으로 3차례의 DDoS공격이 개시된 바 있다. 공격방식이 국내 홈페이지만 공격하였고, 악성코드 구성과 공격 시간을 변경할 수 있는 방식으로 하는 등 매우 지능화되었다. 정부는 청와대·국방부 등 국가·공공기관 등 홈페이지에 대한 DDoS 공격시도를 탐지, 발 빠르게 대응함으로써 DDoS공격으로 인해 실제 서비스 장애가 일어나지는 않은 것으로 파악되었다. 당시 1차 공격에 29개 홈페이지, 2차 공격에 40개 홈페이지, 3월 5일 3차 공격에 2개 홈페이지가 공격을 당하였으며, 전체 40개 홈페이지 중 정부기관 24개, 금융기관 9개, 포털·쇼핑몰 4개, 기타 3개 홈페이지가 공격대상이 되었다.[45]

79
해외 독가스 테러사건

1995년 3월 20일 옴진리교[46]는 도쿄 내 주요 관공서에 대한 테러로 일본정부를 일시적으로 마비시키고자 사린가스를 이용한 테러를 자행하였다. 관료들을 몰살하여 정부업무 중단 등 극도의 혼돈상태를 유발함과 동시에 자신들에 대한 경찰수사에서 벗어나고자 하는 목적으로 실행한 것으로 밝혀졌다. 국회 등 도쿄의 주요 관공서가 밀집해 있는 국회의사당앞역과 가스미가세키역이 지나는 3개 노선의 5량의 지하철 승객들을 대상으로 하였으며, 사상자를 높일 수 있고 범죄 후 승객과 섞여 탈출이 용이한 혼잡한 출근 시간대인 오전 8시 경에 독가스를 살포하였다. 2인 1조로 총 5개조를 투입, 조마다 1명이 사린가스가 담긴 비닐 봉지팩을 휴대하고 지하철에 탑승, 우산 끝으로 봉지를 터뜨려 살포한 후 탈출, 다른 1명은 역 밖에서 차량을 타고 대기하다 함께 도주하는 방식을 사용하였다.

밀폐된 공간에서 다수의 사람이 탑승한 지하철에 독성이 높은 사린가스가 누출되었음에도 사망자가 12명으로 그리 많지는 않았는데, 이는 제조 과정에서 테러범들이 자신들의 안전을 위해 아세토니트릴(Acetonitrile)이라는 물질을 합성하여 사린가스 농도가 옅어졌고, 봉지에 우산으로 뚫은 구멍이 크지 않아 누출 속도가 느렸기 때문인 것으로 밝혀졌다. 당시 부상자는 약 6,000명에 달하였다. 아울러, 옴진리교의 마쓰모토 사린가스 살포사건도 있었는데, 도쿄 지하철 테러 1년 전인 1994년 6월 27일 야간시간대 마쓰모토시(市) 길거리에 사린가스를 살포, 7명 사망, 500여 명이 부상당한 사건이었다.

또한, 2017년 7월 29일 호주 당국은 비행기 내에서 급조폭발물을 터뜨려 독가스를 분출시켜 추락을 유도하는 테러를 모의한 레바논계 호주인 4명을 체포하였다. 이들은 해외의 ISIS 고위급 관계자로부터 테러공격을 지시받고 테러를 모의한 것으로 밝혀졌다.

그리고 2018년 3월 영국 솔즈베리시(市)에서 러시아인 '스크리팔'[47]과 그의 딸이 누군가가 차량 환기구에 뿌려놓은 독가스에 중독되어 중태에 빠지게 되었다. '테레사 메이' 영국 총리는 암살기도에 사용된 신경작용제가 7, 80년대 러시아에서 군용으로 개발된 '노비촉'이라며 러시아를 배후로 지목한 바 있다.

80
생화학 테러리즘

생화학무기에 의한 테러리즘은 넓은 의미에서 사람이나 동식물에 해로운 병원성 미생물체·독소·질병매개물·유독가스 등을 이용하여 치사 및 무능화 효과를 주기 위해 이들을 무기화 해서 사용하는 테러 행위를 말한다. 은밀성과 잠재성이 매우 크며, 테러 후 2차적인 전염 확산이 가능하여 광범위한 지역에 장기간 효과를 발휘하게 된다. 생물무기를 이용한 테러의 위험으로는 정수장이나 취수장, 농작물 또는 가축에 대한 병원균 살포 방법이 있으며, 우편물 속에 병원균 분말을 넣어 발송함으로써 테러 대상자가 우편물 개봉 시 호흡 또는 피부 감염을 유도하는 방법 등 특정 대상은 물론 불특정 다수를 대상으로 부지불식간에 병원균을 살포할 수 있는 다양한 방법이 있다. 화학무기를 이용한 테러의 유형으로는 지하철 환승역·극장·백화점·대형 유통매장 등 다중 이용시설에 화학작용제 및 독가스를 살포하여 즉각적 대규모 인명피해를 발생시켜 사회적 공항과 불안을 유발할 수 있고, 대규모 유독물 제조 및 저장시설 파괴를 통해 단기간에 광범위한 지역에 대한 오염과 피해를 발생시킬 수 있다. 또한, 유독물을 운반하는 차량이나 선박·항공기 등을 납치해 테러대상에게 직접 위해를 가하고, 유독물질로 인한 2차 피해를 입히는 등의 직접적인 테러를 가할 수도 있다.

81
요인테러의 개념과 유형

요인테러는 역사적으로 가장 오래된 테러리즘의 한 형태로 인류가 국가라는 것을 창출한 이래 존재해 왔으며 지금도 계속되고 있다. 요인테러는 요인과 테러리즘의 합성어로 볼 수 있으며, 용어에 대한 개념을 정립하기 위해서는 요인과 테러리즘에 관한 각각의 정의가 선행되어야 하겠다. 요인의 사전적 의미는 중요한 자리에 있는 사람이다.[48] 현대사회에서 요인은 정치, 경제, 종교, 문화 등 그 자신이 소속된 사회 각 분야에서 세인의 주목을 받고 주어진 영향력을 행사할 수 있는 자를 의미하고 있다. 통상 신변보호가 제공되는 인사로 정의하기도 하고,[49] 신변에 위해가 있을 경우 국가 공공안녕질서에 영향을 줄 우려가 있는 자로 정의하기도 하며,[50] UN의 협정문은 요인의 안전을 위태롭게 하는 범죄 발생시 국제관계 유지에 심각한 위협을 야기할 수 있는 자로 정의하고 있다.[51]

인류 최초의 요인테러는 서기 1세기 중 유태민족주의자들이 로마의 집권에 대항하여 격렬하고 무자비한 테러리즘을 감행한 사건에서 비롯되었으며, 이들은 시카리(Sicarii) 또는 자객이라 불리는 전문암살자를 고용하여 로마의 통치에 협조하는 부유한 유태인을 살해하였다. 그 후 전설과 신화에 가려져 있었던 요인 테러는 기록상 밝혀진 내용에 의하면 11세기 말(약 1090년)에 정치권력의 확대수단으로써 등장하게 된다. 이는 페르시아(Persia)에 있는 한 비밀단체가 창설되어 그 당시의 정치적 지배권을 장악하려 하였고, 이에 맞서 이스마일리 분파의 하산 사바가 그와 다른 단체인 '니자리스(Nizaris)'를 창설하여 정치적 지배권을 장악하려 하였다.[52] 요인테러란 정치적, 사회적 목적을 가진 개인이나 집단이 그 목적달성 또는 상징적 효과를 얻기 위한 수단으로 국가원수 등 그 나라의 국익과 관련된 업무에 종사하는 공적인 지위에 있는 인사를 살상하고자 사용하는 계획적인 폭력행위이다.

미콜러스(Edward F. Mickolus)는 특정 정부의 통제가 지휘관련 여부에 대한 기준과 한 국가 이상의 국민 또는 영토의 직접적인 관련 여부에 따라 국가 간 요인테러, 국가 요인테러, 국내 요인테러, 초국적 요인테러 등 4가지 유형으로 분류하였다.

첫째, 국가간 요인테러는 타국의 국민이나 영토와 관련되며, 어떤 주권 국가의 정부 당국에 의하여 지휘되거나 통제를 받아 요인을 위협하는 테러리즘을 말한다. 이에는 이스라엘 기관원들이 유럽에 있는 PLO[53]의 주요 지도자들을 공격하는 행위 등이 여기에 해당된다.

둘째, 국가 요인테러는 어떤 국가에서 그 국가의 정부당국에 의하여 행사되는 요인테러로서 일반적으로 관제 요인테러라고 한다.

셋째, 국내 요인테러는 어느 한 국가의 국민이나 영토에 그 효과가 국한되면서 비국가적인 위해자에 의하여 행사되는 테러로 분석할 수 있다. 북아일랜드 공화국군(IRA)[54]이 영국을 상대로 행사하는 요인에 대한 테러가 그 예라고 하겠다.

넷째, 초국적 요인테러는 국가로 인정받지 못한 집단에 의하여 행사되는 요인에 대한 테러리즘으로서 호의적인 정부 또는 국가로부터 정신적·물질적 지원을 받는 것과는 상관없이 타국의 국민이나 영토에 관련하여 독립적인 비국가적 위해자들에 의해 발생되는 요인에 대한 테러이다. 이는 PLO 산하의 테러집단에 의해서 발생한 대부분의 요인테러가 그 적절한 예라고 하겠다.

82
이스라엘 라빈 수상 암살사건

사건개요는 1995년 11월 4일 22시 10분 텔아비브 시청 앞 광장에서 범인 이갈 아미르(Yigal Amir, 당시 25세)는 이츠하크 라빈 이스라엘 수상이 중동평화를 위한 군중집회를 마치고 승용차에 탑승하려는 순간, 그의 중동평화정책에 대한 불만을 표시하기 위하여 권총으로 저격하였다. 사건 발생 직후 라빈수상은 신속히 병원으로 후송되었으나 1시간 만에 사망하였다.

이스라엘은 1960년대까지 건국을 주도한 벤 구리온 등의 유럽출신 유대인들이 다수를 차지하여 특유의 온건 시오니즘적 결속력을 유지해 왔으나 1960년대 중반 이후 이 결속력이 여러 갈래로 흐트러진 상태에서 이스라엘은 외부에서 보기와는 달리 각계각층의 다양한 목소리와 사회적 갈등이 공존하게 되었다. 1992년 총선에서 평화와 안보를 슬로건으로 수장에 선출된 라빈은 아라파트 팔레스타인(PLO) 의장을 평화협상 파트너로 인정, 1993년 워싱턴에서 팔레스타인 자치원칙에 합의하고 1994년 9월 중동평화협정에 서명하였다. 그러나 이때부터 그의 정책은 국내 극우세력으로부터 격렬한 비난을 받기 시작했으며, 특히 요르단강 서안지역의 유태인 정착민 약 12만 명의 향후 거취에 대해 정착민과 팔레스타인인들 모두가 불만을 나타내어 심각한 위협요소로 대두되었는데, 라빈 수상이 추진해온 평화정착계획은 이스라엘 국내에서조차 약 50% 정도밖에 지지를 받지 못했다.

범인 아미르는 이스라엘 극우단체 '에얄(Eyal)' 소속으로 텔아비브의 브르일란대학에서 법학을 전공하고 있던 유태인 청년으로서 라빈 수상이 추진해온 팔레스타인과의 영토반환 협상 등 중동평화정책에 불만을 품고 암살을 결행했다.

범인은 1995년 11월 4일 범행시간 약 1시간 전부터 수상 차량 탑승 위치에 접근, 주변 경찰들과 담소하고 주변 공중전화를 이용하는 등 자연스럽게 위장함으로써 라빈 수상이 차량에 도착할 때까지 인근 경호원들로부터 의심을 받지 않고 대기할 수 있었다.

라빈 수상이 텔아비브 시청 앞 광장에서 행사를 마치고 시청 건물 뒷계단을 내려와 대기 차량에 탑승하려는 순간 범인은 약 2~3m 거리에서 베레타(BARETTA) 9mm 권총으로 덤덤(DUM-DUM)탄[55]을 발사, 1발이 라빈 수상의 등에 명중되었으며 2발은 총리 뒤에서 수행하던 경호원이 총성 직후 총리를 차안으로 밀어 넣는 순간 어깨 부분에 명중되었다. 라빈 수상은 병원에 긴급 후송되었으나 사망하였다.

83
미국 레이건 대통령 암살미수사건

사건개요를 살펴보면, 1981년 3월 30일 14시 30분, 미국의 수도 워싱턴D.C.의 힐튼호텔 앞에서 범인 힌클리(John W. Hinkley)는 미국 노동총연맹 산업별 회의(AFCICIO) 산하 건설 노조대회의 연설을 마치고 나오는 레이건(Ronald Reagan) 대통령을 권총으로 저격하였다. 레이건 대통령은 힌클리가 발사한 6발의 총탄 중 1발을 왼쪽 가슴에 맞았으나 생명에는 지장이 없었다.

미국 역사상 70세라는 고령으로 대통령에 취임한 레이건은 언제나 건강한 모습과 여유있는 제스처를 구사하면서 대외적으로 취임 직후부터 강력한 정책방향을 천명하고 야심적인 국내 경제부흥책을 내놓아 순조로운 출범을 한 것으로 평가되었다. 그의 이러한 정책전환은 지지의 소리도 높지만 비판의 소리도 높았다. 특히 엘살바도르 내란에 대한 미국의 개입을 강조하자 미국 안에서는 60년대 말에서 70년대 초에 볼 수 있었던 반전운동의 움직임이 되살아나고 있었다. 또한 세금을 줄이고 정부예산을 줄여 인플레를 잡고 투자와 고용을 늘리겠다는 그의 소위 공급 경제학은 커다란 논쟁거리가 되고 있었다. 세금을 줄이면서도 군비를 강화하기 위해 복지 예산을 줄이겠다는 것도 비난의 도마 위에 올라서게 한 이유가 되었다.

토론과 타협의 정치를 이상으로 삼는 미국 민주정치에서 레이건의 대담한 우선회정책은 민주당을 비롯한 비판세력의 거센 반발을 불러일으키는 상황이었다.

범인 힌클리는 한때 미국 나치 당원이었으며 사건발생 당시 정신질환 치료를 받은 병력이 있는 자로서, 부유한 석유회사 경영간부의 아들이었으나 가정의 소외, 대학중퇴, 실직 등으로 열등감을 강하게 느껴왔다. 그의 개인적 범행 동기를 증명해주는 사실은 다음과 같이 그의 발송되지 않은 편지에 잘 나타나 있다. 이 편지는 정치적 지도자를 추적하며 다니는 심리적 방황자에 관한 영화인 'Taxi Driver'에서 10대 창녀 역을 맡은 여배우 조디 포스터(Jodie Foster)에게 보내는 것이었다. 발송되지 않은 이 편지 내용에는 다음과 같이 적혀 있었다.

> "친애하는 조디에게, 나는 레이건을 암살할 것이므로 분명히 사형될 것입니다...(중략) 힐튼호텔로 가기 한 시간 전에 이 편지를 쓰고 있습니다. 조디, 나는 당신의 존경과 사랑을 얻기 위해서 이 역사적인 행동을 하려고 합니다. 나에게 그 기회를 제발 주시기 바랍니다. 당신을 영원히 사랑합니다."[56)]

이런 점에서 그의 범행동기는 정치적 이유와 관계가 없는 것으로 판단된다. 항시 열등감을 느껴왔던 그는 자기가 직접 만난 적도 없는 여배우 조디 포스터에게 구애를 했으나 아무런 반응이 없으므로 심리적 보상으로 범행을 함으로써 여배우의 사랑을 얻어 욕구불만을 해소하고 자기과시로 주위의 관심을 집중시키고자 암살을 기도했던 것이다.

1980년 10월 9일 테네시주 나슈빌 공항경찰에 의해 권총 3정(38구경 리벌바 1정, 22구경 리벌바 2정), 실탄 50발과 수갑 1쌍이 든 가방을 갖고 비행기를 타려던 범인 힌클리는 체포되어 벌금 50달러를 물고 석방되었다. 이 때 나슈빌에는 카터 후보자가 선거유세를 위해 와 있었고, 이보다 이틀 전에 레이건 대통령이 나슈빌에 올 예정이었으나 취소했었다.

1980년 10월 13일 힌클리는 다시 리벌바 권총 2정을 94달러 주고 구입하였다. 로키 전당포가 있는 이 거리는 18년 전 케네디 대통령이 암살당한 바로 그 곳이었다. 범행 수일 전 그는 백악관에서 두 블록 떨어진 대통령 경호대 건물 바로 건너편에 위치한 호텔인 파크센트럴 호텔에 투숙, 영화배우 조디 포스터에게 대통령 암살 기도가 담겨있는 편지를 써 놓았다.[57)]

범인 힌클리는 사건 당일인 3월 30일 힐튼호텔 앞 기자석으로 잠입하여 호텔 담 곁으로 이동, 대기하고 있었다. 레이건 대통령이 전용 출입구로 나오자 3미터 거리의 담 근처에서 22구경 권총으로 대통령을 향하여 6발을 2초 동안에 발사하였다. 총성이 나자 경호실장 제리퍼는 대통령을 리무진에 밀어 넣고 대피시켰으며, 동시에 경호원 맥카시는 사선 방향으로 몸을 던져 레이건을 향하던 총탄을 가로막았다. 이 순간 다른 경호원들은 범인을 잡아 땅에 넘어뜨렸으며, 승차 중 입에 피가 흐르는 것을 본 경호실장은 대통령이 폐부위를 부상당한 것으로 판단, 즉시 조지워싱턴대학교 응급실로 후송하여 수술을 받게 하였다.[58)]

84
스페인 브랑코 수상 암살사건

사건개요를 살펴보면, 스페인의 루이스 카레로 브랑코(Luis Carrero Blanco) 수상은 매일 시내 세라노가에 위치한 성당의 아침 미사에 참석하러 왔는데, 1973년 12월 20일에도 아침미사 시간이 되자 항상 이용하던 행차로를 따라 미사에 참석하였다. 수상이 미사를 마치고 자신의 전용차로 귀가하던 중에 세라노가를 통과하는 순간 지하에 매설된 폭발물이 폭발하여 수상이 승차한 승용차가 폭풍에 의하여 5층 건물 너머로 비산하여 완파됨으로써 수상은 현장에서 폭사하였다.

1973년 11월 수상 직에 임명된 브랑코 수상은 총통의 정책을 승계하면서 독재정권 유지를 위하여 반대파를 처형, 투옥하는 등 강경정책을 수행하여 스페인은 전국적으로 반체제운동이 전개되었다.[59] 한편 스페인 북부 바스크지방의 분리주의 운동가들은 중앙정부를 상대로 협상과 테러행위 등으로 정부에게 압력을 가하고 있어서 정치적 혼란을 초래하였다.

주동 테러조직원은 바스크 분리주의 운동단체인 '조국과 자유'라는 과격 클럽인 ETA단원들이며 그 범행은 브랑코 수상이 독재정치를 유지하기 위하여 반체제 인사들을 처형, 학살, 투옥하는 등 가혹한 통치를 한 것에 대한 보복으로 자행되었다.[60]

계획 초기에 ETA요원은 브랑코를 납치, 교환조건으로 150명 정치범들의 석방을 요구하기로 결정했었다. 그러나 계획수립 과정에서 암살을 실행하기로 그 공격 방법이 변경되었다. 변경사유는 장기간 동안 브랑코 수상을 감금할 만한 적당한 안전장소를 찾아내는데 여러 가지 문제가 있었기 때문이다.

공격 장소로는 최초 성당내부를 고려했으나 그 내부의 크기, 구조 및 작전을 성공시키기 위한 많은 병력소요 때문에 포기하였다. 결국 수상의 규칙적인 행동습관, 즉 수상이 항시 성당의 옆문근처 동일지점에서 비방탄차량을 타며 동일한 행환차로를 사용한다는 사실 때문에 도로상에 폭발물을 매설하여 위해하는 방법을 최선의 암살방법으로 선택하였다. 이 작전을 위해서 6명의 테러리스트가 주요한 역할을 수행하였다. 1명은 공격지휘자를 맡고 3명은 지원조, 그리고 2명은 도로 지하의 터널 굴토, 폭약설치, 도화선 연결 및 폭약폭파 임무를 담당하였다. 폭파를 담당한 2명 중 1명은 지뢰공학을 전공하는 학생이었고, 다른 1명은 전기기술자였다.

터널 굴토 과정에서 발생되는 소음을 은폐하기 위해 두 사람은 조각가로 위장하였다. 지하터널 공사는 12월 7일 시작하여 13일에 완료되었다. 그 길이는 은거지로부터 도로 중앙까지 7.4m였고 폭은 0.4m였으며, 높이는 1m가 넘었다. 15일에는 탄약고로부터 오래전에 훔친 60Kg의 다이너마이트를 매설하였다. 매설 방법은 3m 간격으로 3개의 폭약을 설치하여 한 개의 점화선으로 연결시켰다. 범인들은 모든 준비가 끝나자 범행일을 12월 18일로 정하였으나, 범행 예정 당일 아침 키신저(Henry Alfred Kissinger) 미 국무장관의 방문으로 인하여 경비가 삼엄하게 되자 행동을 중단하고 거사일을 키신저 장관의 귀국 후인 12월 20일로 연기하였다. 12월 20일 범행 당일 범인들은 설치된 폭약 설치 지점으로 목표차량이 통과하도록 유도하기 위해 09:00 정각 미사가 진행되는 동안 성당 옆문 근처에 한 대의 차량을 주차시켰다. 이렇게 함으로써 브랑코의 모터케이드가 도로 중심으로 이동하게끔 하였던 것이다. 이 주차된 차량은 정확한 시간에 설치된 폭약의 폭파를 위한 참고점을 제공하였다. 또한 조기 폭파의 가능성을 배제하기 위해 브랑코가 미사 중이라는 사실을 확인한 09:10분에 점화선을 각 폭약에 연결시켰다.

09:30분경 미사를 마치고 브랑코의 차량이 경호차의 경호를 받으며 참고점에 근접, 폭약설치 지점을 통과하는 순간 범인들은 전원스위치를 눌러 폭파시켰다. 수상의 전용승용차가 폭풍에 20m 높이로 날려 옆 건물의 내정에 추락하여 완파되면서 수상, 운전기사 및 경호원이 폭사하였고, 범인들은 대기시킨 승용차로 도주하였다.[61]

85
칠레 피노체트 대통령 암살미수사건

사건개요를 살펴보면, 1986년 9월 7일 19시경 피노체트(Augusto Pinochet) 대통령은 칠레 수도 산티아고 동쪽 40km에 위치한 대통령 별장에서 주말휴가를 보낸 후 차량 편으로 복귀 중 산티아고 동쪽 약 28km 지점인 마나조 지역의 곡각지점 통과 시 약 12~15명의 좌익 테러리스트들로부터 로켓트포, 수류탄 및 M16소총의 공격을 받았다. 피습결과 경호원 5명이 사망하고 11명이 부상하였으나 대통령은 좌측 손에 가벼운 찰과상 정도의 경상만 입고 대피하였다.[62]

군사 쿠데타로 집권한 피노체트 대통령은 1980년 신헌법을 제정, 대통령 권한을 극대화시켰다. 이와 같은 신헌법은 1989년까지 그가 집권할 수 있도록 공식화했으며, 또한 그가 원하기만 한다면 1989년 이후에도 계속해서 집권할 수 있는 기틀을 마련해 놓았다. 그가 집권 후 내세웠던 경제적 붐은 1982년을 고비로 쇠퇴하였으며, 피노체트 체제에 대한 염증이 급속하게 표면화되기에 이르렀다. 급기야는 빈민층에 의한 반란이 일어났고, 각 정당은 연합전선을 펴서 그의 사임을 요구하며 신헌법 제정을 주장하였다. 이와 같이 피노체트의 강력한 독재정치, 경제정책의 부진 및 장기집권 술수는 국내적으로 많은 반대세력을 자극시켜 소요가 끊임없이 발생하고 있었다.

테러조직은 번스터 애리지아 케사르(Bunster Arizia Cesar)가 이끄는 좌익테러단체인 로드리게스 애국전선이었다. 이들은 1986년 7월 11일 피노체트 대통령의 장기 집권 의사표명과 관련 대규모 반정부 시위가 계속되고 공산계열에 의해 주동된 전국적인 파업이 성공을 거두지 못하자 이에 자극받아 대통령 암살시도를 계획하고 시행했다.

피습당일인 9월은 칠레의 겨울철에 해당되는 계절이고 19:00경은 일몰시간대에 해당되어 주위가 어둑어둑하였다. 피습장소는 도로 폭이 2차선으로 한쪽은 강을 끼고 다른 한쪽은 야산으로 연결되어 있었고, 작은 교량 통과직후 거의 90도의 곡각지로 시계가 협소하고 차량의 고속운행이 불가능한 지역이었다. 피습지역은 경호 취약지점으로 판단되어 사전에 2명의 경찰관이 배치되어 있었고, 당시 모터케이드 대형은 모터싸이클 2대의 호위 하에 VIP차 앞쪽에 경호차 3대 뒤쪽에 경호차 1대로 구성되어 있었으며, VIP차량은 안에는 대통령, 손자, 부관 및 운전기사가 탑승하고 있었다.

범인들은 약 1개월 전에 피격지점에서 약 300m 떨어진 곳에 위치한 호화주택 1동을 대사관 근무요원으로 사칭하고 임대하여 주변 정밀 정찰 및 공격지점 결정 등 사전에 치밀한 공격준비를 하였다.

범행 당일 피노체트의 모터케이드 대형이 출발한 것을 확인하고 미리 배치되어있던 연도경호 근무자 2명을 공격하여 사전에 제거하였다. 차량대형이 피격지점인 커브지점에 도달했을 때 범인들은 미리 대기하고 있던 트레일러로 앞서 달리던 차량인 푸조504의 모터케이드 대형 앞을 가로막았다. 이와 동시에 고속도로 상에 배치되었던 저격조 2명이 모터싸이클 요원 2명을 사살하였고, 근처의 고개 상에 배치되어 있던 로켓탄을 발사하여 2번째 경호차를 폭파시킴과 동시에 M16소총 및 수류탄으로 모터케이드 대형에 무차별 공격을 가했다. 이와 같은 공격을 받은 대통령 차는 정지함과 동시에 앞 경호차를 추돌한 후, 즉시 후진과 동시에 U턴을 하여 오던 길로 되돌아가 피습현장을 신속히 이탈하였으며, 별장으로 복귀한 후 헬기로 수도 산티아고로 귀환하였다. 이 피습사건으로 대통령 차는 M16소총 24발을 맞았으나 방탄차이므로 관통되지 않았고 대통령은 유리창의 파손으로 왼손에 경미한 상처를 입었을 뿐이었다.[63]

86
9 · 11 뉴욕 쌍둥이빌딩 폭파테러사건

9·11 테러사건은 2001년 9월 11일에 일어난 최대의 항공기 납치 강습폭파 사건이라 할 수 있다. 이 사건으로 뉴욕 맨해튼 110층 쌍둥이 빌딩이 완전히 붕괴되었으며, 워싱턴D.C. 미 국방부청사(Pentagon) 일부가 붕괴되었다. 그리고 납치된 또 한 대의 여객기가 백악관을 향해 비행 하던 중 승객과 테러리스트가 격투를 벌이는 과정에서 피츠버그 동남쪽에 추락하여 탑승객 전원이 사망하였다. 이 테러로 인해 총 3,500여 명의 사망자와 사상자가 발생하였으며, 220억 달러로 추산되는 재산피해를 입었다. 9·11 테러는 새로운 수법의 테러리즘, 즉 뉴테러리즘이라는 점과 그 피해규모가 엄청나서 전 세계적으로 큰 충격을 주는 사건이었다.64)

9·11 테러사건은 알카에다를 포함한 수많은 조직, 수백명의 테러리스트와 협조자가 치밀하게 기획하고 모의한 전대미문의 테러사건이었다. 이 사건을 계기로 미국은 기존의 대테러대응 체계가 얼마나 미흡했는지 자각하는 계기가 되었으며 이는 미국을 제외한 다른 국가도 마찬가지였다.

이 사건을 자행한 테러리스트들은 미국국내선 항공기에 보안승무원이 배치되지 않는다는 점과 조종실과 승객실이 오픈되어 있다는 점, 탑승객에 대한 보안검색이 비교적 취약하게 운영되는 공항으로 알려진 보스턴 로간공항, 뉴저지의 뉴왁공항, 워싱턴의 덜레스공항을 노렸다. 9·11 테러범들은 비행기를 납치하기 위해 비행기 납치를 기도했던 5대의 항공기 마다 3~6명의 테러리스트들을 편성하여 이들을 학생과 직장인으로 신분을 위장하였고, 학생신분의 테러리스트들이 커터용 칼을 학용품으로 혹은 일부는 X-Ray에 발견되지 않도록 은닉하여 기내에 반입하였다. 이들은 비행기 납치시에 지니고 있던 커터용 칼로 여승무원이나 전열에 탑승한 승객의 목 등과 같은 신체급소를 노려 피를 보게 하면서 폭발물이 있다는 식으로 한순간에 공포감을 조성하여 비행기를 장악하였고, 모두 이 수법이 동일하였다. 이후 자연스럽게 조종간을 장악하여 목표를 향해 비행하였다.[65)]

9·11 테러사건의 목적은 테러조직의 존재나 자신들의 주장을 널리 알리고자 하는 것이 아니고, 이슬람 영토를 확장하고자하는 것도 아니라 미국을 흔들어 이스라엘을 고립시키고, 중동에 그들만의 원리주의 국가를 만들고자 하는 전략에 있었다. 따라서 이 사건의 범인들은 피해의 규모를 최대화 하고자하는 전략적 판단 아래 핵심 표적을 세계무역센터로 선정한 것이다. 뿐만 아니라 최대한 공격목표에 피해를 심화시키기 위하여 고휘발성의 항공기 연료가 충만된 상태에서 공격할 수 있도록 공항에서 비교적 장거리노선을 비행하는 항공기를 선택하는 주도면밀한 전술적 고려도 하였다. 이는 이른바 21세기 뉴테러리즘의 전형인 것이며, 네트워크 전쟁에 의한 무차별적인 공격으로 미국과 그 동맹국들은 테러에 큰 공포를 가지게 된 계기가 되었다.

9·11 테러는 민간 시설과 같은 연성목표물에 대한 공격은 그 예방이 쉽지 않다는 측면에서 이 사건은 많은 문제점을 시사하고, 극단적인 자살테러 감행시 미국과 같은 자유경제체제가 얼마나 취약한지를 보여주는 대표적 사례라고 할 수 있다. 또한 이 사건이 군사정보를 포함하여 대테러정보에 가장 많은 노력을 기울이고 첨단 정보수집 장비를 운용해왔던 정보대국 미국에서 발생되었다는 점에서 범행을 주도한 알카에다의 네트워크 전쟁능력에 대하여 많은 전문가들이 놀라지 않을 수 없었다.

87
3 · 11 스페인 마드리드 테러사건

3 · 11 스페인 마드리드 테러사건은 2004년 3월 11일 오전 6시 39분, 아토차역의 4개의 교외선 열차에 10개의 폭발물이 동시에 폭발한 열차 테러사건이다. 이 테러로 인해 190여 명이 사망하고 2천여 명의 사상자가 발생할 정도로 매우 큰 규모의 테러였다. 더욱이 스페인 총선을 3일 앞둔 상황이라 마드리드 테러가 정치적으로 매우 큰 영향을 끼쳤다.[66]

3 · 11 마드리드 테러사건은 알카에다가 계획한 것으로 보인다. 이 사건은 미국에 동조하는 국가에 대해 위협적인 의미의 테러사건이며, 미국에 대한 9 · 11 테러를 기념하는 의미로서 11일자에 행한 것으로 보인다. 또한 3 · 11 마드리드 테러사건은 1988년 로커비 항공테러사건[67] 이후 유럽에서 발생된 최대 규모의 테러사건이며, 스페인으로서는 1987년 바스크 분리주의자들에 의해 자행된 하이퍼코르(Hipercor) 수퍼마켓 폭탄테러 사건 이후 최대 규모의 테러사건이다.

3 · 11 마드리드 테러는 알카에다의 정책적 목적이 다분한 전형적인 목적 테러리즘이었다. 대량 살상으로 국제사회에 자신들의 욕구를 알리는 수법을 사용한 것이다. 희생을 최대한 야기하기 위하여 철도 이용객이 가장 많은 출근시간을 선택하였다.

이 테러의 특징은 첫째, 테러리스트가 스페인에서 자란 알카에다 네트워크의 모로코인과 모로코 이민 2세라는 점, 둘째, 열차테러는 스페인의 정권 교체와 대외정책의 근본적 정책 방향을 완전히 바꾸는 계기가 되었다는 점, 셋째, 이 사건으로 알카에다 네트워크 조직이 유럽에도 존재함을 의미하였다는 점, 넷째, 그동안 알카에다에 의해 자

행된 테러리즘은 대부분이 자살폭탄테러의 형태였으나 마드리드 테러사건은 그렇지 않았다는 점 등이다.[68]

3·11 마드리드 테러사건의 가장 커다란 문제점을 대략 3가지 정도로 분류 할 수 있다. 첫째, 테러사건이 총선을 앞두고 국민들의 정책 결정에 엄청난 영향을 끼쳤다는 것이다. 결과적으로 집권당인 국민당은 선거에서 패배하였으며 스페인 군대를 이라크에서 철수시켰다. 이는 알카에다의 정치적 목적을 달성한 것과 다름이 없다. 따라서 이 부분의 가장 큰 문제점은 피해가 큰 테러를 자행하면 목적을 달성할 가능성이 높아질 수 있다는 우려를 남겼다는 점이다. 둘째, 유럽 내에 만연해 있는 알카에다 조직 네트워크 정보를 소홀히 한 정보당국의 대처가 문제점으로 지적되어야 한다. 정보수집과 분석체계에 문제가 있다고 볼 수 있는데, 스페인은 위치적 특성상 이슬람국과 인접해 있고, 무슬림 시민의 다수가 사회구성원으로서 생활하고 있는 점을 고려했을 때 감시체계가 상당히 미비했던 것으로 보인다. 셋째, 테러리즘의 진압과 예방이라는 용의자 인도를 거부하는 리비아에 대하여 경제제재를 가했으며, 리비아는 동 사건으로 미국에 의해 테러지원국가로 지정되었다. 사실 테러가 발생한 후의 대처는 상당히 체계적이었고 수습이 빨랐지만 이미 190여 명이 사망하고 2천여 명의 사상자가 발생한 후였다.

테러리스트는 스페인 국내에 거주하는 시민인 자말 주감(Jamal Zougam)이었다. 그는 알카에다 조직원으로 판명났고, 이 테러사건은 뉴테러리즘의 자생적 테러라 할 수 있다. 결국 스페인 사회에 대한 불만과 차별적 경험을 가진 무슬림들의 실업과 저소득으로 인한 유럽 국가에 대한 적개심이 테러로 표출된 사건이었다.

88
노르웨이 연쇄테러사건

2011년 7월 22일에 발생한 노르웨이 연쇄테러사건은 노동당 청년캠프의 대다수의 어린 학생들을 대상으로 발생한 테러이다. 이 사건은 오슬로 정부청사에 폭탄테러로 7명의 사망자를 발생시켜 이목을 끈 후 우야토섬으로 들어가 84명을 총기로 학살한 최악의 총기사건이었다. 14세에서 25세 사이의 청소년이 상당수 참여하고 있었으며, 테러리스트는 경찰복을 입어 사람들이 안심하는 것을 틈타 무차별적으로 사살하였다. 특수부대인 델타부대가 진입하기 전 1시간 동안 섬 전체를 장악해서 모두를 공포로 몰아넣었다. 테러리스트는 백인우월주의자로서 순수한 백인 유럽문화를 만들고자 하여 이민자들을 학살해야 한다고 생각한 사람이다.

이 사건의 테러리스트는 노르웨이의 이민정책에 대해 큰 불만을 갖고 있었으며, 이슬람교에 상당히 적대적이며 십자군을 동경하는 원리주의 기독교신자인 것으로 밝혀졌다. 이 사건의 특징은 자국 국적의 외국인이 아닌 점, 백인이었다는 점이 가장 큰 시사점이라 할 수 있다. 지금까지 보아왔던 테러사건들은 보통 외국이민자가 차별 또는 박탈감을 이기지 못하고 저지른 테러였는데, 노르웨이 연쇄테러사건은 자국민이 테러를 자행했다는 사실에 주목해야 할 필요가 있다.

89
4 · 15 보스턴 테러사건

테러사건이 발생하였던 보스턴마라톤대회는 2013년 4월 15일에 열린 대회로서 세계 4대 마라톤대회로 손꼽힌다. 당시 2만 명이 넘는 사람들이 경기에 참가했고, 50만 명 정도의 관중이 경기를 관람하고 있었다. 첫 폭발은 2시 50분, 결승선을 수십 미터 앞둔 코스 왼쪽에 설치된 폭탄이 터지면서 일어났고, 2차 폭발은 첫 폭발 후 13초 뒤에 발생했다. 당시 소년을 포함한 3명이 사망하였고, 200여 명의 부상자가 발생하였다. 이 사건의 용의자인 차르나예프 형제는 압력솥을 이용한 사제 폭발물로 불리는 급조폭발물(IED)을 사용했다. 또한 그들은 알카에다 조직원이 아니라 미국에서 공립교육을 받고 자란 사람들이었고, 특히 조하르는 미국 최고의 공립 고등학교 가운데 하나인 케임브리지 소재 린지앤드라틴스쿨 출신이었고, 타메를란은 복싱선수로 워터타운 인근의 2년제 대학에 다니다가 프로복싱선수로 전향했었다. 더욱 충격을 주는 것은 두 사람이 평소 평판이 좋은 인물들이었다는 점이다.[69]

보스턴 폭탄테러의 용의자를 체포할 수 있었던 주된 요인은 테러 현장 주변 곳곳에 설치된 감시카메라와 폐쇄회로 TV, 여러 방송사의 중계카메라, 일반인들의 스마트폰에 찍힌 동영상 때문이었다.

보스턴 테러의 가장 큰 특징은 급조폭발물을 활용한 테러리즘의 대표적인 예라는 것이다. 압력솥 급조폭발물은 제작이 비교적 용이해서 아프가니스탄과 파키스탄의 무장세력과 알카에다 등 국제적인 테러조직들이 주로 사용하고 있으며, 자생테러리스트들도 종종 사용한다.

90
런던 지하철 폭탄테러사건

런던 지하철 폭탄테러사건은 2005년 7월 7일 영국 런던 시내에서 동시다발적으로 발생한 폭탄테러사건이다. 이 날은 런던이 제30회 하계 올림픽의 개최지로 선정된 바로 다음날이었다. 사건 발생은 출근 시간이 막 끝나가는 오전 8시 50분경 모두 네 곳에서 폭탄이 폭발하였다.

가장 먼저 폭발한 열차는 리버풀가역에서 알드게이트역 방면으로 가던 서클선 열차였다. 이 열차는 킹스크로스 세인트판크라스역을 출발한지 약 8분 후에 폭발했다.

두 번째로 에지웨어 로드역을 막 발차한 서클선 열차가 폭발했다. 역시 킹스크로스 세인트판크라스역을 출발한지 약 8분이 지난 상태였다.

세 번째 피해 열차는 피카딜리선 킹스크로스 세인트판크라스역을 발차한지 1분 만에 터널 안에서 폭발했다.

사건은 폭발한 열차에 탑승했던 승객들이 터널을 걸어 반대쪽 끝으로 빠져나오면서 알려졌다. 처음에 운영주체 측에서는 전기 합선으로 인한 폭발로 추정했으나 곧 폭탄테러임을 감지하고 모든 런던 지하철의 운행을 중단시켰다.

한 시간 정도 지난 후에는 시내버스마저 폭발했다. 유스턴에 도착한 알렉산더 데니스사제의 데니스 트라이던트 2번 버스와 30번 노선버스 17758호는 지하철 운행 중단으로 패닉에 빠진 승객들을 싣고 출발했는데, 유스턴에서 남쪽으로 조금 떨어진 타비스톡 스퀘어를 지나가다가 차량에 설치된 폭탄이 폭발했다.

범인은 총 네 명으로 이 중 저메인 린제이는 자메이카 출생 영국 이민자이고, 나머지는 모두 파키스탄 이민자의 자녀들로 영국에서 태어났다. 네 명 모두 각자 폭탄을 싣고 열차와 버스에 탑승해서 폭발시에 사망하였으며, 이들 중 두 명은 비디오 메시지를 남겨 나중에 알자지라를 통해 공개되었다. 이전에 전혀 정보가 없던 신진세력이라 정보기관에서도 테러 발생 가능성을 전혀 알 수 없었다고 한다.

새로운 방식의 테러와 영국 내 알카에다의 네트워크로 인해 테러가 성공할 수 있었고, 미국에 우호적인 영국에 경고의 메시지를 전하였다.

이 사건은 알카에다가 테러대상국의 인적자원을 포섭하여 자살폭탄테러를 교사할 수 있을 만큼의 네트워크 능력을 보여주었다는 측면에서 심각한 문제를 제시하고 있다. 발생원인을 살펴보면 다음과 같다.

첫째, 런던 지하철 폭탄테러를 일으킨 테러범 4명 모두 파키스탄계 영국 시민권자들로, 영국에서 태어나 자란 이슬람계 영국인들이었다. 영국 자국민이 자국민을 대상으로 테러를 범했다는 점에서 자생테러의 전형적인 양태를 보였다.[70]

둘째, 영국은 인도와 파키스탄 사람들의 이민을 지속적으로 받아들여 왔다. 즉, 상당한 영국의 사회구성원이 무슬림시민으로 이루어졌다는 것인데, 이는 충분히 알카에다와 같은 테러조직과 네트워크를 형성할 수 있다는 의미기도 하다. 지속적인 감시와 주의가 필요했음을 시사하는 것이다.

셋째, 위에서 언급했듯 이 테러는 신속한 대처보다 예방하는 것이 더 바람직하다. 하지만 공항이나 지하철과 같은 대중교통을 완벽하게 보안 검색하는 것은 거의 불가능에 가깝다. 유럽에서는 공동감시체제를 구축하고 있지만 이것 또한 제한적이며 적극적으로 테러를 예방하지는 못한다는 점에서 한계와 고민이 있다.[71]

91
테러자금 유통수단 하왈라

'하왈라'의 개념은 은행을 통하지 않고 사적으로 중개인을 통해 자금을 유통하는 이슬람의 전통적인 금융시스템으로서 원거리 국제 송금에 주로 활용되고 있다.[72] 원래 중개업자 간의 신뢰를 기반으로 운영되는 비공식적 자금유통 네트워크 방식인데, 최근에는 테러 등 불법자금 전달통로로 악용되기도 한다.

송금 절차를 보면, A국에 체류하는 ㉠이 하왈라 중개업자 甲에게 수수료를 지불하고 B국에 거주하는 ㉡에게 지시하는 비밀번호를 받아 ㉠에게 자금 전달을 의뢰하면, 중개업자 甲은 B국의 중개업자 乙로 하여금 ㉡에게 자금 지급을 요청하고, 乙이 제시하는 비밀번호를 받아 ㉠에게 전달하고, B국에서 ㉡이 중개업자 乙을 찾아가 ㉠으로부터 받은 비밀번호를 제시하면 乙은 ㉡에게 자금을 지급하고, 중개업자들은 상호간 비즈니스 파트너로 수출입 거래를 하거나 기존 채무를 탕감하는 방식 등으로 정산하게 된다.

2008년 미국 캔사스시 연방준비은행은 전 세계 이주 노동자들 중 40%가 하왈라를 통해 수입을 자국으로 송금한다고 발표하는 등 하왈라는 해외송금 수단으로 널리 이용되어 왔는데, '국제자금세탁방지기구(TATF)'는 그 이유를 다음과 같은 특징 때문이라고 분석하였다.

첫째, 신속한 송금이다. 정상적인 은행 해외송금 절차의 경우 행정·전산처리에 며칠에서 몇 주까지 소요되지만, 하왈라는 단 몇 시간 만에도 송금 및 수령이 가능하다.

둘째, 접근성과 비용이 저렴하다. 중동·아프간 등에서는 금융 인프라가 없어 전적으로 하왈라에 의존할 수밖에 없고 은행보다 수수료가 현저히 저렴하다.

셋째, 문화적 선호이다. 현대적인 은행시스템이 등장하기 전부터 이용한 관계로 하왈라가 관습화되어 있고, 언어·삶의 방식이 유사한 사람들 간 거래에는 은행보다 하왈라를 더 신뢰하는 경향이 존재한다.

테러단체들이 하왈라를 선호하는 이유는 테러단체들은 은행과 같이 엄격한 신분 검증 절차가 없고, 각종 서면기록이 남지 않아[73] 수사기관의 추적이 어려운 하왈라를 선호하는 경향이 있다. 특히, UN 지정 테러단체로 등재되면 자산이 동결되고 제도권 은행 이용이 불가능하지만, 하왈라를 이용하면 자유롭게 자금운용이 가능하기 때문이다.

92
SWAT

경찰특수부대인 SWAT는 미국 각 주경찰(State Police) 내에 조직된 대테러특공조직이다. SWAT는 주요인물의 신변경호, 인질구조, 무장 용의자의 무력화 등 주로 일반경찰관들이 처리하기 힘든 작전을 맡아서 처리하고, 구성은 작전상황에 따라 달라질 수 있지만 일반적으로 공격조, 관측저격조, 지원조의 3개조로 구분된다.

SWAT팀 작전은 용의자의 사살에 중점을 두는 것이 아니라 시민의 보호차원에서 인질의 무사한 구출을 위해 용의자를 격리, 검거하는데 있기 때문에 저격은 통상 최후수단으로 사용된다. SWAT 대원들은 M16 자동소총과 스미드 앤드 웨슨 3.8권총, 가스총, 기관단총, 스트라이트 스코프 장착 소총, M601기관총 등을 사용하고 하네스 스프링 레펠용 장비가 구비되어 있으며, 암흑색의 알파복을 입고 필요시 방독면을 착용한다. 이들은 군대가 아니면서도 미 육군의 특수부대 델타포스(Delta Force)와 해군 특수부대인 네이비실(Navy Seal)과 마찬가지로 막강한 전투력을 가지고 있다. SWAT은 범죄와의 전쟁을 위해 FBI가 1973년에 창설했으며, 이들은 물론 외국에서 벌어지는 민간인을 목표로 한 인질사건의 진압작전에도 투입된다.

지난 1990년 이후부터 전 세계에서 민간인을 상대로 하는 무차별적인 테러가 급격히 늘어나고 있다. 이런 탓으로 비인간적인 테러에 맞서기 위해 진압부대의 창설은 세계적인 트렌드이다. 세계 최고를 자부하는 프랑스 국립경찰 진압부대인 GIGN과 함께 FBI의 SWAT는 대표적인 대테러부대다. SWAT팀의 대원들에게 작전명령이 떨어지면 특유의 검은색 전투복을 입고 다리와 허리, 재킷 안쪽에 세 자루의 권총을 휴대한다. 그들이 착용하는 검은색 방탄조끼 케블라 베스트(Kevlar Vest)는 상당히 무거운 것으로 보통 방탄조끼에 비해 두 배의 강도를 지니고 있어 거의 모든 총탄을 막아낸다. 그들의 헬멧은 독일군 철모를 닮아 프리츠(Fritz) 헬멧이라 부르며, 반사를 막아 적의 눈에 띄지 않기 위하여 검은색을 사용하였다. 등 뒤에는 자동으로 감지되는 고성능 무전기를 부착한다.

SWAT 대원의 기본화기는 컬리버 45 자동소총이며, 1분에 7백발까지 쏠 수 있는 고성능 라이플이다. 물론 이외에도 독일의 유명한 총기회사 헤클러 앤 코흐사의 MP-5 자동소총과 콜트사의 M-16A2, CAR-15, 그리고 파괴력이 뛰어난 샷건(Shotgun)도 사용하고 있다. SWAT가 비밀로 분류하고 있는 무기 중의 하나는 다연발 권총이다. 이것은 총에 장착된 장치의 조정간을 연발에다 놓고 방아쇠를 당기면 순식간에 탄창의 실탄이 모두 연속 발사된다. SWAT 대원은 열 가지 이상의 무기를 다룰 수 있어야 한다.[74)]

93
DELTA FORCE

미국의 대테러특공대인 델타포스는 특수전 장교 출신이며 1960년대에 SAS에서 근무한 경험이 있는 찰스 베크위드(Charles Beckwith)에 의해 1977년 11월에 창설되었다. 델타포스가 출현하게 된 계기는 독일의 GSG－9의 모가디슈 인질구출작전이었다. GSG－9이 성공적인 작전의 수행으로 세계의 이목을 집중시키자 대테러특공대의 필요성을 인식한 미국정부가 합동참모본부(Joint Chief of Staff)에 대테러능력을 갖춘 부대의 창설을 명령함으로써 델타포스의 창설이 이루어졌다.

극소수의 인원으로 출발한 델타포스는 SAS의 대원 선발방법에 따라 대원들을 순차적으로 더 선발했다. 대부분 특수부대 대원들이 응시한 가운데 치러지는 예비 선발과정은 산악달리기, 18마일 속보 등 혹독한 체력검증 등이 포함되었으며, 이 과정에서 합격한 후보 대원들은 엄격한 심리평가와 인터뷰를 통해 선발되었다. 예비과정에 지원한 30명중 7명만이 델타포스 대원이 되었다. 완전한 형태의 델타포스로 자리잡기 위해 필요한 병력의 선발은 레인저, 그린베레로 알려진 특전단 대원들을 대상으로 이루어 졌고, 1978년 5월에 73명이 모든 선발과정을 통과했다. 이들 73명은 다시 19주 동안 대테러 작전에 필요한 모든 기술습득 훈련을 마쳤다.

창설 초기에는 1개의 작전대(Operational Squadron)만 있었으나, 대원들의 선발이 완료되자 1개의 공격대가 추가적으로 편성되었다. 이들 공격대들의 훈련은 사격능력 향상에 초점이 맞추어져 있는데, 야간사격을 포함해 매일 4시간 매주 5일 간의 사격훈련이 진행된다. 특히 정교하게 만들어진 시설에서 모의타켓을 이용해 다양한 상황을 상정하여 정밀하고 과학적인 사격훈련을 하는 것이 특징이다. 또한 모든 인질납치 상황에 익숙해지기 위해서 호러 하우스(House of Horror)라고 불리는 특수 모의시설을 이용하고 있다. 특히, 항공기 납치가 큰 위협요소가 되자 연방항공청(Federal Aviation Administration)이 보잉 1727기를 제공해 델타포스가 훈련에 이용해 왔으며, 실제로 미국 전역의 공항에서 훈련을 실시하고 있다. 또한, 모든 종류의 민간 항공기에 대한 구조·특징 등을 파악하고 있다. 테러리스트의 인적사항, 공격형태, 무기 등 대테러리즘에 필요한 정보는 FBI, CIA 등으로부터 직접 제공받아 활용하고 있다.[75)]

94
SEAL TEAM

해상(Sea), 항공(Air), 육상(Land)의 영문 머리글자로 만들어진 SEAL은 1962년 1월 1일, 케네디 대통령의 특명에 의해 창설된 미 해군의 최고 엘리트 특수부대이다. SEAL의 고유업무는 해상, 항공, 육상의 입체적인 침투를 통해 적의 상황을 관찰하고 작전의 효과적 수행을 위해 적의 해안기지나 항만시설 등을 파괴하는 것이다. 다른 미군의 특수부대와 마찬가지로 베트남전에 참가하여 군수기지 폭파 및 고급정보 수집에 커다란 공헌을 했으며, 쿠바 미사일 위기 때에도 투입되어 미국의 외교정책을 측면에서 지원했다.

SEAL TEAM이 순수한 군사업무의 수행에서 대테러활동을 시작한 것은 444일간이나 계속된 테헤란미국대사관 점거사건 이후이다. 1979년에 발생한 테헤란미국대사관 사건의 진압과 인질구출 작전을 계획하는 과정에서 대테러특공대의 운용에 문제점이 드러났고, 준비과정에서 헬리콥터 충돌로 인질구출작전이 수포로 돌아갔으며, 미국 정부는 테러리스트의 요구를 무조건 받아들이는 합의각서에 서명하는 등 굴욕적인 수모를 당했다. 이에 미국 정부는 SEAL 내에 1백 명 규모의 SEAL－6를 창설하여 대테러능력을 보강했다. 특히, 선박납치, 해안의 주요시설물에 대한 공격 등의 해상 테러리즘에 대응하는 것이 주된 창설목적이었다.

미 해군의 특수전사령부(Special Operation Command) 산하에 속해 있는 SEAL은 태평양 지역에 위치한 제1특수전단에 1,3,5,7 팀이, 대서양 지역에 위치하고 있는 제2특수전단에 2,4,6,8 팀이 소속되어 있다. 이 중 SEAL－6는 델타포스와 함께 합동특수전사령부(Joint Special

Operations Command)에 소속되어 있으며, 대원선발과 훈련은 혹독하기로 유명하다. SEAL－6의 대원은 SEAL TEAM내에서만 선발하며, 서류심사를 거쳐 7주 동안의 체력검사 그리고 30주에 걸친 수중정찰, 스쿠버 다이빙, 해안상륙 및 파괴, 잠수정 훈련 등 각종 특수훈련을 받는다. SEAL－6는 우방국의 대해상테러리즘 특공대의 능력 향상에 커다란 도움을 주고 있으며, 한국 해군 내의 대해상테러특공대와도 정기적인 합동훈련을 하고 있다.[76)]

95
GSG-9

GSG-9은 독일의 연방내무성 장관의 명령에 의하여 주경찰이나 그 예하단위 경찰이 해결할 수 없는 중대한 테러사건을 담당하고 있다. 지휘반, 통신문서반, 전투반 등 3개 반으로 편성되어 있다.

지휘반은 실전에 배치된 전술팀의 지휘, 전술적 결정을 위한 정보의 분석 및 평가, 작전을 위한 특수한 지휘자원과 장비의 보급, 테러리스트 연방정보에 기초한 전술적 개념 및 지침의 연구·개발 등을 담당한다. 통신 및 문서반은 각 반 및 여타 경찰기관과의 통신소통과 특수상황에 적합한 통신수단 강구 등의 임무를 수행한다. 전투반은 지휘관과 5개 전투팀으로 구성되어 어떠한 상황에도 대처할 수 있도록 준비하며, 5명으로 조직된 특수전투반은 종래의 관행을 벗어난 편제로서 간편한 지휘절차, 고도의 기동성, 뛰어난 통신수단, 신속한 배치와 우수한 화력, 구성원의 전방위적 능력, 잘 훈련된 자체 예비대 등 전술적 이점을 구비하고 있는 GSG-9의 가장 탁월한 최소규모의 전술부대이다.

이 부대원의 임무는 테러 등 비상사태가 발생했을 때의 출동과 국경경비, 연방형사경찰·검찰·각 주정부의 출동요청에 대한 원조이며, 인명보호를 주목적으로 하고 있다. 이 부대는 폭발물 처리반도 운용하고 있으며, 독일연방은행의 현금수송차 호위임무도 수행하고 있다. 그리고 외국과의 정보연락을 통해 언제라도 출동할 수 있는 태세를 갖추고 있다.

GSG-9의 인건비, 장비비, 출동·훈련비 등은 모두 연방의 예산으로 지급되며, GSG-9요원의 평균연령은 25세로 연방국경경비대 대원으로서 2년 반 이상 복무한 자 중에서 지원자를 대상으로 정밀심사를 거쳐서 선발한다. 물론 엄격한 신원조사가 있고, 1주일에 걸친 적격심사가 있는데, 이 검사에는 신체검사 외에 심리검사가 있어 심신이 공히 건강함이 조건으로 되어 있다. 이 선발심사에 합격한 자는 장래의 임무에 직결되는 실제 상황 하에서의 사격 · 등산 · 체력단련 등 3개월간의 기초훈련을 받으며, 이 과정을 마친 자는 다시 법률학, 범죄학, 심리학, 호신술, 각종 무기 및 폭발물의 조작술 등 특수훈련을 5개월 동안 받는다. 특수훈련을 성공적으로 이수한 후보자는 그 특기에 따라 9개의 각 반에 실제 배치되어 폭발물 전문가, 잠수요원, 유 · 무선 통신기사, 사진 · 필름 · 비디오 전문가, 무기전문가 등으로 양성되어 대테러임무를 수행한다. 생어거스틴(St. Augustin)에 기지를 두고 있는 GSG－9은 테러리즘 관련 임무를 수행하며, 위기상황 하에서의 VIP 경호, 테러리스트의 공격이 예상되는 독일 주재 외국 대사관 방어, 국가의 주요시설물에 대한 수비 등을 담당하고 있다. 초대 GSG－9 대장으로 임명된 베게너(Ulrich Wegener)는 경찰 베테랑으로 테러리즘 전문가로 유명하였고, 미국과 이스라엘의 특수부대와 긴밀한 협조로 오늘날의 GSG－9이 있게 한 장본인이며, 1976년 이스라엘의 엔테베 인질구출작전에 동행하여 이스라엘 특공대에게 전술적 조언을 하기도 했다.[77]

96
GIGN

뮌헨올림픽 테러사건 이후 프랑스 역시 대테러특공대의 필요성을 인식하고 있었지만, 대테러특공대 창설의 직접적인 계기가 된 것은 1973년 9월 5일에 발생한 프랑스 주재 사우디아라비아대사관 점거 및 인질억류 사건이다. 무장한 5명의 팔레스타인 테러리스트들이 사우디아라비아 대사관에 침입하여 13명을 인질로 잡고, 이들의 석방조건으로 투옥 중인 동료 테러리스트의 석방과 자신들의 안전한 출국을 요구했다. 이 사건이 발생했을 때, 아랍 국가의 대사들이 협상조정자로 나서서 평화적으로 해결했고, 프랑스 정부는 아무런 위기관리능력을 보여주지 못했다. 사우디아라비아대사관 점거 사건 직후인 1973년 11월 프랑스 정부는 대테러특공대 GIGN(Groupement D'Intervention De La Gendarmeriel Nationale)을 창설했다. 창설 초기에 GIGN은 제1 GIGN과 제4 GIGN의 2개의 부대로 구성되어 있었으나 1976년에 2개의 부대는 통합되었고, GIGN의 임무가 점차적으로 늘어나자 1979년에는 핵심인원을 15명에서 42명으로 보강했고, 다시 1984년에 58명(장교 6명)으로 증원했다. GIGN은 12명으로 구성된 4개의 타격대(Strike Unit)로 되어 있으며, 4개의 타격대 중 1개 타격대는 비상대기조로 언제나 그리고 어디로든 출동태세를 갖추고 24시간 대기하고 있다. GIGN은 프랑스의 인질구출작전이 주된 임무이지만, VIP에 대한 경호, 핵발전소 등 주요시설물에 대한 방어, 흉악범 호송 임무도 아울러 수행하고 있다.

GIGN 대원의 선발은 헌병대 근무자 중 지원자를 대상으로 1차 서류와 GIGN 대장과의 인터뷰를 통해 100명을 선발하고, 이들이 일주일 동안 체력, 담력, 사격능력 검사를 받게 되는데, 체력검사는 완전 군장 8km 달리기, 암벽타기, 레펠훈련 등이며, 담력검사는 훈련된 사나운 군견과 무술 유단자와의 연속대결 등이며, 사격은 권총 및 소총 사격능력 평가가 포함된다. 2차 관문을 통과한 응시자들은 8개월간의 각종 대테러리즘 전술을 연마하게 되고, 모든 과정을 성공적으로 수료하면 정식으로 GIGN의 대원으로서 임무를 수행하게 된다.

대부분의 대테러특공대원들이 받는 훈련에는 낙하훈련, 레펠훈련, 전투수영훈련 등의 각종 특수훈련이 포함되어 있다. 이 중에서 타국의 특공대와는 달리 GIGN은 전투수영훈련을 강조하고 있다. 이것은 해상에서 선박납치 사건이 발생하거나, 해안에 있는 호텔과 같은 위락시설의 점거와 인질억류에 GIGN이 대비하기 위해서다. GIGN은 명성에 걸맞게 사우디아라비아를 비롯한 제3세계 국가의 대테러특공대원들의 훈련을 지원하고 있으며, 한국의 특수부대 역시 GIGN 부대를 방문하여 대테러특공훈련에 필요한 기술과 정보를 교류하고 있다.[78]

97
대테러 인질협상의 개념

인질사건이란 개인의 병적인 행동, 권력에 대한 반항, 정치적 책략, 개인적 이익 등의 추구를 목적으로 다른 사람을 그의 의지에 반해 잡아두는 범죄적 또는 일탈적 행동을 말한다.

인질협상(Hostage Negotiation)이란 인질, 기타 관련자의 신체·생명·재산이 급박하고 명백한 위험에 처해 있는 상황에서 경찰, 기타 법집행기관이 이러한 위기상황을 초래한 자와 대화 등 협상을 통해 인질, 기타 관련자의 신체·생명·재산에 대한 피해를 최소화하고 위기상황을 해결하려는 일련의 의도적 과정을 말하며 단지 중립적인 입장에서 중재하는 것이 아니다.[79]

인질협상은 원래 인질범이 사전에 인질납치를 의도한 경우로서 예컨대 테러분자의 인질납치 등만을 논의해온 것이 사실이나, 최근에는 은행강도 실행 중 경찰에 발각되어 도피할 목적으로 인질을 탈취하는 등의 우발적 인질상황이나, 한강대교에 올라가 변심한 애인을 찾아줄 것을 요구하며 자살 위협을 하는 상황까지도 포함하는 위기협상(Crisis Negotiation)이라는 명칭 하에 논의되기도 한다.[80]

인질범에 대한 대처에 있어서 초기에는 공격적 대응법이 대부분을 차지하였으나, 1972년 뮌헨올림픽 인질사건 이후 이 같은 공격적 대응법에 대한 반론이 제기되면서 인질범과의 협상을 통한 인질사건 해결방법에 대한 논의가 활발해지기 시작하였다. 각국의 경찰기관에서는 이 같은 위기상황에 대한 무력대응을 대신할 수 있는 다른 해결방법들을 찾기 시작하였으며, 인질협상기법이 그 방안으로 제시되었다.

미국에서는 1973년 뉴욕경찰국(NYPD)에서 최초로 인질협상팀을 운영하기 시작했으며, FBI에서도 행동과학팀(Behavioral Science Unit)을 중심으로 본격적인 연구가 시작되어 전국의 지방경찰관서로 확대되었다.

우리나라도 경찰대학을 중심으로 인질협상기법에 관한 교육프로그램을 개설하는 등 관심이 높아지고 있다. 초기의 인질협상기법에 관한 연구는 본래 의미의 인질사건, 즉 사전에 인질탈취의 의도를 갖고 인질을 탈취하는 테러범에 의한 인질극과 납치사건에 국한되었으나, 연구가 진행됨에 따라 실제로 이러한 인질사건의 발생 빈도는 그리 높지 않고 오히려 사전의도 없는 우발적인 인질탈취가 대부분인 것으로 드러나 현재는 우발적 인질사건에 관한 쪽으로 연구가 지속적으로 진행되고 있다.

98
인질협상의 필요성과 중요성

인질범(Hostage Taker)이란 다른 사람을 그의 의지에 반해 잡고 있는 사람을 말한다. 그들은 단순 범죄자일 수도 있고 정신병자나 탈옥수 또는 특정 정치이념·종교교리의 추종자일 수도 있다. 인질상황이 발생했을 경우 협상가는 인질범이 무엇을 원하고 있으며 앞으로 무엇을 요구할 것인가 하는 것을 신속히 파악해야 한다. 미리 준비된 대화와 답변은 인질상황을 협상가에게 유리하게 유도할 수 있으며 협상가가 인질협상의 주도권을 잡는 데 결정적 역할을 한다.

그러나 인질범의 요구사항은 쉽게 예측할 수 있는 것은 아니다. 인질범의 목적과 유형에 따라 정치·종교·사회적인 문제에서부터 순수한 개인적인 요구사항까지 매우 다양하게 나타난다. 하지만 그중 몇 가지는 인질범 자신의 안전 등을 위해 어느 인질상황에서나 예측 가능한 공통적인 것으로 현장지휘부는 이러한 요구사항에 대해 인질사건 대응과 동시에 그 해답을 마련하는 것이 바람직할 것이다. 예상되는 인질범의 일반적인 요구사항은 안전한 탈출통로 보장, 현금지불, 현장에서의 이동을 위한 교통수단 제공, TV인터뷰 등 언론과의 접촉기회, 개인적인 복수 또는 시정 요구, 경찰관의 현장철수, 요구사항에 대한 시한 설정 등이다.[81]

인질사건이 발생하게 되면 그 사건을 해결하기 위한 경찰의 입장은 매우 어려울 수밖에 없다. 왜냐하면 인질범뿐만 아니라 경찰의 행동여하에 따라 무고한 생명의 손실여부가 결정될 것이며, 경찰관의 행동은 고스란히 언론매체를 통해 중계될 것이기 때문이다. 자칫하면 경찰이 인질의 생명을 잃게 하였다는 책임을 지게 될 수도 있기 때문에 인질협상은 매우 중요하다.

경찰의 대량공격이나 전술작전이 때로는 사태를 더욱 악화시킬 수도 있기 때문에 인질협상은 필요하다. 특히 인질의 생명을 보호하는 것이 인질협상의 가장 중요한 목적이 될 수 있다. 미국의 경우 SWAT팀은 이러한 인질상황을 처리하기 위해 1960년대 말에 창설되었으나 인질사건이 발생하였을 경우 우선적으로 필요한 것은 총격이 아니라 협상이라는 사실을 중요시한다. 협상가들은 사건해결의 여지가 있는 인질테러범의 경우에는 설득을 위한 기본적인 심리학적 이론에 의존하며 무력은 사용하지 않는다.

경우에 따라 인질범은 해결 가능한 조건을 요구해 올 것이며, 항복하면 죽지 않을까 염려하여 극렬히 저항하기도 한다. 그러나 심리학적 이해를 바탕으로 전문적 협상지식을 가진 협상가의 노력을 통하여 인질의 생명은 물론, 인질범과 대응하는 경찰의 피해도 최소화 할 수 있다는 점에서 인질협상은 필요하고, 또 중요하다.

99
인질의 감정전이와 쉐이드갭 증후군

인질이라 하면 요구조건의 충족을 위해 자신의 의지에 반해서 볼모로 잡혀있는 사람을 의미한다.[82] 일반적으로 협상에 의하여 인질테러사건이 해결되는 기간은 3일에서 3주로 알려져 있다. 그렇다면 인질협상에 있어서 반드시 이해해야 할 사람은 협상 기간 중에 죽음과 불확실성에 대한 공포감이 인질과 인질범의 정신에 미치는 영향력, 즉 '감정전이현상'일 것이다.

인질테러범에 있어서 감정전이란 인질사건이 계속되면서 인질과 인질범 사이에 상호 의존감과 밀착감이 감응되는 정신적 현상을 말한다. 지금까지 알려진 바로는 스톡홀름 증후군, 쉐이드갭 증후군과 미국의 여상속인 패트리샤 허스트 사건, 그리고 우리나라에서는 이와 유사한 사례로 1990년 1월 26일에 있었던 로얄호텔 인질사건을 들 수 있겠다.[83]

감정전이의 과정은 단순하지 않고, 인질범과 인질 사이의 상호작용에 달려 있다. 모든 조건이 동일하다면 인질과 인질범 사이에 일어나는 상호작용이 오래갈수록 감정전이의 정도가 보다 크게 될 것이다. 더구나 시간은 상호작용의 질에 따라 감정전이의 과정에 연결되어 있다. 만일 상호작용이 적대적이면 감정전이는 전반적으로 일어나지 않을 것이다.[84] 감정전이는 일반적으로 인질과 인질범 사이의 종교적 또는 민족적 적대감이 형성되어 있는 경우에는 일어나지 않는다. 이스라엘 측에서는 아랍 인질범에 대한 이스라엘 인질들 사이에서는 감정전이의 사례를 전혀 발견할 수 없었다고 밝히고 있다.

쉐이드갭 증후군(Shade Gap Syndrome)은 1967년 미국의 펜실베니아주 쉐이드갭에서 있었던 유괴사건에서 발견된 인질의 감정전이 현상에서 유래한다. 경찰들이 산림지역에서 유괴범을 발견했을 때 유괴범은 황급히 포위망을 피해 필사의 도주를 시도하였다. 유괴범 뒤에 상당한 거리에 있던 인질은 갑자기 뒤로 돌아서더니 경찰에 의하여 구출되기를 거부하고 인질범에게 달려갔다. 사건 후 FBI 요원들이 유괴되었던 인질에게 피해상황을 물었다. 그러나 인질로 유괴되었던 그 피해자는 의외로 여유롭게 유괴범은 아무 잘못이 없고 피해도 없으니 구태여 체포할 까닭이 있느냐고 되묻는 감정전이의 심리반응을 보였다.

100
인질의 스톡홀름 증후군

1973년 8월 23일 10시 15분, 스웨덴의 스톡홀름 스버리지즈 크레딧 은행(Sveriges Kreditbank)에서 자동소총으로 무장한 강도가 총성을 울리면서 "자, 지금부터 파티를 시작한다!"라고 외쳤다. 이후 131시간 동안 2명의 인질범이 여행원들이 포함된 4명의 인질을 잡고 경찰과 대치하였다. 협상과정에서 인질 중 한 여인은 스웨덴 수상과의 전화 통화 내용에서 경찰의 공격에 맞서 자신들을 보호하고 있는 것은 인질범이라고 주장하였다. 또한 인질범들은 사회의 희생자이며 어리석은 경찰들 때문에 자기가 죽을지도 모른다고 말하였다. 특히 한 여인은 대치가 계속되는 동안 인질범과 성관계까지 가졌다. 사건이 끝난 후 정신과의사에 의하여 이들 여자들의 정신상태가 분석되었는데, "우리는 범인을 증오하지 않는다." 라고 말하고 심지어는 "우리가 강도를 증오하지 않는 이유가 무엇이냐?"라고 반문하기도 하였다. 이러한 특이한 감정의 전이를 이후 '스톡홀름 증후군(Stockholm Syndrome)'이라 부르게 되었다.

이러한 현상을 심리학적으로 분석해보면, 생명에 대한 위협을 느끼는 극단적인 상황에 직면한 사람이 극도의 긴장감에 빠지게 되면 이러한 현상을 보일 수 있는데, 인질과 인질범은 동일 공간에서 같은 긴장감을 느끼면서 양자는 심적 유대관계가 형성되고 이로 인해 외부에 대해서 동일한 적대감을 가지고 피해자적 결속을 하게 된다.

인질이 스톡홀름 증후군을 보이게 되면 여러 측면에서 협상에 결정적인 악영향을 줄 수 있다. 스톡홀름 증후군을 보이는 인질로부터 나오는 정보는 어떠한 것도 믿을만한 것이 못된다. 인질범이 휴대하고 있는 무기를 올바르게 알려주지 않는 경우도 있고, 경찰의 명령에 대해 반대로 행동하는 등 인질구출작전에 방해가 될 수도 있다. 인질과 인질범이 친교와 신뢰를 쌓아 나간다면 협상가가 인질범의 마음을 동요시킨다는 것이 감정적으로 곤란하게 되며 인질이 직접 협상에 나서려 하는 등 협상가의 협상을 어렵게 만들기도 한다.

스톡홀름 증후군이 발생하는데 영향을 주는 요건으로서는 시간의 경과정도, 인질이 인질범과 격리되어 있는가 여부, 인질과 인질범 사이에 긍정적 접촉 여부, 인질범이 인질에게 학대를 하거나 해를 끼친 적이 있는지 여부 등이다.[85] 심리학계에서는 긴급 상태에 있는 자아(Ego)가 극도의 긴장을 극복하려는 방향으로 스스로 감정적 유대를 이용하는 것이라고 밝히고 있다.[86]

프로이트는 성격이론에서 현실을 극복하는 것이 에고(Ego)의 한 기능이라고 주장하면서 바로 이러한 자아의 기능을 방어기제(Defence Mechanism)의 사용기능이라고 하였는데, 프로이트는 방어기제를 고통·갈등 및 이들의 영향에 대한 자아의 투쟁이라고 보고 있다. 인질사건에서 인질은 살기를 강력히 희망하며 건전한 자아는 생존을 위한 수단을 찾게 된다. 인질사건에서 인질이 가지는 동일체의식은 사랑보다는 공포 때문에 형성되어가는 의식일 뿐이다. 건전한 자아는 상황을 평가한 다음 과거 정신적 불안에 직면하였을 때 가장 성공적이었던 방어기제를 선택하게 된다. 한편 정신분석학 측면에서 콜만(Coleman)에 의하면 이런 동일체의식을 내사(Introjection)[87]라고 설명하고 있다. 그 예로는 사람의 규범과 가치를 철저히 바꾸어 버린 나치수용소를 들고 있다. 콜만은 이런 내사를 일종의 방어반응으로서 자기의 것과 반대되는 타인의 가치관이나 규범을 자기 것으로 받아들이는 심리적 태도라고 한다.

미주

1) 최근 일상생활 속의 일반 대중을 테러대상으로 하는 '소프트타켓형' 테러가 다수 발생하고 있다.

2) 구체적으로는 1793년 5월에서 1794년 7월까지 자코뱅당(Jacobin)의 독재자 루비스 뻬에르(Loevis Pierre)가 혁명 중 반대세력을 다스리기 위하여 꽁꼬르드 광장에 단두대를 설치하고 혁명재판으로 많은 사람들의 목을 자른 공포(Terreur)에서 처음 쓰여져 집권정부 위협행위를 지칭하는데 사용되었다고 한다.; 김찬규, "국제인도법상 테러리즘의 금지", 인도법논총 제7호, 대한국제적십자사 인도법연구소, 1987, p. 7.

3) 양희철, "해상테러에 대한 국제법적 고찰", 경희대학교대학원 석사학위논문, 1998, p. 7.

4) 운평어문연구소, "국어사전", 금성교과서, 1998, p. 2012.

5) 동일한 사건을 관점에 따라 테러리즘으로 규정하기도 하고, 어떤 경우에는 단순한 일반범죄로 취급하기도 하며, 다른 시각에서는 애국적인 행위로 평가하기도 한다. 한 예로 영국정부는 아일랜드공화국군(IRA)의 모든 공격을 테러리즘으로, 그리고 IRA요원들을 테러리스트로 규정하고 있다. 반면에 IRA를 추종하는 사람들이나 리비아 등 IRA를 직접 혹은 간접적인 방법으로 지원하고 있는 국가들은 IRA의 행위를 민족주의 해방운동(National Liberation Movement)으로 그리고 IRA 요원들을 자유투사(Freedom Fighter)로 규정하고 있는 실정이다.

6) Encyclopaedia Britannica, Vol. IX(London: Encyclopaedia Britannica Inc., 1986), p. 904.

7) 이종철, "한국의 대테러정책 발전방향 연구", 연세대학교 행정대학원 석사학위논문, 1997, pp. 5-6.

8) 상게논문, p. 6.

9) 테러방지법 제2조에서는 기타 용어의 정의를 다음과 같이 규정하고 있다. 2. "테러단체"란 국제연합(UN)이 지정한 테러단체를 말한다. 3. "테러 위험인물"이란 테러단체의 조직원이기나 테러단체 선전, 테러자금 모금·기부, 그 밖에 테러 예비·음모선전선동을 하였거나 하였다고 의심할 상당한 이유가 있는 사람을 말한다. 4. "외국인 테러 전투원"이란 테러를 실행·계획·준비하거나 테러에 참가할 목적으로 국적국이 아닌 국가의 테러단체에 가입하거니 가입하기 위하여 이동 또는 이동을 시도하는 내국인·외국인을 말한다. 5. "테러자금"이란 「공중 등 협박목적 및 대량살상 무기 확산을 위한 자금조달행위의 금지에 관한 법률」 제2조제1호에 따른 공중 등 박 목적을 위한 자금을 말한다. 6. "대테러활동"이란 제

1호의 테러 관련 정보의 수집, 테러위험인물의 관리, 테러에 이용될 수 있는 위험 물질 등 테러수단의 안전관리, 인원·시설·장비의 보호, 국제행사의 안전 확보, 테러위협에의 대응 및 무력진압 등 테러 예방과 대응에 관한 제반 활동을 말한다. 7. "관계기관"이란 대테러활동을 수행하는 국기기관, 지방자치단체, 그 밖에 대통령령으로 정하는 기관을 말한다. 8. "대테러 조사"란 대테러활동에 필요한 정보나 자료를 수집하기 위하여 현장조사·문서열람·시료채취 등을 하거나 조시대상자에게 지료제출 및 진술을 요구하는 활동을 말한다.

10) 「국민보호와 공공안전을 위한 테러방지법」이 공표되기 전 과거의 대통령훈령 제47호 「국가대테러활동지침」 제2조에서 규정하였던 테러의 정의는 다음과 같다. 【제2조】 테러라 함은 테러분자 등이 각종의 목적을 위하여 국가이익 또는 국민에 대하여 국내외에서 불법적으로 자행하는 다음의 행위를 말한다.
① 국가요인 및 그 가족의 납치·암살
② 항공기 및 선박의 납치·폭파
③ 해외체류 외교관·유학생·상사원·취업근로자 및 해외여행자 등의 납치·암살
④ 국가 중요시설·다중이용시설 및 재외공관 등에 대한 공격
⑤ 주한 외국공관 및 주요 외국시설물에 대한 점거·방화·폭파
⑥ 국내 정계·재계 등 각계 주요인물의 납치·암살
⑦ 주요 외교사절 및 체한 외국저명인사의 납치·암살
⑧ 폭발물·총기류·유해화학물질 등을 이용한 무파별 인명살상
⑨ 기타 우리나라와 관련된 국제적 범법행위

11) 국민보호와 공공안전을 위한 테러방지법 제2조(정의) 이 법에서 사용하는 용어의 뜻은 다음과 같다.
1. "테러"란 국가·지방자치단체 또는 외국 정부(외국 지방자치단체와 조약 또는 그 밖의 국제적인 협약에 따라 설립된 국제기구를 포함한다)의 권한행사를 방해하거나 의무 없는 일을 하게 할 목적으로 하는 다음 각 목의 행위를 말한다. 가. 사람을 살해하거나 사람의 신체를 상해하여 생명에 대한 위험을 발생하게 하는 행위 또는 사람을 체포·감금·약취·유인하거나 인질로 삼는 행위 나. 항공기(「항공법」 제2조제1호의 항공기를 말한다. 이하 이 목에서 같다)와 관련된 다음 각각의 어느 하나에 해당하는 행위 1) 운항중....(구체내용 테러방지법 제2조 참조).

12) Peter St. John, "Analysis and Response of a decade of Terrorism", International Perspectives, Vol. 3 (september / October, 1981), P. 2.

13) 경우에 따라서는 특정 이데올로기와 결합되기도 한다.

14) 분리주의적 테러리즘이란 특정지역의 분리·독립을 목적으로 테러를 자행하는 것으로, 대표적인 예로는 「크루드족」의 테러리즘을 들 수 있다.

15) 전통적인 금속탐지기로는 발견해 낼 수 없는 셈텍스(Semtex)와 같은 플라스틱 폭탄이 등장하여 이에 대한 대처방안이 더욱 어려워지고 있는 실정이다.

16) 필리핀에서는 1987년, 1988년 연간 50회 이상 발생했던 테러 건수가 1990년 37건, 1991년 26건, 1992년 15건, 1993년 10건, 1994년 9건, 1995년 9건, 1996년 4건으로 줄어들었다.

17) 1991년 18건, 1992년 32건, 1994년 39건, 1995년 43건, 1996년 49건으로 증가하였다.

18) 정현석, "국내 자생테러리즘의 가능성과 대책에 관한 연구", 상지대학교 석사학위논문, 2015, p. 26.

19) 김태정, "뉴테러리즘 시대의 한국의 대테리정책 연구", 성균관대학교 석사학위논문, 2012, pp. 28－30.

20) 이재은 (2011). "뉴테리리즘 환경 하에서의 국가핵심 기반 보호대상 분석", 대테러정책연구논총, 제83권, p. 182.

21) 정현석, "국내 자생테러리즘의 가능성과 대책에 관한 연구", 상지대학교 석사학위논문, 2015, p. 13.

22) 김열수, "한국에서의 새로운 테러 주제의 등장 가능성", 한국위기관리논집 제3권 제1호 2007, 위기관리 이론과 실천, p. 4.

23) Ted Robert Gurr, Why Men Rebel(Princeton: Princeton University Press, 1977), p. 53.

24) 신길수, "북한 테러전략의 분석", (석사학위논문, 연세대학교행정대학원, 1987), p. 18.

25) Konrad Kellen, Terrorist = What are the like? How some Terrorists describe their world and actions., (N.Y.: Rand Corp., 1979). p. 36.

26) ibid., p. 37.

27) 리비아의 카다피(Maummar Kaddaft) 경우에도 트리폴리에 있는 학교에서 영어를 배우다가 영국으로 건너가 다시금 이를 배웠다. 이 기간은 비록 짧았지만 그 때 카다피는 영국에 대한 심한 이질감 내지 배타적 감정을 느꼈다고 한다.

28) Konrad Kellen, op. cit., pp. 40－42.

29) 양가감정이란 일관성 없는 감정을 의미하다. 즉, 울다가 웃기도 하고 또 웃다가 울기도 하며, 때로는 침착하다가도 갑자기 흥분하는 등 진혀 대조를 이루는 정서반응을 나타내는 것을 말한다.

30) 인도대마의 꽃이나 잎을 말려서 만든 마약의 일종이다.

31) 三宅 鑛 一, 情神疾學概要, 南江堂, pp. 220－235.

32) 이하영, 노이로제의 원인과 치료, 서울: 금종출판사, 1978, pp. 30－50.

33) Bandura, A.K. & Waltors, R.H., Adolescent Aggression. Bonald, 1957.

34) 정량은, 심리학통론, 서울: 법문사, 1979. p. 366.

35) A. L. Gates, ct. al. Educational Psychology, New York: Macmillan Co., 1950, p.228.

36) 구광모 전게서, p. 30.; 테러훈련에 사용되는 교과서는 "마리겔라"가 발간한 "도시게릴라전 편람"이라고 하는데, 그 내용은 도시에서의 은신, 교량과 고가도로의 폭파, 공갈과 납치 등에 의한 자금확보, 은행강도, 군·경살해, 정보원과 변절자의 처단 등에 관한 방법과 테러요원이 갖추어야 할 기본요건들을 설명하고 있다.

37) 최근에 등장하였으나 정보화를 기반으로 이루어지는 현대사회의 특성을 감안할 때 가장 주목받고 있는 유형이며, 그 피해 정도가 전 세계의 정보망을 마비시킬 수도 있다는 점에서 그 심각성이 있다. www.terrorism.or.kr/(한국 테러리즘 연구소).

38) 박동균·김태민, "미국 사이버테러 대응 시스템의 특징 및 함의", 한국위기관리논집 제8권 제6호, 2012. 12, p. 34.

39) 국제안보협력센터 입안 사이버범죄와 테러리즘에 대한 국제조약안의 정의다.

40) 백광훈, "사이버테러리즘에 관한 연구", 한국형사사법정책연구원, 2001, pp. 62-63.

41) 이승운, "사이버테러 대응 모델에 관한 연구", 고려대학교 정보보호대학원 석사학위논문, 2014, p. 4.

42) 안철수연구소 (2002/05/15). http://home.ahnlab.com/securityinfo/secuview.jspitopl

43) 해킹에 대한 Hacker's Dictionary의 정의를 살펴보면 Hacker: (1) A Person who enjoys learning the details of computer systems and how to stretch their capabilities-as opposed to most users of computers, who prefer to learn only the minimum amount necessary. (2) One who programs enthusiastically or how enjoys programing - Guy L. Steele. et al. The. Hacker's Dictionary. 즉 해커란, 컴퓨터에 정열을 가지고 열심히 몰두하는 사람을 뜻한다. 언론이나 이상에서 말하는 해커라는 단어는 크래커(Cracker)나 시스템 침입자(System Intruder)의 뜻에 더 가깝다. 법률적인 의미에서 해킹이란 시스템의 관리자가 구축해 놓은 보안망을 어떤 목적에서건 무력화시켰을 경우 이에 따른 모든 행동을 말한다. 하지만 네티즌 간에는 보통 시스템 관리자의 권한을 불법적으로 획득한 경우, 또 이를 악용해 다른 사용자에게 피해를 준 경우를 해킹이라고 정의한다.

44) LAN이란 다수의 독립된 컴퓨터들이 비교적 한정된 지역 내에서 데이터 통신이 가능한 시스템으로 에러율이 낮고 상당히 빠른 속도의 물리적 통신채널을 이용, 상호간 통신을 하는 네트워크를 말한다(오종중, 「정보통신 용어해설」, 도서출판 동서, 1997, 825.

45) 방송통신위원회 보도자료, '18:30분경 추가 DDoS공격 발생, 실질적 장애는 없는 수준', p. 1.

46) 1984년 교주 '아사하라 쇼코'(2018년 사형집행)에 의해 설립된 일본의 종교단체로서 미국무부 지정 테러단체이다.

47) 러시아 정보기관 출신으로 영국의 정보기관에 포섭되어 이중간첩 행위 중 2004년 러시아연방보안국에 체포되어 13년간 복역 후 스파이 교환으로 풀려난 후 영국에 정착하였다.

48) "요인", 동아새국어사전, (서울: 동아출판사, 1997), p. 1530.

49) U.S. CID, Protective Service(Pamphlet, 1978), p. 5.

50) 일본의 요인경호대(Security Police)의 정의로서, 일본 요인경호대는 1975년 9월 13일 기존의 경호경찰관을 통합하여 경비부 공안3과 산하에 발족됐다.

51) 이병헌, 일본 경호제도에 관한 연구, 1994, p. 2.

52) 국제문제조사연구소, '세계의 테러리즘 추세와 대책실태', 서울: 1983, p. 19.

53) 팔레스타인 해방기구를 말한다.

54) 북아일랜드공화국군을 말한다.

55) 덤덤탄은 신체에 명중하면 내부에서 폭발, 흩어진 조각들이 내장을 찢는 치명적인 탄환으로 제네바 협약에서 사용을 금지하고 있다.: 한국일보, 1995년 11월 7일자, p. 9.

56) Lawrence Taylor, 「범죄행동은 유전적인가」, 홍성열 외 1 역 (서울: 성원사, 1992), p. 145.

57) 중앙일보, 1981년 4월 1일자, p. 3.

58) Ron Jonston, How to manage the Risk of Personal Protection, (Pamphlet, 1997), p. 74.

59) 조선일보, 1973년 12월 21일자, p. 1.

60) 중앙일보, 1973년 12월 21일자. p. 1.

61) 박대원, "테러리즘과 위기관리에 관한 연구", 연세대학교 행정대학원 석사학위 논문, 1986, p. 671.

62) 동아일보, 1986년 9월 8일자, p. 41.

63) 동아일보 1986년 9월 8일자, p. 41.

64) 장기붕, "뉴테러리즘의 등장과 이에 대응한 국가 네트의 전략", 대구대학교 박사학위논문, 2008, p. 73.

65) 상게논문, p. 83.

66) 홍순남, "3.11 마드리드테러와 7.7 런던테러 비교분석", 대테러 연구논총, 2006, p. 144.

67) 1988년 12월 21일 런던발 미국의 팬암항공 보잉 747-200 비행기가 비행중 스코틀랜드 로커비 상공에 폭발하였다. 일명 로커비 사건으로 불리는 이 사건에서 탑승객 259명 전원과 지상주민 11명 등 270명이 사망하였다.

68) 장기붕, 전게논문, pp. 83-84.

69) 정현석 · 정현석, "국내 자생테러리즘의 가능성과 대책에 관한 연구", 상지대학교 석사학위논문, 2015, p. 40.

70) 테러범들은 모두 이슬람문화에 심취한 이민 2세대들이었다. 이들은 영국에서 정상적인 사회구성원으로 성장하여 생활하였지만, 테러에 적극적인 자세였다. 이로 보아 이들은 영국인으로부터 직간접적으로 차별대우를 받았던 것을 유추할 수 있다. 특히, 이 사건은 자생테러의 원인 중 "기대와 실제 간의 괴리" 또는 "가치 기대와 가치 능력간의 차이의 인식에서 발생하는 상대적 박탈감(Relative Deprivation)" 요인으로 인해 이들이 테러행위를 하였던 것이라고 분석할 수 있다.

71) 유형창. "한국의 다문화 사회화에 따른 자생적 테러발생 가능성과 대응방안", 한국경찰학회보 제46권, 한국경찰학회, 2014, p. 62－63.

72) 하왈라는 아랍어로 이체(transfer)라는 의미를 가지며, 고대 상인들이 결제수단인 금이나 귀금속을 휴대하고 여행 시 강도 등 위험을 피하기 위해 고안된 일종의 금융시스템이다.

73) 거래 완료 즉시 모든 기록을 폐기 처분, 거래자 신분·금액 등 증거가 남지 않는다.

74) https://en.wikipedia.org/wiki/SWAT

75) https://en.wikipedia.org/wiki/Delta_Force

76) http://www.sealchallenge.navy.mil/

77) http://www.gsg9.de/

78) http://www.gign－fr.com/

79) Incident Management Seminar, counter terrorism group, CIA, 2000.

80) 경찰청, 대테러인질협상, 2000, p. 14.

81) 상게서, 2000, p. 29.

82) 인질에 대한 사전적 의미로서 American Heritage Dictionary에서는 다음과 같이 정의하고 있다. 인질이란 '어떤 요구의 충족을 위해 담보로 잡혀있는 사람' (A person held as a security for the fulfillment of certain terms)이다.

83) 이하영, 로얄호텔 인질사건을 중심으로 한 피납 시 인질의 심리변화연구, 대테러연구, 치안본부, 1984. 11, pp. 109－130.

84) 이황우, 인질협상에 있어서 감정전이의 현상.

85) FBI는 다음 3가지 요소가 있어야 스톡홀름증후군으로 발전할 가능성이 있다고 결론: (1) 상당한 시간이 경과할 것, (2) 인질과 인질범이 접속 상태를 유지할 것, (3) 인질범이 인질을 친근하게 대하거나 적어도 육체적 학대나 심하게 위협하지 않을 것 등이다.

86) Strents Tomas, The Stockholm Syndrome: Lay Enforcement Policy and Ego Defence of the Hostage, FBI Academy.

87) 타인의 특징이나 태도를 자기 것으로 받아들이는 심리적 메커니즘을 말한다.

참고문헌

[국내문헌]

경찰청, 「경찰백서」, 2001, 2018.

---, 대테러 인질협상, 2000.

구광모, 「테러와 국제사회」, 고려원, 1990.

권지관, "테러리즘 양상의 변화에 따른 테러리즘 정책에 관한 연구", 서울대학교 행정대학원 국가정책과정, 2002.

김남덕, "인질사건의 효과적 협상전략에 관한 연구", 석사학위논문, 동국대학교 행정대학원, 1997.

김명영, "국제테러조직의 실태와 그 대책방향에 관한 연구", 석사학위논문, 동국대학교 행정대학원, 1985.

김재민, 「범죄학이론」, (서울: 박영사, 2019).

김태종, "테러리즘에 대한 이해와 효율적인 대응방안에 관한 연구", 석사학위논문, 연세대학교 행정대학원, 1990.

대테러 연구, 제18집-제24집, 1995-2001.

박기석, "범죄학의 발달과 현대적 의미", 수사연구 1999년 11월 호.

박대원, "테러리즘과 위기관리에 관한 연구", 석사학위논문, 연세대학교 행정대학원, 1986.

박동균 · 김태민, "미국 사이버테러 대응 시스템의 특징 및 함의", 한국위기관리논집 제8권 제6호, 2012.

박상기, 「형사정책」, (서울: 한국형사정책연구원, 2011).

배종대, 「형사정책」, (서울: 홍문사, 1998).

백광훈, "사이버테러리즘에 관한 연구", 한국형사사법정책연구원, 2001.

송광섭, 「형사정책」, (서울: 대왕사, 1996).

신길수, "북한 테러전략의 분석", 석사학위논문, 연세대학교 행정대학원, 1987.

신동준, "범죄예방의 새로운 동향: 범죄학이론의 과거, 현재, 미래", 대한범죄학회 학술대회, Vol.2015 No.2, 2015.

———, "범죄학 이론 통합의 이론적 가치", 한국사회학회 사회학대회 논문집, Vol.2014 No.6, 2014.

신성권, "효과적인 인질협상 대응방안", 경찰협상실무요원 연구보고서, 경찰청. 1998.

신진규, 「범죄학겸 형사정책」, (서울: 법문사, 1993).

심영희, 「비판범죄론」, (서울: 법문사, 1987).

안창훈, "시설경비의 효율성에 관한 연구", 동국대학교 대학원 박사학위논문, 1999.

염장호, 「세계경비 행정학」, 오성출판사, 1997.

오유정 · 이창훈, "불법 온라인 경주류 사행행위의 원인에 대한 범죄학적 분석: Nye의 통제이론과 Sutherland의 차별접촉이론 경합", 대한범죄학회학술대회, Vol.2017 No.2, 2017.

윤태영, 「테러리즘과 대테러리즘」, 경남대학교 출판부, 2014.

이광우, 협상기법 연구, 경찰협상실무요원 연구보고서, 경찰청, 1998.

이보영, 「형사정책」, (서울: 제일법규, 1997).

이상현, 「범죄심리학」, (서울: 박영사, 2012).

이승운, "사이버테러 대응 모델에 관한 연구", 고려대학교 정보보호대학원 석사학위논문, 2014.

이윤호, 「형사정책」, (서울: 박영사, 2015).

이정념, "혐오의 유형적 정의와 범죄성 판단기준에 대하여", 예술인문사회융합 멀티미디어논문지, Vol.8 No.5, 2018.

이종은 역, 「현대정치이론의 이해」, (서울, 나남출판사, 1991).

이준철, "테러범의 범죄심리분석과 대응방안 연구 인질사건을 중심으로", 한양대학교 행정대학원 석사학위논문, 1990.

이황우 · 한상암, 「대테러정책론」, 명진문화사, 1996.

전대양, 「범죄학개론」, (강릉: 청송출판사, 2011).

전돈수, 「범죄학개론」, (파주: 21세기사, 2013).

정영석, 「형사정책」, (서울: 법문사, 1997)

정영석 · 신양균, 「형사정책」, (서울: 법문사, 1997).

존 B. 울프 저, 하순봉 역, 「테러·테러리즘·테러리스트」, 수레, 1985.

차경택, "인질협상기법 연구", 경대논문집, 1996.

최성규, "테러리스트의 심리적 특성에 관한 연구", 동국대학교 행정대학원 석사학위논문. 1985.

최재용·임하늘·조상현, "성별에 따른 청소년 범죄피해 원인 접근: 자기통제 이론, 일상활동이론을 중심으로", 대한범죄학회 학술대회, Vol.2015 No.1, 2015.

최지선, Dr. Ferraresso, R., "청소년 사이버비행 및 반사회적 사이버행동: 범죄학이론의 적용", 대한범죄학회 학술대회, Vol.2017 No.2, 2017.

최창훈, 「테러리즘 트렌드」, 좋은땅, 2014.

한종욱, "청소년 사이버비행에 관한 연구", 동국대학교 대학원 박사학위논문, 2000.

홍준범, "중동 테러리즘: 중동의 새로운 질서와 IS의 탄생", 중동테러리즘, 2015.

[국외문헌]

Akers, Ronald, Marvin Krohn, Lonn Lonya Kaduce, and Marcia Radoserich, Social Learning and Deviant Behavior; A Specific Test of a General Theory, American Sociological Review, 44, 1979.

Allen E. Liska, Perspectives on Deviance, Englewood Cliffs, NJ: Prentice-Hall, Inc., 1981.

Andrew Von Hirschi, Doing Justice, New York: Hill and Wang, 1976.

Carol Crowther, "Crimes, Penalties and Legislatures", Annals of the American Academy of Political and Social Science, 381, 1969.

Cassie L. Wesselius. M.D.. LCDR MC USNR James V. DeSarno, Special Agent. The Anatomy of a Hostage Situation, Behavioral Science & The Law, Vol. 1, No 2. 1983.

CIA. Patterns of International Terrorism: U.S. Central Intelligence Agency. 1981.

Claire Sterling. "The Terror Network: The Secret War of International

Terrorism", New York: Reinhart and Winston. 1982.
Cohen Albert, Deviance and Control, Englewood Cliffs, NJ, 1968.
Cohen, Lawrence and Marcus Felson, Social Change and Crime Rate Trends: A Routine Activities Approach, American Sociological Review 44, 1979.
Curt R. Bartol, Criminal Behavior: A Psychosocial Approach, (Englewood Cliffs, NJ: Prentice-Hall. Inc., 1980).
David. Oliver, Stanley Hoffman, Geffrey Sverd Julian Clark and Kytja Voeller. Lead and Hyperactivity Behavior Response to Chelation: A Pilot Study. American Journal of Psychiatry 133, 1976.
Dennis A. Hawer, How To Improve Your Negotiation Skills. Maywood: AHI, 1984.
Donald Black, The Behavior of Law, New York: Academic Press, 1976. James F. Short, Jr., "The Level of Explanation Problem in Criminology", in Robert F. Meier(ed.), Theoretical Methods in Criminology, (Beverly Hills, CA: Sage, 1985).
Donald J. Shoemaker, Theories of Delinquencies, (New York: Oxford University Press, 1984).
Dyson, William E.. Terrorism-An Investigator's Handbook. Cincinnati: Anderson Publishing Co., 2001.
Edwin Lemert, Human Deviance, Social Problems and Social Control, (Englewood Cliffs, NJ: Prentice-Hall, 1967.
Edwin Sutherland and Donald Cressey, Criminology (9th ed.), (Philadelphia, Lippincott, 1978).
Encyclopedia Britanica, Vol K. London: Encyclopaedia Britanica Inc., 1986.
Encyclopedia of Social Science, Vol. XII, London: Macmillan, 1094.
Frank E. Hagan, Introduction to Criminology. 1990.
George B. Vold and Thomas J. Bernard, Theoretical Criminology(3rd ed.), New York: Oxford University Press, 1986.
Gresham Sykes and David Matza, "Techniques of Neutralization: A Theory of Delinquency", American Sociological Review, 1957.

Harry Munsinger. Principles of Abnormal Psychology, Macmillan Publishing Company. New York.

Hippchen, Leonard, ed. Ecologic Biochemical Approaches to Treatment of Delinquents and Criminals. (New York: Von Nostrand Reinhold, 1978).

James R. Wilson, thinking about Crime. (New York: Basic Books, 1975).

Kohlberg. Lawrence, K. Kauffmann. P. Scharf and J. Hickey. The Just Community Approach in Corrections: A Manual, Niantic. Conn.: Connecticut Department of Corrections, 1973.

Kohlberg. Lawrence. Stages in the Development of Moral Thought and Action, New York: Holt, Rinehart and Winston, 1969.

L. E. Kreuz & R. M. Rose. "Assessment of Aggressive Behavior and Plasma Testosterone in a Young Criminal Population", Psychosomatic Medicine. 1972.

L. Ellis, "Genetics and Criminal Behavior", Criminology. 1980.

Larry J. Siegel, Criminology, 3rd ed., (St. Paul, MN: West Publishing Co., 1989).

Maestro, Marcello, Voltaire and Beccaria, (New York: Octagon, 1972).

Maniscalco. Paul M. & Christen. Hank T., Understanding Terrorism and Managing the Consequences. New Jersey: Pearson Education Inc., 2002.

Michael Hindelang, Michael Gottfredson, and James Garafalo, Victims of Personal Crime: An Empirical Foundation for a Theory of Personal Victimization (Cambridge, Mass. Ballinger, 1978).

Moyer, K E. The Psychobiology of Aggression, New York: Haper and Row. 1976.

P. A. Jacobs, M. Brunton, and M. M. Melville. "Aggressive Behavior, Mental Subnormality and the XYY Male", Nature. 1965.

Paul Wilkinson. "Political Terrorism", New York: John Wiley and Sons, 1982.

Peter St. John. "Analysis and Response of a Decade of Terrorism", International Perspectives. Vol 3. September/October, 1981.

Pfohl, Stephen J., Imabes of Deviance and Social Control, 1985.

Pgeiffer, C. C. Mental and Elemental Nutrients, (Camaan, Comm: Deats Publishing. 1975).

Rabin, Albert. "The Antisocial Personality－Psychopathy and Sociopathy", in The Psychology of Crime and Crimiinal Justice, ed.. Hans Thoch. (New York: Holt, Rinehart and Winston, 1979).

Robert Merton, Social Theory and Social Structure. (New York: Free Press, 1968).

Samuel Walker. The Police in America－An Introduction. New York: McGraw－Hill Book Co., 1983.

Sarnoff A. Mednick & Jan Volavka. "Biologiy and Crime", N. Morris & M Tonry (eds.). Crime and Justice: An Annual Review of Research. vol. 12. (Chicago: University of Chicago Press. 1980).

Sherman, Lawrence & Richard Berk. "The Specific Deterrent Effects of Arrest for Domestic Assault", American Sociological Review. 49, 1984.

Ted Robert Gurr. "Why Men Rebel", Princeton University Press, 1971.

Thomas Hobbes, Leviathan, Oxford, Basil Blackwell, 1957.

Travis. Hirschi, Causes of Delinquency, (Berkeley: University of California Press, 1969).

United States Departmet of State. Patterns of Global Terrorism. Washington D.C.: Department of State Publication, 1996.

W. C. Reckless, "A New Theory of Delinquency and Crime", Federal Probation, Vol. 25, 1961.

William C. Cunningham and Clifford W. Van Meter. The Hallcrest Report II: Private Security Trends 1970 to 2000. MA: Butterworty－Heinemann, 1990.

William V. Pelfrey. The Evolution of Criminology. (University of Alabama in Birmingham, Anderson Publishing Co., 1987).

山根清道, 犯罪心理學, (東京: 新曜社, 1981).

許春金, 犯罪學, (臺北: 臺灣中央警察大學印行, 1991).
－－－, 靑少年犯罪原因－社會控制理論之中國研究(臺北市: 五南圖書出版公司 印行, 1993).

[Web-site]

http://www.nis.go.kr
http://www.cia.gov
http://www.fbi.gov
http://www.dhs.gov
http://www.dni.gov
http://www.state.gov
http://www.usa.gov
http://www.cybercrime.gov
http://www.mofat.go.kr
http://www.gipka.net
http://www.gsg9.de
http://www.hackerslab.org
http://www.hackerlab.com
http://www.certcc.or.kr
http://www.gign－fr.com
http://www.kpswat.go.kr
http://www.terrorism.or.kr
http://www.specwarnet.com
http://www.kpswat.go.kr
http://www.kisa.or.kr
http://www.kic.re.kr
http://www.police.go.kr

찾아보기

한종욱

학력 및 주요경력

경찰대학 법학과 졸업
대만중앙경찰대학 대학원 법학석사(범죄학·교정학 전공)
동국대학교 법학박사(범죄학 전공)
KAIST대 국가미래전략과정 3기
연세대 행정대학원 최고위정책과정 64기
미국 Michigan State University, 형사사법학과 Research Fellow
영국 University of Leicester, 범죄학과 Visiting Scholar
평창동계올림픽유치위 안전자문위원(IOC실사 Presenter)
인천국제공항 보안시스템 자문위원
한국공안행정학회 이사
경찰대학 경찰학과 교수
아시아경찰학회 회장
주칭다오대한민국총영사관 경찰주재관
경찰대학 학생과장
한국경찰연구학회 이사
의왕경찰서장
주시카고대한민국총영사관 경찰주재관
서울서부경찰서장
경찰청 외사정보과장
경찰청 외사기획과장
외교부 혁신자문위원
성남수정경찰서장
대전경찰청 보안과장
現 목원대학교 경찰법학과 교수

연구 논문

청소년의 사이버비행에 관한 연구(박사학위 논문)
요구분석을 통한 경찰서비스 개선요소 우선순위 결정 연구
　– 경찰서 방문 민원인을 중심으로
테러리즘에 대한 법적 대응책의 고찰
사이버 범죄·테러의 실태분석과 경찰 사이버치안 체계의 발전방안에 관한 연구
테러현장 경찰의 치명적 무력대응을 위한 SOP체계화 연구
경찰교육제도의 현황·문제점 및 개선방안
국제협약에 기반 한 오스트리아의 아동학대 피해자 보호에 관한 고찰
아동성폭력 피해자 보호제도 분석 및 개선방안에 관한 연구 외 다수

범죄이론과 테러리즘

초판발행 2019년 9월 14일
중판발행 2021년 1월 30일

지은이 한종욱
펴낸이 안종만 · 안상준

편 집 한두희
기획/마케팅 이영조
표지디자인 한주혜
제 작 고철민 · 조영환

펴낸곳 (주) 박영사
서울특별시 금천구 가산디지털2로 53, 210호(가산동, 한라시그마밸리)
등록 1959. 3. 11. 제300-1959-1호(倫)
전 화 02)733-6771
f a x 02)736-4818
e-mail pys@pybook.co.kr
homepage www.pybook.co.kr
ISBN 979-11-303-0847-0 93350

정 가 17,000원